区块链简史

朱玮　吴云　杨波　著

中国金融出版社

责任编辑：黄海清　白子彤
责任校对：潘　洁
责任印制：张也男

图书在版编目（CIP）数据

区块链简史/朱玮，吴云，杨波著. —北京：中国金融出版社，2020.4
ISBN 978 - 7 - 5220 - 0467 - 9

Ⅰ.①区…　Ⅱ.①朱…②吴…③杨…　Ⅲ.①电子商务—支付方式—通俗读物　Ⅳ.①F713.361.3 - 49

中国版本图书馆 CIP 数据核字（2020）第 021550 号

区块链简史
QUKUAILIAN JIANSHI

出版
发行　　中国金融出版社

社址　北京市丰台区益泽路 2 号
市场开发部　（010）63266347，63805472，63439533（传真）
网上书店　http://www.chinafph.com
　　　　　　（010）63286832，63365686（传真）
读者服务部　（010）66070833，62568380
邮编　100071
经销　新华书店
印刷　保利达印务有限公司
尺寸　169 毫米 × 239 毫米
印张　22
字数　316 千
版次　2020 年 4 月第 1 版
印次　2021 年 1 月第 2 次印刷
定价　75.00 元
ISBN 978 - 7 - 5220 - 0467 - 9
如出现印装错误本社负责调换　联系电话（010）63263947

从虚拟货币到区块链：
一场思想与技术的绚烂化学反应

一、冲出试管的思想与技术

2009 年 1 月，哈尔·芬尼在笔记本电脑上收到了 10 块钱。哈尔·芬尼是一名程序员，他的家在洛杉矶郊外，是一栋普通的房子。当时，他坐在客厅，他的办公桌就在客厅的角落里。

哈尔·芬尼并未预料到，这 10 块钱若是投币，那历史售货机里吐出来的就是一个新时代。那不是 10 美元，而是名为比特币的新玩意，人们后来称之为虚拟货币，发明它的人网名叫中本聪，也就是他给哈尔·芬尼转了这 10 枚比特币。

在计算机上用程序制造虚拟货币，对哈尔·芬尼来说，并不陌生。他就曾经设计过一种，名叫 RPoW，可以用来发电子邮件。所以老手哈尔·芬尼一眼看懂了中本聪的高明之处，RPoW 还需要依赖中心服务器作结算，而比特币则是完全的点对点模式，无需中心服务器。

不止哈尔·芬尼，在密码学界，不少大神都做过虚拟货币的设计。可以列出一长串来，乔姆的 eCash、尼克·萨博的 Bit-gold、戴维的 B-Money、亚当·贝克的 Hashcash……设计的目的也各种各样，为了保护隐私，为了模拟黄金挖矿，为了反对暴力，为了防范垃圾邮件……

乔姆的 eCash 还依托银行，算是法币的支付工具，而 Bit－gold 等则都属于私人货币，这些货币的背后，并无国家的信用在背书，并非国家的法定货币。

在现代社会，人们在常识中普遍认为，货币即法定货币，也就是国家印刷的钞票。人们大多已经忘记了使用金银作为货币的历史，金银的背后并无国家信用。密码学和计算机的大师们设计虚拟货币，就是想试试，能否在计算机上制造出类似黄金这样具有稀缺性，且方便验证的数字化货币。技术上的难点很清楚，无非要解决数字货币的归属权问题，要解决防止复制的问题，等等。而技术之外，则还有深意，计算机上的数字化黄金若是实现了，是否可以用私人货币替代美元等法定货币了？对这一点，戴维在 B－money 一文中说得很直白。

1976 年哈耶克写下他一生中最后一本经济学著作《货币的非国家化》。文中他讨论了法定货币的种种弊端，并提出建议，货币发行未必一定由国家垄断，干嘛不模仿商品的生产，搞一下竞争呢？他认为私人货币，比黄金还好："自由企业，即那些从提供健全货币的竞争过程中涌现出来的机构，毫无疑问能够比黄金做得更好。"

哈耶克是自由市场的坚定支持者，他最看重的，便是市场和竞争。所以他说"我们需要的是一场相当于 19 世纪自由贸易运动的自由货币运动"。

按照哈耶克的私人货币竞争理论，私人货币相对于法定货币将展现出两个优势：（1）币值稳定；（2）币值的稳定将减少经济周期波动的不利影响。哈耶克的最终理想是国家将货币权力交还给人民。这里的关键是自由竞争产生稳定的币值。

无从知晓中本聪是否读过哈耶克的书，但尼克·萨博是哈耶克的信徒，这毫无疑问，因为他的文章中经常提及哈耶克。我们只知道中本聪是密码学家，而且中本聪的发言并不激进，但我们知道，他对 2008 年左右的金融体系是持有敌意的。在比特币的创世区块中，他用《泰晤士报》的一句话"2009 年 1 月 3 日，财政大臣正处于实施第二轮银行紧急援助的边缘"嘲讽了英国的金融政策。

但中本聪比之哈耶克，还要激进。比特币与哈耶克的私人货币理论的区别在于：

（1）比特币的发行，并不依赖可信任的第三方；

（2）比特币的背后并无商品储备作为价值背书；

（3）比特币系统本身，对比特币与法币或者其他商品的比价，并无明确定义、指引规则或者约束。

在中本聪的设计中，比特币是通缩的，共计 2100 万枚比特币，在 100 年内按照规则函数发行。中本聪设计了货币的发行机制、地址、交易的账本结构、记账权的确认和激励、点对点的共识和"双花"的防范等基础协议，其他的，都交给了市场。

哈耶克与中本聪在设计货币体系时，二人所挑战的对手和解决的问题，并不相同。哈耶克所挑战的对手，是国家对货币发行的垄断权力；中本聪所挑战的对手，是对第三方的信任（这其中包括哈耶克所支持的商业银行，哪怕这些商业银行是在充分竞争的市场中）。哈耶克要解决的问题是政治和经济问题，如何实现货币的市场化和自由竞争；而中本聪要解决的问题是技术问题，如何让电子货币（虚拟货币）摆脱对第三方可信服务器的依赖（即对中心化服务器的依赖），中本聪的技术问题，实则是一枚硬币的两面，技术是一面，另一面则是经济问题，因为摆脱了中心化的服务器，从货币体系上也就必然地摆脱了对第三方的信任。

中本聪的 PoW 让虚拟货币从此摆脱了中心服务器的束缚，虚拟货币从此呈现出黄金的特性——稀缺、方便验证、无需信用，虚拟货币也就成为可信的私人货币。由此，在计算机网络这个虚拟世界上，有了一种技术上完善的私人货币。我们无从知晓，在中本聪的思路历程中，到底先有 PoW 技术，再发现 PoW 可作为私人货币？还是中本聪为了设计私人货币，才发明了 PoW？目的和手段，思想和技术，孰先孰后？

也许是思想先进入试管，也许是技术先进入试管，结果就是它们发生了激烈的反应，一场化学实验，轰然炸响成就了绚烂的漫天烟花。

从 2009 年到 2020 年，比特币从一文不值成长为市值 1660 亿美元，其间的 2017 年 12 月 17 日为价格高峰，每枚比特币价格 19140.80 美元，总流通市值为 3200 亿美元。而虚拟货币总的种类，于 2020 年甚至超过 20 万种，其中纳入 Coinmarketcap 统计数据的 5164 种，总流通市值为 2601 亿美元。在 2017 年 12 月 17 日的高峰，虚拟货币总流通市值为 8003 亿美元。

蔑视它也好，重视它也好，都需要正视它。说它成功也好，算它失败也罢，它都不再仅仅是个实验。这场化学反应，声势浩大，影响深远。

二、区块链中的自发秩序

同样也曾经声势浩大、影响深远的，是密码朋克运动。密码学是比特币和区块链的母体。看起来密码学是更加纯粹的技术，人畜无害，实则其发展也带来了激烈的思想和观念的冲突。1976 年迪菲与赫尔曼的论文《密码学研究的新方向》发表，非对称加密登上了舞台，从此开始，在美国掀起了一场民间与官方争夺密码使用权的社会运动。个人是否有权使用非对称加密技术保护自己的隐私权？非对称加密等技术是否是官方的禁脔？历时 20 余年的斗争，最终美国官方放弃了对密码学的管制。

密码朋克发起人埃里克·休思说："我们写代码，我们自己来保护隐私。"隐私权所要保护的，并非隐藏你的电话号码、家庭地址那么简单，其深远的含义在于：在个人精神的试管中，你是否可以随意添加思想试剂。在密码朋克运动中，技术保护了思想，也保护了思想的试管。这才让后续的化学反应得以发生，虚拟货币的那朵烟花也才得以闪耀。

千千万万，乃至无穷数个试管、无穷数次化学反应，才可能燃放出一次绚丽的烟火。也许，最聪明的我们，也未必能写出那精确的化学反应方程式，但烟火却一次次照亮了人类社会的幽暗天空。正如哈耶克所说："我们不断使用公式、符号、规则，这些公式、符号、规则我们通常不太理解，但是通过使用它们，我们在不是自己所拥有的知识的帮助下受益匪浅。"

当兽皮可以交换果实的时候，贸易发生了，贸易双方是陌生人。

当谷物可以交换牲口的时候，分工产生了，协作方是陌生人。

当黄金可以购买其他物品的时候，货币产生了，集市上熙熙攘攘的人都是陌生人。

人类是群居动物，但人类并不适合大规模协作。心智上的局限，让人类只能在小群体中生活。"邓巴数字"理论说，人类从事某一事业的参与者通常不会超过 150 人，翻翻你的联系人名录，真正熟悉的人也不过 150 人左右。但人类需要协作，人类需要建立几万人合作的团队，才能制造飞机、轮船、卫星。

尼克·萨博是智能合约概念的发明人，他是法学学者，也是密码学专家。他多年的兴趣在于，如何在计算机和网络上实现合同与契约。从 20 世纪 90 年代开始，他的一系列文章便在研究，如何在虚拟的计算机世界实现人类社会协作中的那些工具：合同、审计、科层制、签名与盖章等。这些理论的出现，早于比特币的出现，早于区块链的出现。

中本聪在设计比特币的时候，只想在点对点的环境下实现电子化支付，且可以不依赖对第三方的信任。然而，他的成果并不限于一种支付手段，而是带来了一种更通用的工具，那就是区块链。

2014 年尼克·萨博在《可信任计算的黎明》一文中说："现在互联网虽然繁荣，但非常脆弱，把一切都交托给一台服务器是脆弱的。只有区块链与智能合约才是希望，才是未来。"看似说的是技术，服务器嘛，这不是技术领域吗？实际上服务器代表了第三方信任。到了 2017 年，尼克·萨博在《货币、区块链和社会可扩展性的关系》一文中说："区块链增强了社会扩展性，浪费点算力、电力是值得的。从社会学角度上，区块链是与货币、法律这样的制度同等级别存在的。"

尼克·萨博常常提及哈耶克，他的智能合约思想之于"自由契约论"、社会可扩展性之于"社会扩展秩序"，都能在哈耶克的理论中找到根源。

哈耶克在《致命的自负》中说："我们的文明，不管是它的起源还是它的维持，都取决于这样一件事情，它的准确表述，就是在人类合作中不断扩展的秩序。"

比特币作为一种支付体系，将人们从对第三方信任的依赖中解放出来。而比特币带来了区块链，则扩展了人们的社会协作，为数字时代的社会秩序提供了新的工具。

三、社群治理的探索

比特币开启了"无第三方信任"和"去中心化"的支付模式，也开启了用区块链技术实现"去中心化"的生态治理模式，当众多节点都运行一样的代码，实现一样的协议，或者一样的智能合约，这就意味着所有的节点都服从同样的代码逻辑和规则，实现了机器或者代码执行的治理。这就是口号中所说的"代码即法律"。

尼克·萨博所设计的"智能合约"，也是用代码写成的可自动执行的合约。所以尼克·萨博预测说，未来的律师需要使用程序代码撰写合同。若是用司法体系比拟虚拟货币，则我们可以看到，核心开发者写代码，类似立法机关；矿机执行代码，按照规则验证区块，检验"双花"，达成共识，是为司法机关；用户则选择是否进入这个法律体系，并受法律保护和约束的民众。

比特币开启的这个"代码即法律"的治理传统，为之后的虚拟货币所接手，并发扬光大，各自八仙过海在虚拟货币社群中探索治理模式。

以太坊在最根本的理念上传承了比特币，遵照"代码即法律"。但在目标定位上，以太坊不同于比特币，比特币是"虚拟货币"，而以太坊是做一个"智能合约与去中心化的应用平台"，其思路受启发于比特币，但又从底层上背离了比特币，颇多自己的创新。

2016 年 4 月，在以太坊社区中，一场盛大的"众筹"开启，目标是在以太坊上成立一个去中心化自治组织（Decentralized Autonomous Organization）"DAO"，名字就是"the DAO"。这个"the DAO"号称将要开启一个新的组织类型：一个无实体组织、无人管理的风险投资基金。"the DAO"还是失败了，因为智能合约代码中存在的漏洞，为黑客所攻击。这为"代码即法律"抹上了一丝阴影，"代码即法律"或者"用代码治理"在现阶段依然存在挑战。

EOS 在治理原则上便与比特币存在巨大分歧，EOS 并不信奉"代码即法律"这句话，而是按照代议制体制，建设了一套线下和线上相结合的治理模式。所以，EOS 社区有"宪法"，是社区判断善恶的根本标准。在 EOS 社群中，法律是为人而设，需要人来理解，而代码则为机器而写，需要人的意志去约束代码。所以，在 EOS 的哲学中，并非"代码即法律"，而是"代码背后的人类意志才是法律"。

根据虚拟货币社群中的治理实验，难说哪些规则和秩序是新的，多数不过是将现有的社会治理手段搬到区块链上，搬到社群中。不过，由区块链来承载和运行，变革之大，面貌之新，不容忽视。

四、为理性松绑

诺伯特维纳博士于 20 世纪创造了控制论，机器设备、自动化生产、机器人领域由此一片繁荣。控制论是一个巨大的思想变革，改变了人们对技术和科学的思维方式。在这种理论中，人们放弃了对世界的绝对控制，而是开始接受人类能力有局限性这个事实，以"不确定"的目光观察世界。

这种放弃绝对控制的理念，从 20 世纪开始，不仅体现在科技领域，也在政治学、经济学领域出现。哈耶克在《致命的自负》一书这样写道：

"我们必须明白，这种扩展秩序并不是人类的设计或意图造成的结果，而是一个自发的产物。"

休谟有一个著名论断："道德准则，并非我们理性的结果。"人类社会中形成的很多秩序，诸如语言、法律、市场和货币，这些伟大的事物，并非源自人类的本能，更不是来自聪明人的创造，而是在进化中形成的传统。

哈耶克并不反对理性，他反对的乃是"狂妄的理性"，反对不承认自我局限性的理性。如果我们的理性是完美的，那么它必定指引我们，去为理性自身松绑。

从 1950 年图灵提出"机器能够思考么"这个问题，到 1956 年美国达特茅斯会议定义了人工智能，之后一路曲折，在希望和绝望交替中坎坷前行，人们为了让机器具有思考能力费尽了心思。时至今日，机器学习、神经网络、深度学习、强化学习等算法已经落地进入实用阶段。计算机能够自动认出猫，能够打败围棋冠军，人们承认，虽然并不理解机器是如何思考的，但那思考的效果与人类理性并无二致，而且可能更强大。在很多需要思考的事情上，人们只能放弃对自己理性的依赖，将判断与决策的权力交给机器。理性并非万能，承认理性与人类智慧的某些局限，并非反智，相反一味的狂妄自信，才是反智。

《三体》小说中，三体人的思维是透明的，这让三体社会的交流带宽极高，交流成本为零。地球人类的思维是隐秘的，每人都有一个不透明的试管，可以在其中投放任意的思想试剂，这给地球人类带来极大的好处：各种思想的化学反应，可能产出无穷多样的成果。但带来的一个麻烦是，地球人之间的信任，难以建立起来。古往今来，信任成了人类社会最大的成本之一。区块链与智能合约的出现，则从技术上提供了新的思路与方法，信任的建立不必依赖强力机构，也不必依赖第三方，任何平等的个体之间，都可以通过区块链和智能合约的代码与算法，建立信任。

若从 20 世纪 90 年代用非对称加密技术设计虚拟货币开始算起，到区块链渐渐繁荣的今天，历时约 40 年。其间，纷繁的事件，五彩的人物，令人目不暇接。这一场思想与技术的化学反应，虽然触发在科学的实验室中，但剧烈的闪光、火焰、辐射热早已失控，从试管中爆发激射至天空，映照在全人类的目光中。从虚拟货币到区块链，这一场化学反应，投入试管的思想遍及经济学、科技、法律、商业，本书区块链简史试图用轻松的笔触记录它的全过程。本书作者无意对细节的一毫一克、一摩一焦作精确度量，但求能描绘清楚那化学反应的声响、色彩、光亮、火热，希望能带读者身临其境，体验这一场轰轰烈烈。

这是一段值得去了解的历史，因为无论知觉与否，我们每一位都已身在其中。

朱玮　吴云　杨波

前　　言

立意：经验主义

17 世纪的法国，有一位孱弱多病的年轻人，他叫笛卡尔。笛卡尔出身贵族，不必上班，有大把的时间用来发呆闲想。脑子想的事多，人就容易走火入魔，笛卡尔就萌生出个怪念头：我，还有这个世界真的存在吗？

答案地球人都知道，笛卡尔用五个字破解了这个谜题。此后几百年，这五个字"我思故我在"成了最红的网络语。笛卡尔的论证很简单，当"我"怀疑的时候，"我的怀疑"就证明了"我"的存在，若没有"我"，那是谁在怀疑？

笛卡尔开启了西方哲学中的理性主义一派，这一派对观察世界没兴趣，喜欢在脑子里琢磨，要让数学几何逻辑这样的真理从灵魂中喷涌。笛卡尔的小伙伴同期还有斯宾诺莎和莱布尼茨，都是大牛人。而另外还有一派，则是以洛克为首，号称经验主义，他们针锋相对，认为真理从感官对世界的观察和试验中来，大脑不过是白纸一张，感官涂抹了 A，那就是 A，涂抹了 B，那就是 B。洛克的同期小伙伴还有贝克莱和休谟，休谟最为决绝，他干脆否定了人类认知因果关系的能力，告诉人们，你所可以依赖的知识只有过往的经验。因果？不存在的。

理性主义和经验主义至今还在互掐，由这两种观念出发而设计的各种手段与方法，对计算机科学、信息科学和人工智能领域影响深远。

区块链是经验主义的产物，自始至终都是。

换个通俗的说法，区块链是工程领域的创新，在数学、逻辑、几何这些纯粹理性范畴内，并无新内容。中本聪设计比特币，是为了解决现实商业世界的具体问题。区块链中所用的一系列技术，齐刷刷站在经验主义的队列中。区块链的"堂哥"，非对称加密技术，是为了解决秘钥运输问题而生，早已广泛应用在互联网上；区块链的"堂姐"BFT、PBFT、PAXOS 算法，是为了实现计算机系统的分布式而设计，在 CPU、云计算中无处不在；区块链的"表姐"哈希现金，是为了治理垃圾邮件；区块链的"表哥"时间戳，是为了对电子文档进行存证。

PoW 机制，是比特币上最重要的创新，更是闪烁着经验主义的光芒，它之所以行得通，实因其背弃了形式化算法，另辟蹊径，取道经济学的博弈思想，这才为分布式系统开辟了一块广阔而蛮荒的新大陆。

"如果说我看得比别人更远些，那是因为我站在巨人的肩膀上。"这句著名的格言出自伟大的物理学家牛顿，我国中小学教室里遍贴这条标语，以宣扬谦虚这种品德。然而，牛顿虽然伟大，却绝不是谦谦君子。实情是，牛顿用"巨人的肩膀"来讽刺胡克身材矮小，当时他与胡克掐架正凶，二人都抢着说平方反比定律是自己的成果，压根没有丝毫绅士风度。牛顿这句话虽然并不诚恳，却道出了科技发展的一个现象特征。每一项理论和技术，都是基于前人的成果，石头缝里蹦出的孙悟空在科技上并不存在。中本聪发明了区块链，是站在亚当·贝克、斯图尔特·哈伯、戴维等"巨人"的肩膀上，而这几位也是站在更前人的肩膀上，就这样一层层叠罗汉，仔细算下去，中本聪已经身处几百米的高空了。

从 1977 年 RSA 非对称加密算法问世，到 2008 年比特币白皮书发布，历时 31 年，其间各种技术与思想此起彼伏：eCash、拜占庭将军问题、ECC 算法、PGP、时间戳、哈希现金、P2P 协议、RPoW、B－Money、Bitgold。这些技术和思想，并不是为冲向区块链这个山头而铺下的阶梯，它们各有各的目的和使命。区块链为了实现自己的目标，为了解决自己所面临的问题，正好应用了这些技术和思想。

区块链是有传承的，它所用的系列技术沿袭已久。

区块链是经验主义的产物，来自观察和实验，为了解决具体问题而生；区块链又是有传承的，技术发展历 30 年之久，甚至更长。比特币诞生已逾 10 年，我们应该可以下一个结论：任何对区块链过苛的贬低，任何对区块链过头的神话，都是肤浅的理性主义。肤浅的理性主义，换个通俗说法，就是"不顾事实、不过脑子的情绪化思维"。

有一种说法，说区块链是一把锤子，正在四下里找钉子敲。说得很形象，但仔细琢磨，却也很难让人认同。区块链诞生之前，一直就有那么一根钉子扎在那里，大牛们苦苦研究，找锤子找了几十年才搞出了比特币，何来无钉可敲之说？那根钉子就叫"如何在去中心化环境中实现价值的电子化存储和转移"。

又有一种质疑的声音问，那为何区块链这把锤子，并没有敲得叮当响成一片？那根什么钉子我怎么没看到？我们先不回答这个问题，暂把锤子和钉子放下。

"假如你吃了一个鸡蛋觉得不错，又何必要认识那只下蛋的母鸡呢？"钱钟书先生对求见的慕名者如此说。于钱老这当然是谦虚，也是委婉的拒绝，但这句英国谚语并无逻辑上的说服力。实情是，人们吃到好鸡蛋，一定要去认识母鸡的，因为认识母鸡才能继续吃上好鸡蛋。有心人甚至会去研究那只母鸡，寻找母鸡能"鹤立鸡群"的原因，以培育更多的优秀母鸡。再说，那只优秀母鸡的喜怒哀乐、爱恨情仇，就不值得去探究求索？你都吃了人家下的蛋，难道不该对母鸡投入一点关怀？

区块链若是那只鸡蛋，它背后站着的母鸡就不仅是中本聪，还有哈尔·芬尼、尼克·萨博、戴维、肖恩·范宁、亚当·贝克、斯图尔特·哈伯、尼尔·科布利茨、大卫·乔姆、默克尔、罗恩·李维斯特、阿迪·萨莫尔、伦·艾德勒曼、威特菲尔德·迪菲、马丁·哈尔等一干大牛，当然还有现在舞台上的主角，维塔利卡、BM、盖文·伍德等。他们每个人的故事，和他们所创造的技术一样精彩；他们的喜怒哀乐、爱恨情仇与技术一样值得去关注；他们所处的历史时代和社会环境，还有经历的种种事件，是技术诞生的舞台与背景，更是为技术催产和接生的"助产士"。我们奔赴时代的现场，亲临人物的生活，认真观察人与事，细心体会情与理，并非为了八卦爆料，而是去探寻技术的来龙去脉，试图从历史的全局、当事人的视角去观察技术，用故事的形式复原社会、环境、人物、技术之间的逻辑关系。我们要关注的，不仅是那只母鸡，还要看一下鸡窝，乃至母鸡生活的那整个农场。

区块链是有故事的。那故事里有人物，也有情节；有喜怒哀乐，也有爱恨情仇；有家国天下，也有芸芸众生。

期盼和幻想一个理想的社会，是学者们的一大爱好。西方有柏拉图的理想国和莫尔的乌托邦，我国则有老子的小国寡民和陶渊明的桃花源记，这种对理想社会的构思，都是理性主义一派。而经验主义一派的洛克、休谟并不赞同这种社会构想，到了哈耶克，则批评这种构想为"狂妄的理性"与"致命的自负"。区块链从技术角度，是经验主义的产物，但那些创造区块链的小伙伴们，却对区块链寄托了乌托邦的理想主义色彩，让区块链染上了一点点理性主义，这是区块链自身的矛盾之处，也为所有的争论和非议埋下了种子。

中本聪设计比特币，白皮书写得中规中矩，一副象牙塔中的学者范儿，然而创世区块中的那句"财政大臣正处于实施第二轮银行紧急援助的边缘"，却暴露了他对当前金融体系的不满，那么比特币蕴含的社会理想也就不言而喻了。更早些，戴维设计 B-Money 便声称要为非暴力的乌托邦设计货币与合同；再往前，密码朋克们要用非对称加密技术保护公民在网上家园的隐私；回到20 世纪 80 年代，大卫·乔姆研发了 eCash 以防追踪；20 世纪 70 年代，自非对称加密诞生后，为突破美国政府对密码学的封锁，学者们的抗争就未间断过。这一切都关乎技术，又并不囿于技术，社会理想和人文关怀，一直伴在区块链之左右。

区块链的创造者们，是有价值观的，他们具有浓厚的社会理想。由此，区块链是多维的概念，并非纯粹的技术，它天然具有值得争议的内涵，在技术大家庭中地位特殊。

区块链原本就不仅仅是一种技术，比之信息化与互联网，它对生产关系和社会关系的影响，为它在技术大家庭里安排了一个非常独特的地位，它天然拥有更加丰富并极具争议的内涵。及至比特币、以太坊开始流行，Token 天生的价值属性、便捷的转移支付功能，一下子让其成了不法交易的宠儿。区块链开发者们设计的 Token 融资模式，从比特币社群走向了全球各行各业，给开发者们以丰厚激励的同时，也给了众多骗子们装神弄鬼的面具。比特币也好，区块链也好，自诞生后，便在争议的漩涡中。无数的专家，无数的解读，有人顶礼膜拜，有人不屑一顾，有人极力炒作，有人大加诟病。不分好坏的拥护与拒之门外的排斥，无疑是简单的情绪化选择，经验主义者的做法是，我们要认真了解，要去观察和试验，在实际的应用中，摸索出适合区块链和数字货币的道路。要知道，互联网初现之时，也有人视之为洪水猛兽。到了今天，几乎所有人都离不开互联网，不再有人质疑互联网，人们将其看作空气、水、电一样必不可少的事物。然而，在互联网普及的今天，恰恰需要人们去怀疑的时候，互联网的力量与权威已经令人不敢直视。

人们那点子珍稀的怀疑，总是给予新生事物过多，给予熟悉事物过少。

本书想把区块链背后那些真正精彩的人物，中本聪、尼克·萨博、哈尔·芬尼、戴维……把他们介绍给读者，让读者了解他们的故事，调其代码、读其论文，不可不知其为人；本书想把区块链相关技术产生的历史背景，勾勒出来，告诉读者时代的变迁并不总是轻松写意，步履维艰乃是常态；本书想把区块链的原理，用简单易懂的方法，描述清楚，只要不去触碰形式化的烈焰，故事和思想实验这几千焦耳从炉火中辐射而出的热量就很温暖宜人了，谁还听不懂"薛定谔的猫"呢；本书想把区块链蕴含的经济学、社会学思想，理清楚呈现给读者，技术如剑，它冷静如水不偏不倚，那剑客与江湖却爱憎分明；本书想在这本书中概区块链之全貌，可以失之于浅显，但要收之于易懂，霍金的《时间简史》里说"如果我们确实发现了一套完整的理论，它应该在一般原理上让所有人所理解，普普通通的人，都能参与到问题的讨论中"，区块链更应该让所有人理解，让所有人参与到讨论中来。

这是本书的立意。

缘起：射出经验主义之箭

杨绛先生曾批评人"想的太多，读书太少"，此语如箭，洞穿我辈无知之徒。不过，"读书"与"想"，当是"弓"与"箭"之关系，为了射箭，方才挽弓控弦。经验主义者，总要先射出一箭，实验观察一把，再去练习拉弓的臂力和准头。鹄的在前，芝诺告诫说箭的运动和前行是不可想象的，但无论如何，本书也就这样离弦而去。这是本书的缘起。

本书共分为三编。**第一编谈"区块链的历史和原理：由虚拟货币说开去"，从中本聪的生日探求比特币背后的私人货币哲学基础，进而探讨虚拟货币背后的密码学和区块链原理和历史。**

• 第1章从中本聪生日的隐含密码中解读哈耶克虚拟货币的历史背景和哲学基础，包括美国政府没收美国人民黄金这些在中国鲜为人知的事实。

• 第2章介绍虚拟货币，围绕着乔姆、萨博、戴维、中本聪等人物，讲解虚拟货币的原理和发展历程，叙述比特币的诞生与发展历史，探寻中本聪的神秘身份，分析比特币之意义。

• 第3章关于密码学为主。密码学是区块链的支柱技术。懂了密码学相关技术，便懂了区块链的大半。本章围绕密码学的人物和故事，叙说密码学的历史，讲解种种算法和原理。其中涉及图灵、迪菲和赫尔曼、RSA三人、科布利茨、齐默曼、密码朋克等众多人物，覆盖了对称加密和非对称加密的简要历史，重点讲述那些影响重大的事件。

• 第4章意在讲解区块链原理，拆解区块链原理为链数据结构、UTXO、P2P网络协议、PoW共识算法、货币机制、哈希运算、非对称加密及签名、时间戳、默克尔树和智能合约十个部分。在原理的精简介绍中，依然带出人物，带出故事。

• 第5章单写智能合约，智能合约是区块链2.0最重要的特性。戴维、尼克·萨博在设计数字货币时，不约而同都包括了智能合约，中本聪也专帖解释了合约在比特币中的实现方法。本章从经济学、社会学角度解读了尼克萨博的智能合约理论，在这理论中，还交织着区块链的思想。本章也简单介绍了以太坊上智能合约当前所用技术。

第二编介绍"从区块链到区块链经济：技术与应用"，探究区块链的不同技术和应用场景。

• 第6章区块链的技术流派，介绍了当前主流的区块链平台和技术，共计十二种，分别是比特币、以太坊、Fabric、EOS、IPFS、闪电网络、侧链、BTC Relay、跨链 Cosmos、Polkadot、分片 Plasma、DAG Byteball。本章着力于为读者概括出易于理解的原理，同时简单介绍技术开发者。

- 第 7 章关于区块链应用，区块链的落地应用，也许是业务人员和投资者最感兴趣的。然而技术的应用，考验的往往并非技术本身，而是环境和习惯。本章介绍当前可看到的各种应用，包括货币、资产描述、保险、存证、供应链、证券交易所、赌博、游戏、内容和社区、投票与选举、物联网、可编程货币、ICO，共计十三种。讲解中以案例为主，所选的应用产品多来自国外。

- 第 8 章区块链经济，中本聪当是自由市场的拥护者，尼克·萨博则常常引用哈耶克的文章，所以区块链虽然是一种技术，技术本身并无价值上的偏好与站位，但这些发明区块链的人，却有着鲜明的立场。说奥地利经济学派是区块链的思想指引，也许并不是乱说。本章介绍区块链与经济学、社会学那千丝万缕、若隐若现的关系。

- 第 9 章中心化与去中心化，2017 年区块链热潮，"中心化"三个字广为人知，"去中心化"这四个字也随之流行。到底何为去中心化，去中心化到底要干什么？到底中心化与去中心化之争，与我们的社会，与我们的生活有何干系？本章解答这些问题，让读者思考之余，不再困惑于中不中心化这样的争论。

第三编为"区块链的愿景：范式革命与未来监管"，超出了第二遍经济应用的范畴，是作者在国家战略和国际格局层面对区块链技术影响的系统思考，从虚拟货币、区块链与未来国家的关系，以及对世界格局和人类世界的影响进行了阐述和展望。

- 第 10 章区块链的意义，互联网给我们带来了什么？互联网完美吗？区块链、人工智能将给我们带来什么？科技是生产力，科技只是生产力吗？当互联网、物联网、人工智能、区块链构成的世界把未来拉近，人们该怎样去理解这一切？人在机器面前，该怎么去理解自己？苏格拉底说"认识你自己"，也许机器时代的降临，给了我们认识自己的终极线索。

- 第 11 章虚拟货币的监管，作者结合参与国际监管规则制定的经验，从金融监管的角度阐述了虚拟货币的属性和监管框架。

• 第 12 章未来的畅想，作者纵横比较历史上的教皇跨国秩序、威斯特伐利亚体系下的大英帝国和"美利坚帝国"，提出了"雄霸共和国"的思想实验，预示将来掌握区块链的政权将获得超越国家主权的实际权力，成为新时代的教皇。

另外，本书特意增加了附录，将重要书目、关键人物一一列出，供读者在阅读正文时查阅。

• 附录 A 推荐书目及解读，本附录中推荐作者认为优秀的一批区块链书籍，并附上了作者自己的解读。

• 附录 B 人物和时间表，列出本书中出现的主要人物及重要事件的时间表，供读者索引。

本书以哈耶克始，以"雄霸共和国"终，贯穿思想和技术。世界大概就是这样充满了矛盾，历史的发展也许永远不是按照人们的预设前进。希望技术流和金融管理人士能够通过本书清晰了解区块链技术的技术原理和技术思想，希望国家的管理者和政策制定人士可以透过哈耶克的哲学思想和"雄霸共和国"的国际格局展望在制定国家战略时有所启发。

怀理想与明天

懂得区块链未必那么困难，因为人们对事物的理解是分层次的，今天无人不懂互联网，然而又有多少人理解互联网的协议呢？经验主义的一大好处就是宽容，认为人们无须冥思苦想，通过感官观察和体验，就能获得知识，那么你的感官给你的，就是你的知识。阅读本书，相信读者能够对区块链建立一个感觉上的印象和观念，毕竟书中有那么多的故事。有了基本的理解之后，相信读者就能自己破解前面未回答的那个问题：为何区块链没有普遍的落地开花？

区块链和数字货币等应用最终能否普及应用，决定性的因素并不在技术，而取决于一场发生在大众意识中的投票：把自己的数据、财产、隐私托付给互联网大企业，对于这种传统的互联网模式，以及对伴随这种模式而生的种种风险、麻烦、不便和低效，人们是否还能忍受。

　　1455 年古登堡印刷术诞生，但手抄本依然存在百年，而"当面讲授"这种古老且昂贵，以权威为中心的知识传播方式至今尚存，仍据主流。这已无关技术，而是人性的选择。我们阅读历史，也身处历史之中，我们左右着历史，却又懵懂不觉，被历史裹挟而去，不辨方向。乐观去看区块链，也许正如互联网的历程一样，十年之后再回首，今天的喧闹和冷清、赞颂和质疑，未尝不是浇灌幼苗的清水与养分。

　　要能够把区块链讲解清楚，需懂得密码学原理、计算机技术、经济学、金融学、社会学等领域的知识。无疑，本书作者的知识储备和能力是不足的。读者在阅读本书时，发现错漏在所难免，若读者心生怀疑，那请接受感谢。因为，如笛卡尔所说，怀疑是我们存在之本，这一点是理性主义和经验主义的共识。

　　愿怀疑与我们同在，愿怀疑与区块链同在，愿怀疑与本书的读者同在。

　　最后，感谢中国金融出版社的编辑黄海清老师，本书是在他的鼓励和督促下完成的。感谢在本书撰写过程中，给予支持和帮助的家人、朋友和同事们。

目　录

第一编　区块链的历史和原理：由虚拟货币说开去

第二编　从区块链到区块链经济：技术与应用

第三编 区块链的愿景：范式革命与未来监管

第一编

区块链的历史和原理：由虚拟货币说开去

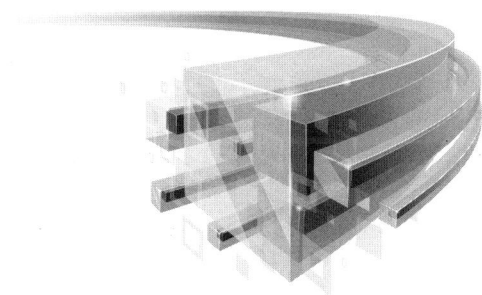

1

虚拟货币的基因

本章将美国法律史上的重大事件串联起来，探究货币去国家化和竞争性私人货币思潮背后的历史脉络和思想潮流，让我们从本质上理解虚拟货币深层的基因代码。

森林里相同的水土和阳光滋养了藤蔓植物，也滋养了小草和参天大树，生态系统的多样性来自植物 DNA 的根本性差异。同样，我们理解一个人、一种社会现象，应该从其最深刻的哲学观入手，才能理解其根本的不同。

中本聪的生日：为什么是 1975 年 4 月 5 日？

4 月 5 日——那是美国政府公开抢劫美国人民黄金的日子。

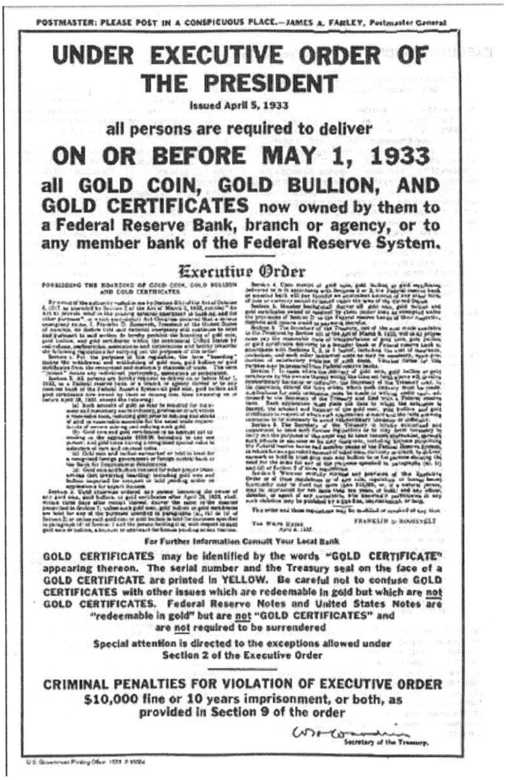
POSTMASTER: PLEASE POST IN A CONSPICUOUS PLACE.—JAMES A. FARLEY, Postmaster General

UNDER EXECUTIVE ORDER OF THE PRESIDENT

Issued April 5, 1933

all persons are required to deliver

ON OR BEFORE MAY 1, 1933

all GOLD COIN, GOLD BULLION, AND GOLD CERTIFICATES now owned by them to a Federal Reserve Bank, branch or agency, or to any member bank of the Federal Reserve System.

Executive Order

FORBIDDING THE HOARDING OF GOLD COIN, GOLD BULLION AND GOLD CERTIFICATES

FRANKLIN D. ROOSEVELT

For Further Information Consult Your Local Bank

GOLD CERTIFICATES may be identified by the words "GOLD CERTIFICATE" appearing thereon. The serial number and the Treasury seal on the face of a GOLD CERTIFICATE are printed in YELLOW. Be careful not to confuse GOLD CERTIFICATES with other issues which are redeemable in gold but which are not GOLD CERTIFICATES. Federal Reserve Notes and United States Notes are "redeemable in gold" but are not "GOLD CERTIFICATES" and are not required to be surrendered

Special attention is directed to the exceptions allowed under Section 2 of the Executive Order

CRIMINAL PENALTIES FOR VIOLATION OF EXECUTIVE ORDER
$10,000 fine or 10 years imprisonment, or both, as provided in Section 9 of the order

Secretary of the Treasury.

图 1 –1　第 6102 号总统行政命令

1933 年 4 月 5 日，针对美国遇到的大萧条，罗斯福总统依据《1917 年与敌贸易法》（*Trading with the Enemy Act of* 1917）发布第 6102 号行政命令，宣布进入紧急状态并禁止美国人民储藏黄金。行政命令要求美国人民在 1933 年 5 月 1 日以前将所有储存的黄金（金币、金块和黄金凭证）交给美联储，美联储按照每盎司 20.67 美元进行兑换，否则将处以 1 万美元以下罚款和五至十年的有期徒刑。①

《1917 年与敌贸易法》授权美国总统对"敌人"贸易实施限制性措施，美国总统滥用了法律授权，将紧急状态运用于非战争时期、运用于美国国内。整个大萧条时期，罗斯福政府不断通过宣布紧急状态扩张行政权力，认为只要是法律和宪法不禁止，总统有义务"根据国家的需要做任何事情"。②

在一个法治国家，这是难以想象的大规模掠夺。美国政府对不按时交出黄金的人进行了起诉，并要求没收未上交的黄金，被罗斯福驯服的最高法院支持了美国政府的一系列掠夺，认为美国政府的强制兑换和没收并未违反美国宪法。

大萧条时期，罗斯福政府以扩大最高法院规模为要挟，驯服了美国最高法院。美国宪法虽然规定了美国最高法院的权力并通过马伯里诉麦迪逊案扩张了司法审查权（最高法院可以宣布法律、行政命令违反宪法），但是，美国宪法并未规定最高法院法官的人数；在长久的历史惯例中，最高法院大法官人数稳定在 9 人，罗斯福威胁，如果最高法院阻挠"罗斯福新政"，将大量向最高法院提名新法官，"冲淡"现有法官的影响力。这是一次典型的通过危机倒逼法治的危险举动。"9·11"事件以后美国通过的《爱国者法案》是另一次臭名昭著的危险举动。

美国强制从人民手中兑换黄金，有其充足的公共利益理由：面对大萧条，由于美国实行金本位，人民储存黄金导致美联储无法扩大货币发行量，因此，通过强制兑换人民手中的黄金，可以"盘活"黄金资产，将美国人民的黄金变成基础货币。③ 但是，当美国政府以 20.67 美元每盎司（1932 年价格）强制收购美国人民手中的黄金之后，立刻将黄金价格提高至 35 美元每盎司在国际

---

① 有兴趣的读者可以参考论文，以便了解美国相关历史和法律基础，例如，Yu Ouyang and Michael A. Morgan, 2019, "The Contemporary Presidency How Presidents Utilize Their Emergency Powers." *Presidential Studies Quarterly*.

② 参见美国国会于 1973 年所作的《终止国家紧急状态特别委员会的报告》（*Report of the Special Committee on the Termination of the National Emergency*），也被称为"第 93 届参议院 549 报告"（Senate Report 93 – 549）.

③ 参见 https://www.federalreservehistory.org/essays/roosevelts_gold_program.

市场进行交易，一夜之间美国人民的黄金财产损失超过40%。[①]

1975年——那是美国政府终于重新允许美国人民持有黄金的年份。此后，美国总统通过宣布紧急状态，常态化运用非常态权力。在20世纪70年代初期，美国总统又两度在国内宣布紧急状态：尼克松总统在1970年针对美国邮政工人罢工宣布紧急状态，1971年针对美国浮动汇率制度宣布紧急状态。美国总统滥用非常态权力引起了国会的警惕，美国国会成立了"终止国家紧急状态委员会"（the Special Committee on the Termination of the National Emergency），对美国的紧急状态进行清理，并着手限制总统的紧急状态权力。不看不知道，一看吓一跳！美国参议院发现，1933年以大萧条为紧急状态而禁止人民储存黄金的总统令和1950年以朝鲜战争为紧急状态而出兵朝鲜的总统令（美国一直没有就朝鲜战争进行宣战，认为这是冲突，派遣军队属于"警察行为"）仍然处于生效状态！前述尼克松总统的两个紧急状态也依然处于生效状态。

1974年8月14日，美国总统签署国会通过的法案（Public Law No. 93 - 373），宣布从1974年12月31日起，限制人民储存黄金的禁令失效。[②]

1975年，美国人民终于可以合法持有黄金！但此时，黄金价格已经是140美元每盎司。

美元对全世界的违约：布雷顿森林体系瓦解

千百年来，黄金是不同民族共同接受的财富。尽管经济学家凯恩斯将黄金称为"野蛮时代的遗迹"，但是，任凭凯恩斯在学术界权威性如何了得，第二次世界大战时期英国人要买美国的战争物资，只能用黄金结算。英国为了维持对希特勒的战争，不得不开着一节一节的火车将黄金从加拿大运往美国来换取

---

① Vincent R. LoCascio, *The Monetary Elite vs. Gold's Honest Discipline* (BJ Locascio, 2005), ISBN 9780976842705, pp. 160 – 161.

② 法案的名称为《增强美国在国际发展协会参与程度以及允许美国公民在美国或海外购买、持有、销售或者以其他方式处理黄金的法案》（*An Act to provide for increased participation by the United States in the International Development Association and to permit United States citizens to purchase, hold, sell, or otherwise deal with gold in the United States or abroad*）。国际发展协会是世界银行的组成部分，致力于帮助和促进最不发达的贫穷国家的发展。

战争物资。法国向纳粹德国投降的第一时间，德国占领军立刻奔向法国中央银行，当德国人打开中央银行地库的大门时他们惊呆了，法国人已经将黄金从法国本土运走。不仅德国人没有用上法国人的黄金，丘吉尔试图"借用"法国人黄金的请求也被无情拒绝。法国人保存了历代国民积累的财富，其在第二次世界大战后的恢复重建中发挥了重大作用。

1944年第二次世界大战即将结束之时，美国通过战争已经占有了全世界超过一半的黄金。这个时候，美国充当了世界中央银行的角色：美元与黄金挂钩，各国货币与美元挂钩。各国获得美元后，可以向美国兑换黄金，美元成为名副其实的"美金"。

但是，1971年，美国政府宣布停止向外国政府兑换黄金，美国耍了一次"宇宙级"无赖：对全世界违约！当年，各国用黄金换来的美元，如今不能兑换回黄金！

1973年，布雷顿森林体系正式瓦解。

货币的去国家化：自由主义的思考

1933年，美国政府强制兑换人民手中黄金的价格：20.67美元/盎司。

1934年，美国政府在国际市场交易黄金的价格：35美元/盎司。

1944年，美国政府承诺在布雷顿森林体系下美元与黄金挂钩：35美元/盎司。

1971年，美国停止向外国政府用美元兑换黄金。

1973年，布雷顿森林体系瓦解，美国宣布美元与黄金正式脱钩。

1975年，美国人民买回自己的黄金的价格是140美元/盎司。五年后，黄金价格达到590美元/盎司。

任何有理性、有良知的学者都不得不思考这一赤裸裸的剥夺。美国政府做了什么？美国政府掌管货币比私人掌管货币要好吗？号称"人类制度最伟大实验"的美国，它的所作所为和历史上滥发货币、剥夺人民的政权有什么本质区别吗？

在这个历史转折的关口，有两种不同的声音：一种是主流经济学家的各种模型论证，以萨缪尔森为代表；另一种是经济学少数派的深刻思考，以哈耶克为代表。

第二次世界大战以后，萨缪尔森（Paul A. Samuelson，1970 年诺贝尔经济学奖得主，是第一位获得该奖的美国人）创建了一种新的经济学范式，被称为"新古典主义"，全力用数学语言来描述经济学，试图将经济学变成与物理学类似的可以用数学表达的"科学"。他 1947 年的鸿篇巨著《经济分析基础》使用数学工具，使各种理论和方法获得基本统一的表述，可以说是经济学数学化的第一次伟大尝试。萨缪尔森 1948 年出版的《经济学》成为超过半个世纪的经典权威教科书，在全世界各个大学被四十多种不同的语言讲授。

但是，我们认为萨缪尔森的范式更像是一次对经济学思想的"大阉割"。以货币为例，萨缪尔森的教科书里已经不再（或者说"不屑"）就货币的本质问题进行探讨，而是醉心于货币的各种方程式。

萨缪尔森坚持"黄金是野蛮时代的遗迹"的理论，他认为不是黄金加持了美元，而是美元加持了黄金。1972 年他预测在美元和黄金脱钩后，黄金价格一定会跌倒 35 美元以下。弗里德曼（Milton Friedman）甚至大胆预测黄金将会跌至 6 美元以下。但历史无情地嘲笑了这些经济学家。人们非常敬重这些伟大的经济学家，尤其是弗里德曼，但是，他们预测的根本性错误至少说明他们对货币性质的理解是存在巨大缺陷的。

相比于第二次世界大战后主流经济学的数学化倾向，以哈耶克（Friedrich August von Hayek）为代表的奥地利经济学派一直保持了对经济、社会和哲学问题深入的思考。在中国的大学法律系、政治系和哲学系，哈耶克的名望可能比在经济系更大。奥地利学派是在和德国历史学派关于经济学的争论中发展起来的，将学派冠以"奥地利"之称实际上含有德意志

图 1－2　经济学家哈耶克

帝国对偏居一隅的奥地利的鄙视（普鲁士统一德语地区，成立德意志帝国，成为德语民族的"正统"）。德国历史学派的理想原型是铁血宰相俾斯麦的国家主义战略，而奥地利学派则对这种国家主义抱有深刻的怀疑。德国历史学派主张以民族为单位通过经验观察研究经济，奥地利学派针锋相对地主张方法论中的个人主义，从个人出发研究个人的选择，推崇可控实验（经济学上可控很难实现）或纯粹的思想实验方法。在学术观点上，奥地利学派主张个人选择和市场经济。

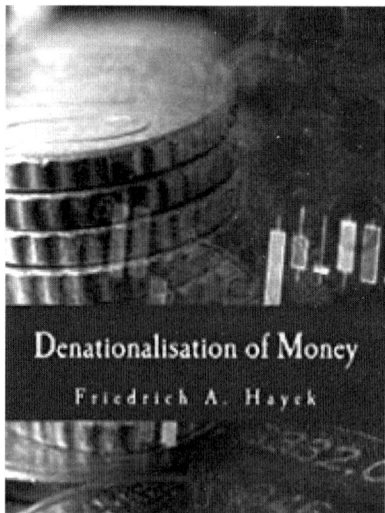

图 1-3　哈耶克著作
《货币的非国家化》

哈耶克在货币和经济周期理论中取得了很大的成就，并因此获得 1973 年诺贝尔经济学奖，但是，他广为人知的却是他关于社会演化的理论。1944 年哈耶克在《通往奴役之路》中提出中央计划经济学如果无法获得足够的信息将注定失败，1945 年的《知识在社会中的运用》提出自由的价格机制在一个市场中发挥了交换和同步化各种市场信息的功能。哈耶克主张（集中体现在 1973—1979 年著述的三卷本《法律、立法与自由》），良好的秩序是人类实验的产物，从来不是计划的结果；相反，计划的失败会导致社会付出巨大成本。

针对布雷顿森林体系的解体，自由主义大师哈耶克在 1976 年出版了《货币的非国家化》（*The Denationalization of Money*）一书。遵循他一贯的观点，哈耶克认为政府并不值得相信，历史一再证明政府如果垄断某种商品一定会导致无效率，政府垄断货币也并不比私人发行货币更好。他梳理了政府发行货币的历史，无一不以政府失信、货币贬值终结。

他提出："私人货币发行者之间的竞争要优于政府的垄断。"（"It would be better supplied by competition between private issuers than by a monopoly of government."）

在哈耶克的私人竞争模型中，债权人倾向于选择逐渐升值的货币，而债务人倾向于选择逐渐贬值的货币，但两种力量的合力导致币值稳定的货币将成为共同的选择。

但是，私人如何发行货币？私人发行者如何在国家垄断之下找到生存之路？

在现代法律体系中，国家是货币发行的垄断者，铸币权是核心国家权力之一，刑法里密布对任何私人挑战者的处罚措施。国家垄断铸币权，而且对衍生服务采取严格的许可制，任何涉及货币的服务（存贷款、汇兑、汇款等）都要得到国家的批准并处于国家的严格监管之下。

中国古代有托古著书的传统，如晋代梅赜托古人之名而作《尚书》。文艺复兴以来，欧洲学术界也有匿名交流学术的传统，如我们在统计学中著名的"t 分布"就是英国人威廉·戈塞（Willam S. Gosset）以"学生"（student）为名而发表的。

中本聪在公开的信息中，"他"给了我们一个生日，就像佐罗要留下一个"Z"字。从他的生日和比特币的论文大作中，我们认为，中本聪的 DNA 坚信私人货币之间的竞争优于国家对货币的垄断。

让我们一起神游虚拟货币的历史，感受一个个伟大的头脑如何一步步构筑比特币这个大厦，这些密码朋克们是如何利用数学和密码学进行一场伟大的私人货币试验的。

2

虚拟货币

围绕着乔姆、萨博、戴维、中本聪等人物，讲解虚拟货币的原理和发展历程，叙述比特币的诞生与发展历史，探寻中本聪的神秘身份，分析比特币之意义。

大卫·乔姆

2016 年 6 月，斯坦福大学举办了一次会议——Real World Crypto，这次会议的目的是将密码学学者与软件开发工程师们聚集在一起，促进这两个群体之间的对话。在这次会议上，密码学家大卫·乔姆（David Chaum）带来了一种新技术——PrivaTegrity。大卫·乔姆刚及花甲之年，他面如重枣且须发皆白，颇有点仙风道骨的劲头。只是，他修炼一生之术，非刀非剑，而是密码学。

乔姆老先生骄傲地声称，他的 PrivaTegrity 技术将彻底终结"密码斗争"。

在美国，科技界与政府之间，一向有些小过节，尤其是与强力机构的警察部门，比如美国联邦调查局（FBI）。起因很简单，FBI 破案抓人，时不时地要求

图 2 - 1　密码学家
大卫·乔姆

科技界帮忙破解密码，而美国科技界向来"清高"，对这些抓差派活既不踊跃，也不积极，很有抵触情绪。

就在 2016 年 2 月，FBI 与苹果公司还激烈地掐了一架。FBI 要求苹果公司帮助破解恐怖分子的 iPhone，苹果公司说："不干，不干，就不干。"FBI 大怒："你敢不干？"苹果公司："不干不干，干不了！能干也不干！"双方就开始争吵，这就是所谓的"密码斗争"。

乔姆的一生，都在研究如何保护个人隐私，他敌视 FBI 这样的强权部门，认为这些机构是个人隐私的天敌。早在 20 世纪 80 年代，互联网还处在幼年期，他就察觉了网络将给个人隐私带来的祸患。所以，他在加州大学伯克利分校读博士期间，就开始研究密码学，早早立志要以保护个人隐私为己任。

在密码学界，大卫·乔姆的地位极高，把他列入世界前五名，怕是没有什么争议的。他出生在美国，在美国加州大学伯克利分校读书，之后短暂任教于纽约大学和美国加州大学伯克利分校。在 20 世纪 80 年代后期，乔姆周游世界，途中他爱上了荷兰，就此定居阿姆斯特丹。

乔姆从美国加州大学伯克利分校的研究生涯开始，30 年来，一直下功夫

研究密码学技术。其最高境界可用一个词来概括——不可追踪。他发明的算法中，名气最大的当属"盲签名"，这是一种"不可追踪"的数字签名技术。

数字签名技术利用诸如 RSA 算法的技术对数字文件进行运算并获得一个数字消息。这个消息，即签名，用来证明该数字文件确实无误地来自某人。

而盲签名技术让签名者不必看到被签名的数字文件。与现实世界类比，盲签名就是通过在信封里放一张复写纸，签名者在信封上签名时，他的签名便透过复写纸签到文件上。使用文件的人，拆开信封，便可以取得签了名的文件。

这种盲签名技术，直接使乔姆发明了他最得意也最失败的产品——eCash。乔姆发明该产品的本意是研制一种支付系统，让银行无从追踪用户的支付信息。说得直白一点，就是用计算机和网络实现纸质钞票的匿名性。

在 eCash 体系下，用户利用盲签名技术从银行获得数字现金。银行的计算机给用户发放一笔数字现金，要使用数字签名来授权，但银行并不清楚该笔现金的发放和授权是针对哪个用户的。

简单地展开一下，eCash 其实是用虚拟货币实现了纸钞的防追踪性。例如，王美丽到银行取钱，银行从她的账户上扣除 1 万元，同时给她 1 万元纸钞。王美丽持 1 万元纸钞在商场购物，店家并不查验王美丽身份，也不记录王美丽的购物信息，店家只关心纸钞的真实性。之后，店家把 1 万元纸钞存进银行，银行也并不知道这 1 万元是来自王美丽的。

而当代的电子支付系统，一律都是可追踪的，你的每一笔消费都有完备的记录。根据王美丽的刷卡信息，几乎能够勾勒出她完整的人生轨迹。

eCash 系统除保护用户隐私，让银行无从收集用户支付记录外，还解决了虚拟货币的一个基础问题，即如何防止虚拟货币被盗用。RSA 技术的非对称加密算法，是其中的关键。

非对称加密，乃近代密码学大厦的基础。

eCash，及其后的虚拟货币发明浪潮，就是一场如何玩好非对称加密算法的游戏。

乔姆在发明了 eCash 系统之后，对此技术极具信心，他敏锐地感觉到这是一个巨大的商业机会。于是，他摇身一变，从清高的科研人员华丽转身成一名光荣的创业者和 CEO。他的公司名叫 DigiCash，这是一家注定要在科技史上留名的企业，只是人们目前难以评价这家公司是成功还是失败的。

DigiCash 成立于 1989 年，倒闭于 1999 年。

后来，乔姆在接受采访的时候，把 DigiCash 的故事描述成一场科技超前于时代的悲剧，而他的很多老部下、老同事认为乔姆性情有点固执，而且多疑善变，认为这才是 DigiCash 一手好牌打烂的主要原因。

我们只是旁观者，自然难辨是非。但可以从资料中看到，当年试图收购 DigiCash 的公司如过江之鲫：ING、高盛、微软、网景、荷兰银行、Visa。

在比尔·盖茨（Bill Gates）与乔姆的接触中，比尔有过计划将 eCash 集成到 Windows 95 中。据说是乔姆的固执态度让这笔交易最终泡汤。

毫无疑问，乔姆是伟大的密码学家，但他是否可以称得上是伟大的商人，则要打一个大大的问号。

乔姆在 eCash 中用盲签名实现了虚拟货币的不可追踪性，用 RSA 算法让虚拟货币能够在网络上交易。乔姆给了虚拟货币生命，是当之无愧的虚拟货币之父。

可惜的是，乔姆的虚拟货币还有一个小小的缺憾，即 eCash 只有依赖银行系统的中心数据库，才能验证一笔钱是否已经花掉。

乔姆虽是天才的 Top5 密码学者，但他没有解决虚拟货币的去中心化问题。不仅乔姆没有搞定此事，而且之后的整整 20 年，无数密码学家都在思索这个问题，但一直无解，很多高手在沮丧之余甚至断言 P2P 环境下的虚拟货币是不可能的。

乔姆最光辉的成就不是 eCash，而是早在 1979 年发明的 Mix Network。今天，我们有着五花八门的加密通信软件，究其根源就是 Mix Network。用最简单的比喻来说，Mix Network 把一封信套在多层信封中，经由每层信封的收信人递交下一层信封收信人。最终的信息接收者，也就是最后一层信的接受者，无从知晓信件来自何方。中间层信封的收信人，也无法解密再下一层信封的信息，因此也不知除自己及自己的上下家之外的其他接收人。

当下流行极广的 Tor 洋葱加密网络，也继承并发扬了 Mix Network。

乔姆在 Mix Network 中，践行的信仰仍是"不可追踪"。

在 2016 年的 Real World Crypto 会议上，乔姆推出 PrivaTegrity 技术，引入一种被他称为"cMix"的全新混合网络，其效率远超他几十年前创造的 Mix Network 加密体制。然而惊人的区别还在于 cMix 所有的消息都要经过 9 台服务器执行加密运算。

更为惊人的是，乔姆声称，他终结"密码斗争"的终极办法是在 cMix 中留有一道后门。这 9 台服务器若是一致同意，则可以将任何 cMix 消息解密。而乔姆说，他会将 9 台服务器分别放置在 9 个不同的国家，需要 9 个国家达成司法政策上的一致，才能对解密的权利进行控制，其中一台服务器放置在美国。

乔姆期待他的技术能左右国际权利的分配，全然是指点江山的气概。

学术指数 ***** 　　　野心指数 ****
行业影响力指数 ** 　　神秘指数 *

尼克·萨博

第二次世界大战时期及之前的密码学家大部分是高校的教授和学者，且很多都为政府工作。到了近代，涌现了众多另类密码学者，他们身份独立，并不为政府工作，因而近代密码学成为众多独立密码学家用来保护个人隐私的"武器"。近代密码学大家们用自己研究得到的密码技术，严密地保护自己的身份隐私。乔姆他老人家虽然以"不可追踪"技术为终身课题，且"武功"又居于世界前五，他要是想躲起来，怕是谁都难觅其踪影。幸运的是，他老人家虽然性格倔强、刚愎自用，但对于抛头露面并不抵触，甚至是欣然的。从网络上可以找到他多张照片，维基百科上他的简历也很清楚，认真找，还能挖掘出有关他的文字采访和视频资料，为他写个全本传记都不是什么难事。

然而，要给尼克·萨博（Nick Szabo）写传记，就有些困难了。

萨博是"智能合约"概念的发明人，也是"比特黄金"（一种虚拟货币概念）的发明人。"比特黄金"自乔姆的 eCash 之后，成功地将虚拟货币推进到 P2P 模式大门。可惜"比特黄金"仅停留在概念阶段，并没有出现相关的代码。在"比特黄金"这件事上，萨博所经历的处境与今天的连续创业者们颇为相似：只缺程序员了。萨博曾经在论坛上诚征开发高手来合作实现"比特黄金"，可惜无人揭榜。

萨博并非不能写程序。他的"名片"上清楚地印着身份——计算机科学家、法律学者、密码学家。萨博真是一个博大精深的杂家，他的文章显示他对历史、法律、经济、政治都有很深厚的知识积累。而在计算机和密码学领域，他的兴趣集中在安全、可靠、信任等方面。

用算法和密码学来创造计算机和网络上的商业、货币、合约，是他追求的目标。

图 2-2 尼克·萨博

他对"不可追踪"之类的隐私保护事业，似乎兴趣不大；然而，他却比乔姆更重视个人隐私。在网上只能找到一两张他的照片。从外貌上看，他倒是很像一位伐木工，面容粗糙、身材雄伟。据传，他是匈牙利人，华盛顿大学的法学教授，但后者已经被他否认了。

被他否认的另一个"据传"有板有眼地声称他是中本聪，是比特币的发明者。阿斯顿大学语言分析专家判断他是中本聪，因为从英语语言上看，他与中本聪的风格最为相符。

然而，程序代码这玩意是个"硬杠杠"。多少名满天下的互联网"豪杰"们，都躲着程序代码走。能不能写代码，是技术"威虎山"上最后一道暗语，通过了才是"一伙"的。

萨博虽然是科学家，但并不擅长 C＋＋语言，而中本聪的比特币系统用的是 C＋＋。

1998 年，尼克·萨博在他的博客上贴出了一篇小文，标题为《比特黄金》，该文短小精悍，共计 980 个英文词。此文是有划时代意义的，它设计了一种概念，可以不依赖针对第三方的信任，在线生成不可复制的、具有价值的货币。

不依赖对第三方的信任，成为众多密码学者的最高追求。

尼克·萨博设计比特黄金的目标是在线模拟真实的黄金。众所周知，黄金因生产困难而稀缺，所以具有极高价值；黄金的价值不依赖第三方，任何人掏出的黄金都值钱。当然黄金也有一些缺点，比如难以携带、检验成本较高。所以，尼克·萨博希望用密码学制造出在线的"比特黄金"，具有黄金的优点，又能避开黄金的缺点。

在比特黄金中，尼克·萨博引入了"可复用的工作量证明""分布式时间戳""分布式产权登记"等几项技术。工作量证明，其原理很简单，就是用计算机来计算一道数学题，耗费一定的计算机工时，这种工时就是"比特黄金"价值的来源，与淘金者耗费体力挖矿生产黄金是一个道理。最初的工作量证明是亚当·贝克 Adam Back 发明用来防止垃圾邮件的，每次发送邮件前，CPU需要忙碌几秒钟计算一道数学题，这就如同花费了一定的成本。

可复用的工作量证明，则更进一步地将工作量证明所耗费的 CPU 工时记录下来，且可以传递给他人，使他人可以再次花费，这样一来，"可复用的工作量证明"与黄金更加相似。

分布式时间戳为可复用工作量证明生产出的"比特黄金"标记上时间。尼克·萨博考虑到随着计算机的快速发展，不同时代计算机工时并不一致；而盖上"时间戳"则可以明确某个时间段生产的"比特黄金"的成本与价值。

分布式产权登记则用来记录"比特黄金"的归属权，这件事在乔姆的eCash 中已经解决，就是用非对称加密算法签名。而在这里，尼克·萨博提出分布式的概念。

这也是"比特黄金"的不完善之处，"理想很丰满，现实很骨感"，怎么才能实现产权的分布式登记？尼克·萨博并未明确阐述。

还有一个不完善之处是"比特黄金"没有解释如何进行交易，因此也就压根没提所有虚拟货币面对的最大挑战：双花问题。

计算机与网络上的数字文件是可以任意复制的，虚拟货币生产出来后被复制多份，发送给多人，怎么办？尼克·萨博的"比特黄金"并没有解决这一问题。

尼克·萨博的第二个巨大成就是"智能合约"。他是律法学者，对合同法有着浓厚的兴趣，如何将合同、契约引入计算机中是他研究的目标。

在区块链上作开发，目前包含两种不同的工作，其目的和采用的技术迥异：一种是开发区块链协议，目标是写出底层区块链，做的是中本聪的工作；另一种是在区块链上开发智能合约，目标是写出应用，用的语言多是脚本语言。若作个易于理解的比喻，则区块链如同操作系统，而智能合约如同操作系统上的 Word、Excel 等程序。

1994 年尼克·萨博在论文《智能合约：数字市场的基石》中正式提出"智能合约"的概念。该文长 6000 多字，一如萨博一贯的文风，行文在经济、政治、历史、计算机、密码各种学科中跳跃。幸好，萨博从来不喜欢在文章中铺陈公式和算法，也很少引用代码，所以他的文章不怎么艰涩。

合约是人类在社会中建立关系的重要工具。人们在合约中作出各种承诺。合约不仅限于商业关系，生活中各种关系都可能涉及合约，比如被冠以神圣、歌为浪漫的婚姻，其实质便是一种合约。

对于市场经济而言，合约更是最基础的奠基石，没有合约精神，则自由市场无从建立。合约这种看似理所当然的事物，却蕴含着既复杂又深刻、让人们难以理解的精神。尼克·萨博定然是哈耶克的粉丝，他不止一次在文章中提及哈耶克。按照哈耶克的思想，与产权一样，合约是在人类几千年的社会活动中自然形成的。若让人们凭借理性创造合约的概念，那是几乎不可能的。

而尼克·萨博发明的"智能合约"道理很简单，就是用数字的方式构造与执行合约。萨博所说的"数字方式"，并不是把纸质合同扫描了存储到计算机中，或者在线填写一张合同表单，那是合同的信息化，而非"智能合约"。"智能合约"的要义在于，合约的条款要用数字化的协议在计算机上执行。

萨博为"智能合约"举了一个原始的例子，即我们常用的自动售货机。投入 5 元人民币，机器执行合约，"吐"出一罐可乐。更多的例子还有刷卡机、银行汇款系统、网银系统等，都可算作"智能合约"的初始形态。

要让"智能合约"遍布世界、嵌入身边各种设备设施，则由密码学构建的协议就大有必要。如同在纸质合约中，需要清楚地列出所有条款，参与合约的各方还要无误地理解合约条款，各方才能签字。但在传统的计算机和网络环境下，中心化的软件系统难以实现多方对条款的平等协商。密码学构建的协议，则开辟了一条道路，为网络上实现纸质合同的全流程提供了技术上的可能性。

尼克·萨博提出的"智能合约"概念，深远地影响了虚拟货币、区块链等技术与产品的发展。当前在区块链上开发"智能合约"，其思想与原则依然来自 20 多年前尼克·萨博的文章。

尼克·萨博的"比特黄金"与"智能合约"都只停留在论文的阶段，没能从技术上得以实现。岁月如水，20 年转瞬即逝，2009 年，比特币完成了"比特黄金"的构想，2016 年，以太坊则实现了"智能合约"的全部内涵与精神。当前，尼克·萨博还是以太坊的顾问，依然活跃在区块链领域。

这就足以证明他并非中本聪。

学术指数 *****　　**野心指数 ****

行业影响力指数 **　　**神秘指数 *****

戴维

在基础科学领域，华人的建树一点都不少，但在离经叛道、藐视陈规的密码学领域，华人的身影就屈指可数了。毕竟，华人还是"好孩子"形象的居多，特立独行、拥有反抗精神的少。幸运的是，有一位华人，他在比特币的诞生过程中扮演了极为重要的角色。

他就是戴维（Wei Dai）。从成就上论，他所提出的 B－money，几乎能算是比特币的前身。中本聪本人都承认这一点，这是有实锤证据的，2008 年 8 月 22 日，在中本聪给戴维的邮件中，中本聪是这样说的："我马上要发表一篇论文，这篇论文把你的 B－money 完善成为实际可运行的系统。"2009 年 1 月 10 日，中本聪刚刚发布了比特币系统 0.1 版，他再次写邮件给戴维，声称："比特币系统完成了 B－money 要解决的所有问题。"

1998 年戴维发表了论文 B－money。在文中，他提出了分布式账本的概念：参与网络的各方维持一致的数据库，数据库中记录所有账户的余额。至于如何实现众多数据库节点的一致性，戴维并未提出思路。

B－money 中货币的发行机制也是通过工作量证明的，即使用计算机解答算术题，根据所耗费计算机的工时作为成本，以衡量货币的价值。

戴维与萨博在货币发行上都继承了哈希现金的工作量证明思路，即计算机运行的工时成本与货币价值挂钩。而中本聪的比特币虽然也使用了工作量证明，但那只是为了达成共识，比特币的价值不再与 CPU 工作量挂钩。然而最有意思的是，随着比特币的流行，矿机被大规模部署，成为商业模式，矿机的工作量或者说电费，依然自发地与比特币价值挂钩。

B－money 比萨博的"比特黄金"更加详细，对货币交易的机制进行了认真的描述。当然，戴维并未深入探讨如何保证交易的一致性，也未触及双花问题。

B－money 系统更加前瞻性地提出了"合约"的概念，不仅运行虚拟货币，还可以执行合约。这几乎就是当今的区块链技术架构了。

戴维在蒂姆·梅（Tim May）创建的密码朋克小组中享有很高的地位。但在网络上找不到他的照片，也找不到他的详细信息。他有一个主页，就叫 wei-dai. com，上面朴素地列出了他的论文，别无其他。

然而，区块链的热潮让戴维也难躲强大的人肉搜索。据传，戴维的父亲也是一代科技高手，移民到美国后创立了自己的软件公司，并成功将公司卖给了微软。20 世纪，戴维的父亲陪同比尔·盖茨来到了中国，开启了微软中国的事业。

随着比特币与区块链热潮的高涨，一众密码学大师也纷纷下海，通过创业或站台，加入淘金之大潮。而戴维至今依然过着隐士般的生活，他从不处于聚光灯下，也不接受媒体采访，更与任何商业行为毫无瓜葛。从淡泊名利这一中国式的传统审美角度看，他完全满足了我们对大师的所有想象。

在气质上，他是最靠近中本聪的人。

哈尔·芬尼

肌萎缩侧索硬化（ALS）是世界五大绝症之一，俗称"渐冻人症"，2014

年网络上热闹过一阵子的"冰桶挑战"就是为 ALS 病人筹款。很多人了解 ALS 是因为一位伟大的物理科学家——霍金（Stephen William Hawking）。他于 2018 年去世，从发病到去世历经 55 年，医生评价霍金教授是幸运的，大多数 ALS 患者在发病后 3～5 年便死亡。

哈尔·芬尼（Hal Finney）于 2014 年 8 月 24 日病逝于洛杉矶郊区的家中。他也死于 ALS，他没有霍金那么幸运，从发病到去世仅仅 5 年。这位伟大的密码学家、伟大的程序员在人生最后的岁月中，依然保持乐观，并且还在持续编程。身患绝症，普通人常常发出哀叹："为什么得病的是我？"芬尼则不然，他不仅拥有高超的技术，也拥有美丽而优雅的灵魂；他坐在轮椅上，靠管子进食、靠管子呼吸，但他说："总的来看，我还是幸运的，我对生活还是满意的。"

在比特币的发展历程中，哈尔·芬尼至关重要。他是第一个赞许中本聪、认真研究中本聪论文的人。要知道，从乔姆之后，涌现了无数异想天开的构思，妄图实现更高明的虚拟货币。在密码学圈子内，面对层出不穷的民科（业余科学家），大牛们早已麻木。中本聪作为一个无名小卒，按照年龄在 2008 年也只是小伙子，他的论文自然无法引起大师们的重视。哈尔·芬尼是头一个热情点赞的人，那时候他绝对是密码圈内的"大佬"了。

芬尼说："比特币的思路非常值得称赞。它假设诚实用户的 CPU 算力能够压倒攻击者的算力，以此为基础构建系统的安全，我太喜欢这个创意了。"

2008 年 10 月 31 日，中本聪将论文发表在了一个关于密码学的邮件组中。几天后，哈尔·芬尼写了很长的邮件，对中本聪的论文作了细致的评价。在伟大事业的开端，参与者通常并没有澎湃的激情，也没有狂热的冲动，他们的讨论波澜不惊，就像夏日黄昏微微袭来的阵阵凉风，身在其中的人也无从知晓自己正身处撼动天地的雷电之中。10 年之后再读二人讨论的文字，这两位聪明人仿佛还坐在计算机旁边，用键盘交流着闪光的思想。如今比特币已成大器，二位大师中一位隐匿、另一位逝去，不由得令人感慨万千。

在邮件的末尾，哈尔建议中本聪写出更详细的文档。而中本聪回答："我写代码，也许更快些。"

哈尔·芬尼生于 1956 年，1979 年毕业于加州理工学院，获得工程学士学位。他曾在一家游戏公司开发视频游戏，那家公司的传统业务是生产玩具，有一个知名的产品叫作"芭比娃娃"。1991 年，他遇到了菲利普·齐默尔曼（Philip R. Zimmermann, Jr.），成为菲利普的第一个雇员。他们开发的产品就是大名鼎鼎的 PGP（Pretty Good Privacy），这是第一款用于保护用户隐私的通信工具，可以对论坛消息、邮件、计算机文件乃至硬盘进行加密和签名。在密码学历史上 PGP 是一款开天辟地的产品，围绕着它，菲利普等开发者与美国政府展开了一段为人称道的斗争，后文还会叙及。

哈尔·芬尼的家位于洛杉矶郊外的圣塔芭芭拉市，那是一座很小的房子，他与家人生活在一起。他的办公室只不过是客厅的一个角落，办公桌上堆满了计算机及屏幕，周围显得很凌乱，家具也有些陈旧过时。哈尔是很优秀的程序员，但他又是典型的理想主义者，对金钱和物质享受都不甚热切。他关注个人隐私，对美国政府不很信任，参与开发 PGP 和独自发明可复用的工作量证明，意图都在于保护个人隐私。

图 2-3 哈尔·芬尼

2004 年，哈尔提出了 RPoW（Randomized Proof of Work）理论，他延续了哈希现金的工作量证明（Proof of Work，PoW）思路，让计算机做算术题消耗工时，以工时证明投入成本并发行货币。只是 RPoW 的货币比 PoW 更进一步，PoW 只能一次消费，而 RPoW 则可以流转多次消费。

哈尔与尼克·萨博、戴维保持着紧密的联系，他们经常在一起讨论密码学及虚拟货币的问题。尼克·萨博的"比特黄金"，戴维的 B-money 都只停留在概念阶段，只有哈尔的 RPoW 开发出了软件，现在还可以在 GitHub.com 上找到。哈尔是一名真正优秀的程序员。

哈尔曾开发过虚拟货币，并就此进行过深入思考，所以，他一看到中本聪的比特币概念，就大加赞赏。能够拥有这样的判断力，并非易事。同为密码圈资深专家的约翰·莱文（John Levine）压根不信这套理论，他认为将安全寄托在可信节点的算力强过恶意节点的算力这一假设之上是不可行的。另一位专家詹姆斯·唐纳德（James Donald）也提出质疑，认为区块数据过大是无法逾越的障碍。所以，当哈尔这样一位"元老"挺身而出为中本聪撑腰时，中本聪当时的感受可想而知。

2009年1月9日，中本聪发布了比特币的第一个版本：0.1版本。第三天，也就是1月11日，哈尔便回邮件表示祝贺。也就在这个邮件中，哈尔对比特币的前景作了一个大胆的猜测。他写道，如果比特币非常成功，全球的财富都将用比特币代表，则2100万枚比特币共计价值100万亿～300万亿美元，那么每个比特币价值约1000万美元。

如果这还不叫远见的话，那么还有什么称得上远见呢？

哈尔是第一个运行比特币系统的人，他成功地挖出了比特币。而且他收到了来自中本聪的一笔转账：10枚比特币，这是比特币网络上的第一笔交易。在随后的几天中，哈尔持续运行比特币系统，并给中本聪提了几个漏洞（Bug），中本聪根据哈尔的报告修改了软件。哈尔在自己的计算机上持续运行了几天"矿机"，获得了约几千个比特币。计算机风扇的噪声，还有外壳发烫，让他有点烦躁，于是他关了比特币客户端，这让他后来有点后悔。

随后，哈尔就消失了一阵子，从中本聪的角度来看，一定感到很奇怪。哈尔对比特币如此热情，为何之后再无消息？

2009年，哈尔在运行比特币系统之后不久就生病了。2009年8月，他被确诊患上了渐冻人症。后来他在回忆中说，自己还欠中本聪10枚比特币，因为患病所以没有还给他。

哈尔没有霍金那么幸运，他的病情发展很快。他瘫痪了，只能通过一根管子进食，通过另一根管子呼吸。他有一台霍金那样的计算机，跟踪他的眼球操控轮椅；他的声音是通过语音合成器发出的；他还能编程，不过速度只是以前的五十分之一。

他接受了自己的病状后，又开始关注比特币，将自己的几千个比特币转移到了离线钱包中。而因为他的密码学及编程能力，人们自然将他作为中本聪的最佳人选。最为诡异的情节是，人们发现了一位中本聪候选人，名叫多利安·中本聪（Dorian Satoshi Nakamoto），恰好是日裔美国人，也是工程师；而最不可思议的是，这位多利安·中本聪是哈尔的邻居，就住在哈尔家 1.6 公里外。人们为此甚是怀疑，这之间一定有着某种私密联系。也许多利安是中本聪，哈尔是帮助他的人；也许哈尔是真中本聪，借用了邻居多利安的名字，但一切都没有实际的证据。

当 2013 年哈尔的病已经很严重时，他接到了威胁电话，敲诈他一大笔比特币。哈尔的家人报了警，警察来后检查了哈尔的家。据说当警察检查时，哈尔坐在轮椅上，被推到院子里，在露天环境中待了大半夜，身上仅盖着一条薄毯。哈尔一生致力于保护个人隐私不受政府的侵害，而在生命最后的时刻是政府和警察保护他免受小毛贼的侵犯，这真是让人长叹！在现实的世界中，充满了无奈，善良和平的人们总是摆脱不了暴力的纠缠。

2014 年 8 月 28 日，哈尔在医学上确认死亡。随后哈尔的身体被冷冻，安放在三米高的液氮容器中，他成为人体冷冻技术组织 Alcor 的第 128 名用户。哈尔是第一个参与 PGP 开发的人，也是第一个运行比特币的人，现在他又成为最早实践人体冷冻技术的人之一。

哈尔没有死，哈尔只是被加密了。在现在的区块链上，哈尔的状态是死亡，但我们相信未来的算力将会是难以想象的强大算力，能改写生死，将哈尔复活，帮助他继续编程。

学术指数 *****　　　　**野心指数 ***

行业影响力指数 ***　　　**神秘指数 ***

中本聪

这本是武侠小说中的情节：无名小辈单挑了少林武当，扫地老僧收服了邪魔外道。人们读及总要心花怒放，为剧情的反转而欢欣鼓舞，还能从身份代入的幻想中获得快感与满足。

武侠小说中的情节发生在科技界是史无前例的。翻遍科技史，我们再也找不到这样的例子：成就如此之大，却隐姓埋名。中本聪真的视功名财富如粪土吗？几千亿美元的价值，神一般的地位，就这样全数弃之不顾吗？中本聪所掌握的比特币，以 2017 年底的价格计算价值 190 亿美元，他位列全球财富榜第44 位，但他从未动用过 1 枚比特币，除了为测试而转移给哈尔的那 10 枚。

2008 年 8 月 22 日，中本聪发了第一封邮件给戴维，询问戴维关于 B - money 的事，告知准备在论文中引用 B - money 论文。2008 年 10 月 31 日，中本聪在一个密码学邮件组中发表了一篇论文。2011 年 4 月，中本聪在比特币社区论坛发布最后一个公开的帖子，声称"我已经搞别的去了"。他在之前就已把比特币开发的工作交给了盖文·安德森（Gavin Andresen），把 bitcoin. org 网站交给了马尔蒂·马尔米（Martti Malmi）。2011 年 4 月之后，中本聪可能还与盖文保持了一小段时间的邮件联系，最终彻底"人间蒸发"了。

中本聪留下了 31000 行代码、1 份白皮书、约 500 个帖子和邮件（共计 10 万字），从此销声匿迹、再无音信。

中本聪曾出没在 P2P Foundation 论坛上。根据上面的注册信息，他是住在日本的男人，生日是 1975 年 4 月 5 日。人们很容易就推翻了这些信息的真实性。首先，中本聪的英语极其流利，肯定不会是日本人。而他所留的生日更是深藏玄机。

在美国的历史上的 4 月 5 日曾发生一件大事。那还是 1933 年，美国正处于大萧条之中，这个新生的国家从未经历如此打击。从 1929 年"黑色星期五"的股灾开始，美国经济一路走低，民众在失业与饥饿中普遍失去了信心。1933 年，富兰克林·罗斯福就任总统，大刀阔斧采取了罗斯福新政。其中，不乏异常激进的手段。他于 1933 年 4 月 5 日发布政府令，宣布禁止民众持有黄金，并强制以 20. 67 美元每盎司的价格收购美国民众手中的黄金。罗斯福新政对于经济的作用，一向是有争议的。普遍的观点认为，罗斯福新政拯救了美国经济，从 1933 年之后美国经济开始复苏。但以奥地利自由经济学派为主的一些经济学家，则对此持怀疑态度，认为经济复苏并非罗斯福新政之功，恰恰相反，罗斯福新政延缓了经济复苏的速度。但对一个观点的争议很少，人们普遍认为罗斯福没收民众黄金是美国政府历史上最严重的违宪行为，这是美国政府对民众最赤裸的掠夺。

而中本聪的生年 1975 年，恰好又是美国福特总统签署"黄金合法化"法令的年份，美国人民再次获得了黄金的合法拥有权力。

中本聪是真正的密码学家，一个编造的生日也成了他的檄文。他并非纯粹的技术狂人，他所创造的比特币寄托了其深远的社会理想。在比特币的创世区块中，中本聪留下了一句话，这句话来自 2009 年 1 月 3 日《泰晤士报》头版文章的标题——"2009 年 1 月 3 日，财政大臣正处于实施第二轮银行紧急援助的边缘"。这更清楚地表明了中本聪对银行体系的嘲讽态度。中本聪的目标乃是挑战现有的金融秩序。站在中央银行体系、货币发行机制，以及支付方式面前，他像堂吉诃德一样发起了攻击，不过他的武器是密码学和代码。他与堂吉诃德的另一个不同是，他更聪明，也更强大；或许他比堂吉诃德少一点勇气，却要比后者更谨慎。

难道中本聪真的淡泊名利吗？错了！他之所以隐姓埋名，完全是为了保护自己。如果他公开自己的身份，也许早已被 FBI 逮捕，在监狱中安度余年。发明比特币这件事，重则算是伪造货币，因为美国法律明令禁止私人发行货币与法币美元竞争；轻则不按伪造货币追究，也可能因比特币方便了毒品与军火买卖而使中本聪获罪。在美国司法史上，就有这样的案例。比特币是第一个与法币竞争的货币系统。

乔姆的 eCash 因其依托银行体系，可以被安全地归类为法定货币的支付渠道、支付手段。尼克·萨博的"比特黄金"、戴维的 B – money 只是一纸理论，并未真正实现；亚当·贝克的哈希现金、哈尔的 RPoW 虽然都有货币的影子，但其目标乃是用于计算机系统、电子邮件系统等的攻击防御，并无挑战金融体系的意图。比特币则威胁到当前的金融体系，威胁到金融权力。

中本聪比电视剧《潜伏》中的余则成还要小心。中本聪所拥有的武器也远超余则成。《潜伏》发生的那个年代没有非对称加密，若有，那么余副站长绝对可以高枕无忧，不必每日紧锁眉头、提心吊胆了。

中本聪究竟是谁

中本聪所用的英文名是 Satoshi Nakamoto，在日本，他的名字被译为中本哲史，Satoshi 可以对应的多个中文字，聪、智、慧、哲、敏，均可归结为聪明之意。

再憨厚的人，也不会相信，这是个真名。

但比特币的创造者起的这个假名字，还是给一位真名为"中本聪"的人带来了不少麻烦。

2014 年 3 月，美国《新闻周刊》（*Newsweek*）的一位记者，利亚·古德曼（Leah McGrath Goodman），发文称自己找到了中本聪本尊。此人全名为多利安·中本聪，居住在加州洛杉矶的郊区，是一位退休的工程师，曾为美国军方工作。古德曼作为记者思维很直接，他通过直接到美国公民数据库中搜索叫"中本聪"的人以寻找中本聪。而交流过程中，这位木讷的中本聪很不配合，说"我已经不再参与它了，不能讨论它"，这让古德曼大喜过望，认定多利安就是比特币的发明人，一时闹得鸡飞狗跳、沸沸扬扬。后来多利安否认了，他错以为记者采访的是他曾经参加的军方项目。

事情的走向随之开始变得诡异。中本聪在 P2P Foundation 论坛上的账号，打破了 3 年的沉默，发了一个帖子说"我不是多利安"。但随后论坛上澄清，中本聪的这个账号，已经被黑掉了，这个帖子并非是中本聪本人发的。

诡异并未终止于此。随后人们发现，比特币的重要参与者，也是第一个运行比特币的密码学家哈尔·芬尼，就住在多利安家的旁边！

多利安并非中本聪，这很容易推论出来。比特币的发明者不会那么直白，用自己的本名。另外，多利安的英语很笨拙，而中本聪则拥有完美的英语表达能力。

假设哈尔·芬尼是中本聪，或者是中本聪小组的一员，哈尔·芬尼随手用了自己邻居的名字，这也算是一种可能。

现在，我们有了两位候选人，他们都可能是中本聪：多利安·中本聪、哈尔·芬尼。

多利安·中本聪可称为"无辜"候选人。仅仅是同名同姓而已，二者别无相似之处。

哈尔·芬尼则可算是"非常嫌疑"的候选人，毕竟当时他就在现场，他离得最近！哈尔·芬尼的密码学和编程能力，让他成为我们已知的最匹配人选。戴维在接受采访时表示，只有他与尼克·萨博具备这个可能性。但戴维指的是密码学及高层设计的能力，而非 C＋＋代码能力。

尼克·萨博一直被认为是中本聪的强力人选。萨博在 2011 年也曾经说过，在中本聪之前，只有他自己，戴维还有哈尔·芬尼三人对虚拟货币具有巨大热情，并积极地付诸行动。从兴趣、密码学及创造性上，他应该就是中本聪。

2013 年有人对中本聪的文本作了文本风格的分析，并与尼克·萨博的文本进行了比较。结论非常相近，这也让人们更加怀疑尼克·萨博就是中本聪。但尼克·萨博本人否定了。

而且戴维也认为尼克·萨博不会是中本聪。因为中本聪在联系他讨论比特币时，压根儿就未曾听闻过尼克·萨博的"比特黄金"。这个理由似乎不大成立，若尼克·萨博要藏匿身份，恰恰不提自己的"比特黄金"才对。但戴维的另一个理由，却是无可辩驳的，戴维说尼克·萨博并不以 C＋＋技能见长。

但戴维可是真正的 C＋＋高手，他是 Crypto＋＋库的开发者，在密码软件领域硕果累累。中本聪在邮件中对戴维非常尊重。但戴维在后来说，他猜测中本聪并未读过他的论文，只是在写比特币论文时，引用了 B－money 概念，戴维认为自己对比特币并无真正的贡献。

戴维与哈尔·芬尼一样，在密码学、编程能力上，都足以成为中本聪。那么戴维是否是中本聪呢？

记者曾经采访过戴维，戴维倒也没有谦虚，他说放眼望去，天下英雄能作出比特币的，只有尼克·萨博和自己。记者问，那您是中本聪么？戴维回答："中本聪出来之后，就有了第三个人。"因此，他还是否认了。

好，现在我们又多了两位候选人：尼克·萨博、戴维。

尼克·萨博可谓是"形似"候选人。他在密码学界的地位，以及他的思想，都足以成为中本聪，只是需要个大神级的程序员配合他。还有他的语言风格如此类似中本聪。

而戴维，则不论从技术来说，还是从学界地位来看，都足以创造比特币。再论自由思想的激进程度，甚至他低调行事的风格，都与中本聪相像。戴维可谓是"神似"候选人。

望月新一是数学家，住在日本东京，在京都大学任教授，在数学领域有着杰出的贡献。他创造了一套艰深的数学理论，并借此解决了 abc 猜想。2013 年计算机领域"大佬"，也是 HTTP 的发明者泰德·尼尔森（Ted Nelso）声称望月新一乃是中本聪。这个推测，让人无言以对，几乎没有逻辑存在，因为望月新一是理论数学家，而中本聪不仅是学者，还是工程实现的高手。

澳大利亚企业家克雷格·赖特（Craig Wright）于 2015 年接受电视采访，声称自己是中本聪，随后他的家遭到警察的搜查。据说，他给出了技术层面的证据，但无人验证；他的公开声明前后矛盾、顾此失彼、莫名其妙。众多区块链圈内人士，包括以太坊发明人维塔利克·布特林（Vitalik Buterin）和闪电网络发明人约瑟夫·普昂（Joseph Poon）都对克雷格·赖特的技术演讲嗤之以鼻。只是，不知道为何，比特币的首席开发者盖文·安德尔森（Gavin Andresen）却支持克雷格·赖特。无论如何，克雷格·赖特是中本聪，这听起来像是一场闹剧，一个企业家如何开发比特币这样的系统？

如果望月新一可算是"路人甲"候选人，那么克雷格·赖特算是"无厘头"候选人吧。

还有来自德国的三人小组作为候选，其中三人名字分别是尼尔·金（Neal King）、弗拉基米尔·奥克斯曼（Vladimir Oksman）和查尔斯·布莱（Charles Bry）。一个记者发现中本聪论文中，有这样一个非常罕见的词组，"computational impractical to reverse"，而这个词组出现在这三个人的一份专利申请中，专利内容恰恰是关于密码的更新和分发的。另外，中本聪的 bitcoin. org 域名刚好是这份专利申请提交三天后注册的。bitcoin. org 注册地为芬兰，而这三人中的一位曾在六个月前去过芬兰。同样，这三人也都否认自己是中本聪，而且这三位对比特币也不太认可。这算是"千里姻缘一词牵"了。这三位，可称为"一词之似"候选人。

杰德·麦凯莱布（Jed mcCaled）也是中本聪的合格候选人，他是优秀的 C＋＋程序员，"电驴之父"，创办了第一个比特币交易所 Mt. Gox，后来连续创建了瑞波币（Ripple）和恒星币（Stellar），都是区块链领域的成功项目。而且，巧合的是，他也是 P2P Foundation 论坛的活跃会员，中本聪就在该论坛上活动。从 2005 年到 2010 年，比特币诞生的那段时间，他似乎没有任何工作，也许正在埋头开发比特币。但杰德创业那么多，为何单单要隐藏比特币这段历史呢？只要经营过商业的人，肯定都不会躲开聚光灯，这会成为一种刻在骨子里的本能！因为影响力就是利润，这是每个企业家都懂的。再说，中本聪隐姓埋名发明了比特币，然后公开建设了比特币交易所，这个逻辑也委实难以说通。所以，杰德可称为"档期符合"候选人。

现在，我们一共有了 8 组候选人。按可能性先后排序，列表如下：

戴维——神似；

杰德·麦凯莱布——档期符合；

哈尔·芬尼——非常嫌疑；

尼克·萨博——形似；

多利安·中本聪——无辜；

望月新一——路人甲；

克雷格·赖特——无厘头；

尼尔·金、弗拉基米尔·奥克斯曼和查尔斯·布莱——一词之似。

但最有可能的猜测是，中本聪并非上面的某位"大佬"，而是另有其人，很可能他只是一名默默无闻的密码学家。不过，默默无闻并非说他是"民科"，需知无论是从论文还是从代码上分析，我们都可以判断中本聪是一位货真价实的学者。另有一种论调说中本聪是一群人，这个有些不可信。中本聪在论坛上的文章以及讨论充分体现了一个人完整的个性，一群人很难表现出这种个性上的一致。若中本聪是世界上最杰出的那几百位密码学家之一，他可能默默无闻地研究出比特币，但只有戴维、哈尔·芬尼、尼克·萨博等大师知晓其身份，只是皆为其隐瞒而已。

2016 年，当"无厘头"的克雷格·赖特在新闻上闹得沸沸扬扬时，以中本聪邮件注册的账户在 Linux 基金会论坛上发的一个帖子说："我不是克雷格·赖特，我们都是中本聪。"人们虽然都怀疑这句话并非出自中本聪，但我们依然可以引用这句话，说一句"人人都是中本聪"。

比特币的主要历史

2008 年 10 月 31 日，中本聪在论坛上发表白皮书。

2009 年 1 月，中本聪发布比特币 0.1 版。

2009 年 1 月 3 日，中本聪挖掘出第一个区块。

2009 年 1 月中，哈尔·芬尼第一个下载比特币客户端并运行。

2009 年 1 月 12 日，哈尔·芬尼收到来自中本聪的 10 枚比特币，这是比特币的第一笔交易。

2009 年秋天，比特币网站的维护者马迪·马尔米（Martti Malmi），用 5050 枚比特币交换了 5.02 美元。

2010 年 5 月 22 日，拉斯洛·韩内奇（Laszlo Hanyecz）用 10000 枚比特币换了 2 个比萨。

2010 年 7 月 18 日，Mt. Gox 上线运行。

2011 年 4 月，罗杰·弗（Rager Ver）大举买入比特币，将价格从 1.89 美元拉升到 3.30 美元。

2011 年夏，《时代周刊》（Time）及"福布斯"（Forbes）分别长篇报道比特币，引发社会对比特币的关注。

2012 年，多重签名软分叉。

2013 年 4 月 1 日，比特币突破百元大关。

2013 年 3 月，比特币第一次分叉。

2013 年 10 月，FBI 关闭"丝绸之路"（Silk Road）网站，并抓捕"丝绸之路"网站的老板。在此过程中，没收 26000 枚比特币。

2013 年 10 月，首个比特币 ATM 在加拿大问世。

2013 年 11 月，维珍航空接受比特币订票。

2013 年 12 月，中国央行宣布不接受比特币，比特币跌至 600 美元。

2016 年 6 月，比特币 CSV 分叉。

2017 年 8 月，比特币现金（Bitcoin Cash）从比特币系统中分离出来，成为独立的货币。

2017 年 11 月，比特币上涨至 20000 美元。

2017 年 12 月，比特币价值下跌，进入漫长的疲软期。

2019 年 6 月，比特币价格回升至 12000 美元。

比特币的意义

乔姆在创造虚拟货币时，追求"不可追溯"性，目标是保护个人隐私。密码朋克小组中，尼克·萨博、戴维等人除保护个人隐私这个小目标外，浓浓的乌托邦主义理想冉冉升起。尼克·萨博一直研究如何在网络上建设稳固可信的商业关系与合同关系。而戴维则要为无政府的社区提供货币。中本聪的本意清清楚楚地写在比特币论文中，他要设计一种不依赖第三方信任的电子货币系统。

伟大的事物出现后，在人们手中的用途总有段飘忽不定的变化过程，如同周星驰喜剧片中间谍的装备，看上去是只皮鞋，实质上是个吹风机。非对称密码学出现后，最直接用于消息加密。然而谁又能想到它被用来创造虚拟货币呢？

比特币是一个创举，人们从此进入虚拟货币时代。然而比特币后面又藏着何种丽景，谁又能看得清楚呢？

互联网角度

因为比特币，互联网开始了价值的承载、传递、流通。在此之前，互联网只能传递信息。

人们可以在互联网上运作现实世界中的各种商业行为。比如，不通过银行给你的理发师付 100 元钱，或者在网上与你的合作伙伴签署一个关于股权的合约。效率当然更高，而且合约条款可自动执行。

自比特币的出现，互联网开始了自己的青春期。

科技角度

比特币是密码学结出的硕果。在人类历史上，密码学一直就是战争、商业竞争中最重要的武器，在第二次世界大战期间，密码学可以说左右了战争的走向。自密码朋克小组将密码学带入民用开始，密码学就开始为世界进入数码时代起到巨大的助推作用。

因人工智能、物联网技术的发展，人们进入了机器时代的新纪元。比特币及由此出现的区块链，则为机器时代的社会信用、人类组织形式、机器交互提前作了准备。

社会角度

人类社会的组织模式以及计算机系统的架构模式一直以来都是中心化的。比如建立一个公司，都是先有 CEO，然后再层层分设经理，权力由上而下传递。而比特币系统的 P2P 模式，还有区块链的去中心化模式将给人类的社会组织形式带来新的工具——去中心化的工具。

去中心化与中心化不是彼此排斥、非此即彼的关系，而是可以并存的，二者都是人们可用的工具，可由人们自由选择。

经济学角度

找不到证据证明中本聪是否读过哈耶克的书。尼克·萨博倒是常常引用哈耶克的话。奥地利学派经济学者倡导自由经济、看重市场的作用。哈耶克的《货币的非国家化》，更是提出激进的自由市场理念，他认为货币的发行可以不由央行垄断，商业机构都可发行货币。

这与中本聪在比特币系统中的理念无疑是相符的。对金融体系、银行系统的不信任是中本聪设计比特币的出发点。而 2008 年正是全世界爆发金融危机的时点，人们普遍处在恐慌与失望的情绪中。

伦理角度

财产权是人类社会的基石之一。而用暴力保护财产、人身安全与自由，是人类唯一的手段。任何一间房子、任何一个人都要受到某个政府和某支军队的保护。

而比特币系统则是人类社会上罕见的不受暴力保护，也未被暴力消灭的价值系统。这给了我们以信心，也许未来的人类不必再依赖暴力手段对财产、人身安全与自由进行保护。

哲学角度

哈耶克有一个独创的思想，他认为人类的习俗、法律、宗教等规则都不是人类理性的发明。换句话说，并非出自人为聪明的设计，而是在人类社会中自发演进而来的。所以，面对人类社会，不要过于相信理性的力量，而要尊重既有的规则。

目前深度学习技术有了巨大突破，其原理是让机器从数据中拟合出多个线性函数，从而对数据进行分类和决策。其本质是人们自知无法找到准确的数学函数描述数据的规律，于是便把决策的权利交给了机器。

人们对于彼此之间的信任，耗费了太多的精力和成本。中本聪在比特币的论文中，论述了"无信任"的商业模式，我们不再将商业关系建立在对人的信任之上，而让机器执行。

人们通过理性的思考放弃了对理性的偏执与自信，将权力交给机器。

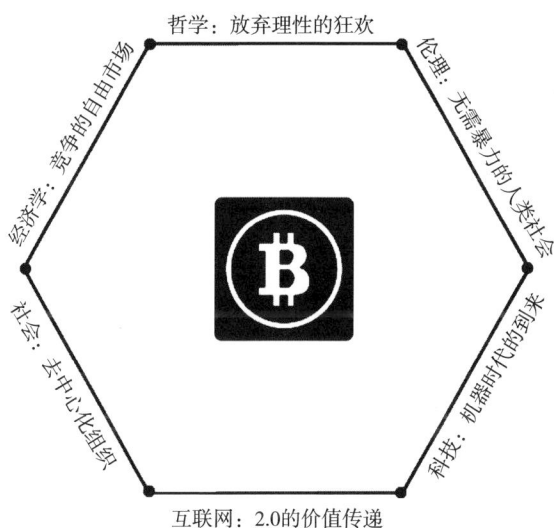

图2-4　区块链的意义

比特币与区块链

在中本聪的论文中，并没有"Blockchain"一词，而是"Block"与"Chain"两个词。他在开发程序的时候，把数据文件都放在了一个叫作"Blockchain"的文件夹内，因此Blockchain成了比特币系统所用技术的代名词。而当前，"Blockchain"一词因其颇具形象的画面感，而成为一大类基于密码学以比特币为开端的去中心化技术的统称。

比特币带来了区块链技术，而区块链技术将带领我们走向新的世界。

3

密码学

密码学是区块链的支柱技术。懂了密码学相关技术，便懂了区块链的大半。本章围绕密码学的人物和故事，叙说密码学的历史，讲解种种算法和原理。其中涉及图灵、迪菲和赫尔曼、RSA 三人、科布利茨、齐默尔曼、密码朋克等众多人物，覆盖了对称加密和非对称加密的简要历史，重点讲述那些影响重大的事件。

Diffie – Hellman 密钥交换

惠特菲尔德·迪菲（Whitfield Diffie）出生于 1944 年，留着披肩长发，胡须半尺，须发皆雪白如银，看上去潇洒磊落，却又不拘一格，自称是"离经叛道者"。

他从小喜爱数学，后来在麻省理工学院攻读数学专业，学习上并不是很用心，对学校留的作业没什么兴趣。他的兴趣在于研究密码学，尤其是密码分发问题。在使用传统对称加密的情况下，密钥的安全交付成了加密最薄弱的一环，而且分发密码所耗费的人力物力巨大。军方、政府、

图 3-1　惠特菲尔德·迪菲

银行都维持着庞大的密码运送团队，团队中的人都必须绝对可信，他们走南闯北四处运送密钥。密码分发问题，就这样一直困扰着密码学家们，也困扰着密码的重度用户——各国的政府和军方。

惠特菲尔德·迪菲思考了很久，希望想出方案能改变这种状况，解放那些忙碌不堪的密码分发员。他热爱自由，于是他一直不上班，自由自在地"混"着日子。

1974 年，惠特菲尔德·迪菲听闻有人和他一样，对密码分发问题感兴趣，即马丁·赫尔曼（Martin Hellman），在斯坦福大学做教授。惠特菲尔德·迪菲不愧是"美利坚令狐冲"，他当晚驱车 5000 公里去找马丁·赫尔曼。马丁·赫尔曼接到惠特菲尔德·迪菲电话，是不是把他当成传销人员不好说，但总之赫尔曼教授勉强答应了见面半小时。

图 3-2　斯坦福大学教授马丁·赫尔曼

赫尔曼从面相上看儒雅斯文，一派学者气象。但人不可貌相，实际上他一直是积极的社会活动家，在"远离战争""反对核武器"这一类的社会活动中都有他的身影。

这次见面的结果是，当晚赫尔曼就把迪菲带回了自己家，和家人一起吃了晚饭，两人情投意合、义结金兰，发誓要一起研究密码分发技术。但他们碰到的第一个难题是，两人都太穷了。马丁·赫尔曼是个穷教授，而惠特菲尔德·迪菲干脆没有固定收入。两人毕竟聪明，合计了一下，一致同意对付贫穷最好的办法就是考研。于是，马丁·赫尔曼运用自己仅有的那点权力，把惠特菲尔德·迪菲招为自己的博士研究生。实际上，迪菲比赫尔曼还大一岁。

迪菲一向不守陈规，在学校也不乐意做作业，到最后，博士也没毕业。他擅长提出创新的主意。早在1973年，迪菲就提出了非对称加密的思想，可惜无人能够实现。迪菲与赫尔曼努力的方向是密码交换问题。

人类在密码学上的造诣可以划分为两个阶段。在迪菲和赫尔曼的成果之前，可以称为"原始密码时代"，所用技术都是对称加密。所谓"对称加密"，就是加密与解密，用同一个密钥。举例来说，一个简单的加密方法，是把A加密成为B，把C加密成为D。（A—B，C—D）就是这个加密方法的密钥，对密文解密，也需要这个密钥。

1976年

图 3-3　1976 年密码学的分水岭

如果用生活中钥匙与锁作比喻的话，那么钥匙是密码，锁是消息。合上锁，需要钥匙；打开锁，也需要钥匙。这就是对称加密。

就比如《潜伏》里余则成收到广播中的数字，根据数字和规则从一本书上寻找对应的文字。那本书就是密钥。加密方和解密方，都需要那本书。

这种原始的方法最让人痛苦的问题有二：其一是密码的分发，如何给余则成送去那本书，对于经常需要更改密码的情况，送密码的代价就非常高；其二是密码一旦被截获，则一切全完。

在人们的直觉中，两人要想使用密码通信，那么必须约定密钥，必须两人鬼鬼祟祟地见一面，避开人群，偷偷摸摸地交换密码和钥匙。

然而在人们找到方法打破这个直觉之前，一个思想实验给了人们巨大的启示：爱丽丝和鲍勃，是一对情侣，住在邻近的两个村子里，父母不同意两人的恋情，两人都被锁在家中，只能通过信件诉衷情。爱丽丝要送情书给鲍勃，又不愿意让邮递员看到信件内容。在人们直觉的思维中，爱丽丝和鲍勃可以用一个加锁的盒子来寄信，两人都有这个锁的钥匙就可以了。但是，爱丽丝需要先把钥匙送给鲍勃，但有送钥匙的工夫，情书都可以亲自送过去了。

有没有这种可能，爱丽丝在见不到鲍勃的情况下也能安全地把信件送到鲍勃手里？

爱丽丝很聪明，她想到了一个方法。她把信件放到盒子里，然后用一把锁锁上，钥匙只有一把，在她手里。邮递员把盒子送给了鲍勃，邮递员因为没有钥匙，打不开盒子。鲍勃收到盒子后，也无法打开盒子。但鲍勃拿出另一把锁，在盒子上再锁一道，钥匙也只有一把，在他手里。鲍勃让邮递员将盒子送回爱丽丝手中。爱丽丝收到盒子后，用自己的钥匙，把自己的那把锁打开。让邮递员把盒子交回鲍勃手中。鲍勃收到盒子后，盒子上只有一把鲍勃自己的那把锁，鲍勃摸出钥匙，颤抖地打开盒子，拿出信件阅读，沉浸在幸福中。当然，他还是要防备一下邮递员的。邮递员来回跑了三趟，又没看到信，怒气之下起了杀心，把我们有关科技的思想实验反转成凶杀故事也没准。

就这样，看似有违我们直觉的难题解决了。迪菲和赫尔曼，他们这些科学家认为既然思想实验的逻辑可以走通，那么只要找到合适的数学方法，就一定能实现。迪菲与赫尔曼把目光放到了单向函数上。所谓单向函数就是算法是不可逆的函数。作个比喻，我们很容易知道黄色油漆与蓝色油漆混到一起，能够得到什么颜色，我们只要把两种油漆倒在一起即可。但若给我们一桶绿色油漆，让我们分辨出是由哪两种油漆混合而成的，那就困难无比了。

寻找这个数学方法花费了迪菲和赫尔曼两年时间，最终的攻克归功于赫尔曼。他天才地发现，取模运算，也就是作除法找余数的运算，具有单向函数的特性。用这个取模函数，爱丽丝与鲍勃可以公开地交换数字，最终生成共同的密钥，只有他俩知道。邮递员眼睁睁看着他俩一桶桶地送油漆，就是分离不出油漆的配方，也就得不到密钥。

其实还有第三人——拉尔夫·默克尔（Ralph Merkle）也参与了这个工作。默克尔在此之前已在密钥分发技术上成就非凡。他有过一个理论叫"默克尔难题"，这是对称加密的原始时代达到的最高成就。继续用思想实验的方法对此说明。

爱丽丝要送情书给鲍勃，他们用的是对称加密，所以必须约定密钥。爱丽丝找到1万把锁，每把锁有2把钥匙，在锁和钥匙上一一标上号码。每把锁的钥匙，爱丽丝都留下一把。把1万把锁和另外的1万把钥匙，一一对应地放进了1万个密封的盒子，盒子并不锁死，但是要打开盒子，需要拧盒子上的螺丝，每个盒子打开都需要10分钟。爱丽丝委托邮递员，送这1万个盒子给鲍勃，倒霉的邮递员虽然怨气冲天，但还是送去了。鲍勃看到1万个盒子，并没有惊慌，他沉着地随意选择了一个盒子，然后用10分钟拧下盒子上的螺丝，拿到了那把锁，假设那锁上标号是6800。鲍勃用6800的锁与钥匙，锁上一个盒子，盒子里装着信件，委托邮递员送给爱丽丝。爱丽丝收到盒子后，根据锁上标号6800，找到6800钥匙，打开盒子，阅读情书，沉浸在幸福之中。

邮递员若要打开鲍勃的盒子，他就得逐一打开盒子（邮递员依然拥有那1万个盒子），每个盒子10分钟，然后一把把钥匙试那个6800的锁。如果运气好，他大约需要打开5000个盒子，也就是5万分钟。

默克尔难题几乎是对称加密技术下分发密钥问题的最佳方法了，但也到此为止，别无他法。

1976 年迪菲与赫尔曼联名的论文《密码学的新方向》（*New Directions in Cryptography*）是一个新纪元的开始，从此这个世界走进了网络时代。这篇论文几乎奠定了互联网传输安全的基础。实际上，在这篇论文中默克尔也有贡献，只是那时他还年轻，只是个博士生。2015 年图灵奖颁给了迪菲与赫尔曼，默克尔也因此无缘图灵奖这一至高荣誉。

但默克尔也许并不在意，他自己的发明默克尔树（Merkle Tree）是区块链最基础的技术之一。每一次区块链上的数据校验，都在致敬他——默克尔。

RSA

迪菲与赫尔曼的 DH 协议交换密钥方法完美地解决了密钥分发的难题，从此，交换密钥就很简单了，爱丽丝与鲍勃完全可以通过在村头大喇叭里喊话交换出一个密钥。而加密的方式，依然是对称加密。

DH 协议交换密钥虽然方便，但依然很麻烦，爱丽丝还是要与鲍勃对着嚷嚷半天，二人才能生成密钥。鲍勃若此时正在睡觉，那爱丽丝的情书还是送不出去的。

迪菲与赫尔曼在他们的论文中为未来的加密方法指出了方向，通过单向函数设计出的非对称加密才是终极的解决方案。所谓非对称加密，就是一把钥匙用来合上锁，另一把钥匙用来开锁，两把钥匙不同。锁死的钥匙，不能开锁。开锁的钥匙，不能合锁。

麻省理工学院的三位科学家——罗纳德·李维斯特（Ron Rivest）、阿迪·萨莫尔（Adi Shamir）和伦纳德·阿德曼（Leonard Adleman）读了迪菲与赫尔曼的论文，深感兴趣，便开始研究。

2002 年，这三位大师因为 RSA（一种非对称加密算法）的发明获得了图灵奖。但不要以为 RSA 就是他们的全部，这三位是真正的大师，每一位的学术生涯都是硕果累累。让我们用仰视的目光探索大师们的高度。

罗纳德·李维斯特发明了 RC 2、RC 4、RC 5、RC 6 算法，以及著名的 MD 2、MD 3、MD 4、MD 5。他还写了一本叫作《算法导论》（*Introduction to Algorithms*）的书，程序员们都曾经为这本书而消耗了无数的脑细胞。

图3-4　麻省理工的三位科学家：
罗纳德·李维斯特、阿迪·萨莫尔、伦纳德·阿德曼

阿迪·萨莫尔发明了 Feige – Fiat – Shamir 认证协议，以及微分密码分析法。

伦纳德·阿德曼则更加传奇，他开创 DNA 计算学说，用 DNA 计算机解决了"旅行推销员"问题。他的学生弗雷德·科恩（Fred Cohen）发明了计算机病毒，所以他算是"计算机病毒之爷爷"了。他还是艾滋病免疫学大师级专家，在数学、计算机科学、分子生物学、艾滋病研究等每一个方面都作出了卓越的贡献。

1976 年，这三位都在麻省理工学院的计算机科学实验室工作，他们构成的小组堪称完美。罗纳德和阿迪是计算机学家，他们二人不断地提出新的思路来，而伦纳德是极其高明的数学家，总能给罗纳德和阿迪挑出毛病来。

一年后的 1977 年，罗纳德在一次聚会后躺在沙发上醒酒，他辗转反侧、无法入睡。在半睡半醒、将吐未吐之间，突然灵光一闪，他找到了方法。一整夜时间，他就写出了论文。次日清晨，他把论文交给阿迪，阿迪这次再也找不出错误来了。

在论文的名字上，这三位还着实谦让了一番。罗纳德将其命名为 Adleman – Rivest – Shamir，而伟大的阿迪则要求将自己的名字去掉，因为这是罗纳德的发明。最终争议的结果是，阿迪名字列在第三，于是这个算法被命名为 RSA。

RSA 算法基于一个十分简单的数论事实：将两个大质数相乘十分容易，但想要对其乘积进行因式分解却极其困难，因此可以将其乘积公开，用作加密密钥。

例如，选择两个质数，一个是 17159，另一个是 10247，则两数乘积为 175828273。乘积 175828273 就是加密公钥，而（17159，10247）则是解密的私钥。

公钥 175828273 人人都可获取，但若要破解密文，则需要将 175828273 分解出 17159 和 10247，这是非常困难的。

1977 年 RSA 公布的时候，数学家、科普作家马丁·加德纳（Martin Gardner）在《科学美国人》（*Scientific American*）杂志上公布了一个公钥：

114 381 625 757 888 867 669 235 779 976 146 612 010 218 296 721 242 362 562 842 935 706 935 245 733 897 830 597 123 563 958 705 058 989 075 147 599 290 026 879 543 541

马丁悬赏读者对这个公钥进行破解。在之后漫长的 17 年，即 1994 年 4 月 26 日，一个 600 人组成的爱好者小组才宣称找到了私钥：

p：3 490 529 510 847 650 949 147 849 619 903 898 133 417 764 638 493 387 843 990 820 577

q：32 769 132 993 266 709 549 961 988 190 834 461 413 177 642 967 992 942 539 798 288 533

这个耗时 17 年的破解，针对的只是 129 位的公钥，今天 RSA 已经使用 2048 位的公钥，这几乎要用全世界计算机的算力耗费上几十亿年才能破解。

RSA 的安全性依赖大数分解，但是否等同于大数分解则一直未能得到理论上的证明，因为破解 RSA 就一定需要作大数分解，这一点没有得到证明。

RSA 依然存在弱点，由于进行的都是大数计算，RSA 在最快的情况下也要比普通的对称加密慢上多倍，无论是通过软件还是硬件实现。速度一直是 RSA 的缺陷。一般来说 RSA 只用于少量数据加密。

RSA 的另一个弱点在下文中还会提及。

在密码学上，美国的学者们忙得不亦乐乎，成果一个接一个。但老牌帝国英国在密码学上，也并不是全无建树，毕竟那是图灵的故乡，是图灵带领密码学者们在布莱切利公园战胜了德国的恩格玛加密机的国度。

英国人也发明了RSA，只是被埋没了。

20世纪60年代，英国军方也在为密码分发问题感到苦恼。1969年，密码学家詹姆斯·埃利斯（James Ellis）正在为军方工作，他接到了这个密钥分发的课题，之后想到了一个主意，用单向函数实现非对称加密，但是他找不到这个函数。政府信讯总部的很多天才加入进来寻找单向函数。但三年过去了，这些聪明的头脑并没有什么收获，大家都有些沮丧，并质疑：这样一个单向函数是否存在？

往往这个时候，就需要"初生牛犊"来救场了。克利福德·科克斯（Clifford Cocks）是位年轻的数学家，非常纯粹，对此单向函数的难题一无所知，压根儿不知道他的老师们三年来一无所获，于是懵懵懂懂地闯进了"地雷阵"。

面对如此凶险的"地雷阵"，科克斯近乎一跃而过，只用了半个小时，就解决了这个问题，然后他下班回家了。他并没有把这个太当回事，只是完成领导交代的一项工作而已，早点干完回家，路上还能买到新出炉的面包。他完全不知道自己创造了历史。科克斯是如此纯粹的数学家，以致后来他听闻同事的赞誉，甚至对此感到有些不好意思。

可惜的是，科克斯的发明太早了，当时的计算机能力太弱，并不能实现非对称的加密和解密。所以，军方没有应用非对称加密算法。詹姆斯与科克斯把非对称加密的理论发展完善，但是他们不能说出去，军方要求所有的工作内容都必须保密，甚至不能申请专利。

军方虽然对工作成果的保密要求非常严格，但对工作成果本身却不很在意。后来，英国通信总部发现了美国人的RSA算法，并赞叹不已。他们早已忘记詹姆斯与科克斯的RSA。通信总部赞叹之余，"扒拉"了一下自己的知识库，才发现自己的员工科克斯早已发明了RSA类似的算法。

迪菲在1982年专程去英国见詹姆斯，两人惺惺相惜，真是"英雄相见恨晚"。可惜詹姆斯依然不能透露他们对 RSA 的研究，他只告诉了迪菲："你们做得比我们要好。"

ECC 非对称加密

RSA 是第一个非对称加密算法，也是迄今为止最优秀、应用最广泛的非对称加密算法。它有一些非常重要的优点：原理简单、易于理解，而且操作方便。

但 RSA 的弱点也很明显，那就是运算的速度很慢。与同一安全级别的对称加密算法比较，RSA 要慢几百倍。所以在实际应用中，通常会结合 RSA 与对称加密算法，用 RSA 加密对称加密算法的密钥，实现对消息的对称加密。

1985 年出现了一种新的非对称加密算法。华盛顿大学的尼尔·科布利茨（Neal Koblitz）与普林斯顿大学的维克多·米勒（Victor Saul Miller）分别独自提出了 ECC 椭圆曲线算法。这种算法比 RSA 的单位安全强度更高，ECC 使用 256 位密钥可以达到 RSA 使用 3072 位密钥的效果。但 ECC 的缺点是原理非常复杂，其背后的数学理论极其深奥，并非 RSA 那样具备高中数学水平即可理解。

ECC 需要的密钥较小，且签名速度快，但签名验证速度慢，这一点与 RSA 正相反。ECC 已经得到了广泛的应用，我国的国密 SM2 就是基于 ECC 算法。

ECC 的效率与 RSA 的效率有一个形象的比较：破解一个 228 字节的 RSA 密钥需要的能量少于煮沸一勺水的能量；破解一个 228 字节的椭圆曲线密钥需要的能量则足够煮沸地球上所有的水。

比特币系统中的非对称加密，应用的是 ECC 加密算法。

尼尔·科布利茨也是一位真正的数学家，对于数学有着很深的感情。1984 年他收到来自荷兰数学家亨德里克·威廉·伦斯特拉（Hendrik Willem Lenstra）的一封信，在信中，亨德里克提出了一种应用椭圆曲线进行大数分解的方法。尼尔对此方法大加赞赏，评价说此方法既聪明又优雅，还很容易理解，可以说这一方法将数学在密码学领域的应用提升到了一个新的水平。

尼尔·科布利茨也受到启发，他开始思考，是否可以基于椭圆曲线设计一整套加密算法呢？他很快写出来论文，而同期另外一位为 IBM 工作的数学家——维克多·米勒（Victor Miller）也独自提出了同样的理论。所以，椭圆曲线加密算法是由这两位数学家分别独立创造出来的。

由此可以看到，数学家之间的交流是多么重要，RSA、ECC 都是两拨人在同一时期分别发现的。尼尔·科布利茨也曾经建议密码学家和计算机学家经常读别人的文章，不要兴高采烈地提出一个理论，却发现早就有人写出来了。尼尔·科布利茨作为数学家，对密码学家颇有点瞧不上。他说，数学家如同大象，看时间的流逝很慢。而密码学家和计算机学家，则像蜂鸟一样，看时间的流逝很快。他用的语言很文艺，实则批评很尖锐，意思是说密码学家和计算机学家非常急功近利，急急忙忙写文章，就像蜂鸟振翅一样，写出的都是些没有价值的垃圾。

尼尔·科布利茨曾经写过一篇文章，讲述了数学与密码学之间的紧张关系。尼尔·科布利茨是数学家，而数学大师哈代（Godfreg Harold）曾经这样评论过数论，"数论因远离现实生活而保持了它的优雅与纯净"。数学家们常常因为数学本身的审美而感到自豪。但另一方面，密码学又给像尼尔·科布利茨这样的数学家一个在现实世界中驰骋的机会。尼尔·科布利茨引述过美国国家安全局（NSA）一位官员的话："数学家的密码学算法如果有漏洞，那么再写一篇论文就是了；但对于现实世界中密码失效，其更严重的后果可能是丢失百万美元乃至特工丧命。"也许因为尼尔·科布利茨的心中也有紧张，他一方面为了数学的审美而骄傲，另一方面为 ECC 在现实世界中的功用而自豪。

图灵与恩格玛加密机

在 1975 年之前，也就是迪菲与赫尔曼发明 DH 算法之前，在人类 6000 年的历史中，密码学跟数学几乎没有关系。密码学用到的数学概念是平庸、乏味的。迪菲与赫尔曼开启了密码学的新时代。

在那 6000 年的历史中，还有一个例外就是图灵，他在破解密文时用上了复杂的统计学。图灵是计算机之父，也是人工智能之父，还是密码学历史上最耀眼的大师（见图 3 - 5）。第二次世界大战中盟军的胜利，图灵的贡献可谓卓越。而对整个人类的科技发展，他也作出了无可比拟、无可替代的贡献。然而，他的个人生活、他的命运却是一个悲剧，甚至可以说，英国欠他一个道歉，全世界人民欠他一句"谢谢"。

2013 年，英国女王向图灵颁发皇家赦免，英国司法部长宣布图灵因同性恋遭到的判决是不公平的。这些叙述要将时间推到半个多世纪以前。1952 年 3 月 21 日，英国柴郡法院判决图灵因严重猥亵行为而有罪。法院给了图灵两个选择，要么入狱，要么接受化学阉割。图灵选择了后者。图灵违反的法律是 1885 年英国刑法修正案第 Ⅱ 条"严重猥亵罪"。该法严禁男性之间的身体接触，无论是公共场合还是私人场合。

文明的这列火车行驶在平行的两条铁轨上，一条是科学、技术，另一条是伦理、法

图 3 - 5 图灵

律、习俗。仅仅相隔半个世纪，1950 年的文明与今天的文明之间的最大差距并不是科技，而是对人的尊重。难以想象，在英国竟然存在过如此粗暴干涉个人自由的法律。

图灵与密码的关系起源于第二次世界大战中德英之间的密码对抗。第二次世界大战中英德之战爆发后，围绕着一款叫作"恩格玛"的加密机，英德之间展开了漫长而艰苦的竞赛。恩格玛加密机的故事，漫长而曲折，其中涉及人物和国家众多，命运各自跌宕起伏，精彩程度与复杂程度完全不输于恩格玛加密机技术上的精彩和复杂。

长话短说，德国人本就擅长机械，在第二次世界大战期间他们所使用的恩格玛加密机可以说是那个年代登峰造极的密码系统了。恩格玛加密机本质上依然是一种替代加密法，将一个字母替换成另一个字母。只是德国人对机械与电子的天分将其发展成了恐怖的复杂机器。恩格玛加密机凭借三个转子、两个插线板、一台反射器及复杂的转换关系实现了近乎无穷的加密可能性。一台恩格玛加密机一共可以提供约10000000000000000（即一亿亿）种可能的密钥！如果要暴力破解，一秒钟验算一种密钥，则要耗时三万年。

恩格玛加密机最初是德国发明家——亚瑟·斯雪比尤斯（Arthur Scherbius）于1918年发明的。亚瑟·斯雪比尤斯也是一个企业家，只是他不太成功。他发明恩格玛加密机，纯粹为了挣钱。1918年，他为恩格玛加密机申请了专利，认为这台机器将会有巨大的市场，军方需要它，企业也会需要它。然而很遗憾，根本没有企业愿意出钱买，军方对其热情也很小。要知道，按照现在的币值换算，一台恩格玛加密机值20000英镑。直到1925年才有政府部门开始采购恩格玛加密机，随后这些部门认识到了恩格玛加密机的威力。在之后的20年里，近20000台恩格玛加密机卖到德国政府和军方，在第二次世界大战初期，这种机器让英国的解密者完全陷入了泥潭之中。

1939年图灵来到布莱切利庄园，这里聚集了一众数学家、密码学家及语言学家，为的是破解恩格玛加密机密码体系。

图灵观察到恩格玛加密机密码体系的两个弱点：

其一是任何一个字母在恩格玛加密机上不会加密成为其自身；

其二是德国的一些密文电报中，有一些固定不变的周期性内容，比如每天的天气预报。

基于这两个弱点，图灵设计了名为"炸弹"的密码破译机，实质上针对恩格玛体系的两个弱点，对所有可能的转子和插线板进行穷举试算。图灵设计的机器成功地破解了恩格玛机器。

后来英国人改进了恩格玛加密机，对其弱点进行了修正，让加密后的字母也可以成为其自身。英国人制造的机器叫Typex，这可以称为加强版的恩格玛加密机。德国人尝试破解Typex，但无计可施，直至最终放弃。

恩格玛加密机是对称加密时代的最高峰，这个时代持续了四千年。在这四千年中，一直是密码破解占上风。可以说，没有任何密码体系是牢不可破的，只要是对称加密，就可破解。

对称加密

几乎在人类演化出书写技能的同时，加密成为人们的通信手段。

最早的加密技术是隐文术。有历史记载的加密活动出现在公元前 5 世纪希腊与波斯的战争中。希腊人在木板上写字，在字上涂蜡盖住字迹，以此安全传送波斯军队的信息到希腊。还有记载，把字写在间谍剃光的头皮上，然后等间谍长出头发覆盖了字迹，再亲身将自己送到接收方。我国古代，也有蜡丸藏书等故事。这些方法的主要手段是将要传送的字迹隐藏。严格来说，隐文术算不上密码，只能说是一种明文传送。只要敌方得知隐藏的方法，便迎刃而解。

而真正的密码技术有两种：一种是替换，另一种是易位。易位密码术最早出现在公元前 5 世纪，将羊皮纸缠绕在棍子上，沿着棍子纵向写字，这样解下羊皮纸后，其上的字迹横着读就是无意义的乱码。接收方用同样规格的棍子缠上羊皮纸，则可以纵向读出正确的信息来。

替换密码技术出现在公元前 4 世纪，婆罗门学者记载了通过将字母两两替换对信息进行加密的方法。

在易位密码技术中，字母不变，但字母的相对位置变化；在替换技术中，字母的位置不变，但字母改变。

图 3-6　替换和易位算法

《高卢战记》中记载，恺撒曾经设计了一套密码，将每个字母往后挪动三位。比如 A 加密成为 D，B 加密成为 E。这就是恺撒易位密码。

这基本的原理构成了之后几千年加密的技术基础。人们在历史上设计了更加复杂的密码替换方法、更加复杂的密钥，以及用机械及电子方式加密，但基本原理不外如是。

替换密码的安全性建立在密钥上，只要密钥被敌方获取，则可以轻松地解开密文。而密钥可以构成数量庞大的组合，因此在没有更先进的解密方法出现之前，替换密码几乎是安全的。

而之后发明的对替换密码术的破解方法的原理也很简单。每种语言中每个字母都有固定的出现频率。正如 A 这个字母在英语中出现的频率约为 8%，而 E 在英语中出现最频繁，出现频率约为 13%。这样，对密文中出现的字母进行频率统计，根据一致的频率替换成正确的字母，就可以翻译成明文了。

在非对称加密出现之前的对称加密与解密的斗争中，加密者一直处在下风。即便如上文所提的恩格玛加密机，对称加密技术的最顶峰，也最终在图灵的统计学和机器运算面前崩溃了。

计算机的出现与密码学有着千丝万缕的联系。现在公认的计算机之母是宾夕法尼亚大学埃克特（J. Presper Eckert）、莫克利（John W. Mauchly）研制的第一代电子计算机（ENIAC）。实际上，有一位英国数学家，也是图灵的同事，叫马克斯·纽曼（Max Newman），他拓展了图灵"万能机器"的概念，设计出了可编程计算机，并由工程师汤米·佛劳尔斯（Tommy Flavers）制造完成。这台机器共有 1500 个电子管。可惜的是，这台机器被英国军方销毁，连图纸也被烧掉。所以，可以说是密码学者发明了计算机。

无疑，计算机的计算速度和计算能力给加密解密技术带来了更宽阔的天地。

计算机只处理二进制数，也就是 0 与 1，所以所有的信息都要转化成为 0 与 1。使用计算机加密，其过程依然按照古老的原则进行，与恺撒时代并无区别，无非是替换与易位。随着计算机在商业上应用的普及，为了能够广泛使用密文传递信息，建立一套加密的标准成为当务之急。

霍斯特·菲斯特尔（Horst Feistel）是德国人，20 世纪 30 年代流亡来到美国。他是来自德国的流亡者，经历了坎坷的努力，方能在美国参与密码研究。事实证明，美国用他用对了。他在 IBM 实验室发明了后来大名鼎鼎的 DES 算法。DES 算法是一种对称加密标准，计算机将电文处理成为二进制后，进行分组、加密、替换、易位等各种复杂处理，重复操作总计 16 次。解密的那一端，根据共同的密钥反向处理实现解密。1976 年，DES 算法成为美国加密的标准。但美国 NSA 要求民用 DES 的密钥数必须控制在 10 的 18 次方以内。

DES 升级后的版本 3DES，即现在全球最流行的加密算法。

PGP

在历史发展的几千年中，密码学一直是政府与军队的武器，与平民社会几乎无关。即便到了第二次世界大战期间，恩格玛加密机也被控制在德国政府与军队手中，英国也是如此，不允许平民染指最先进的密码技术。从英国军方对布莱切利庄园密码学家的管理，到美国 NSA 对 DES 民间应用的约束，都能看出政府对密码学垄断的意图。对于政府，密码学无疑是最重要的武器，近乎原子弹。

然而信息时代因计算机和互联网的发展终于到来了。在信息时代，每位公民都能够快速发送和收取信息，这就使每个公民都对个人隐私有了诉求。菲利普·齐默尔曼认为密码学在信息时代关乎政府与人民之间的关系（如图 3-7 所示）。密码学与公民的隐私与权利密切相关；与个人不被侵扰、保持孤独的自由密切相关。这些观点也许有点儿片面，但齐默尔曼的偏执一向如此。在关注密码学之前，他关注核战争，甚至考虑过举家移民新西兰以躲避核战争。

这种观点有其深刻的技术和政治背景。在信息化普及之前，政府监控信件和电话是非常困难的。要实施监控，只能一封封地拆

图 3-7 菲利普·齐默尔曼

信，或者监听所有的电话，而这几乎是不可能的。但信息化之后，一切都数字化了，政府完全可以利用信息技术对电子邮件与数字通信电话进行自动的拦截与监控。

RSA 技术的出现让齐默尔曼兴奋异常，他认为 RSA 技术能够为公民提供

隐私保护，将公民从政府的监控下解救出来。但是，RSA 加密需要很大的运算量，在那个时代只有政府和大机构才买得起那么贵的计算机。DES 对称加密虽然运算量小，但发放密钥的工作又使这种算法无法在个体之间得到应用。

齐默尔曼最终解决了这个问题。在 20 世纪 80 年代后期，他一直致力于此。他的解决方案是把 RSA 与 DES 结合起来，利用两种加密算法各自的优点，RSA 用来传递密钥，而 DES 用来加密消息。他为自己开发的技术产品命名为 PGP（Pretty Good Privacy），翻译过来是"完美隐私"。

PGP 的工作流程如下所示：爱丽丝要发送电子邮件给鲍勃，用 DES 算法加密自己的邮件。为了进行 DES 加密，爱丽丝需要选择一个密钥，假设密钥是 A。爱丽丝为了将密钥 A 发送给鲍勃解密，找到鲍勃的 RSA 公钥，对密钥 A 进行加密，然后把用 DES 加密的邮件和用鲍勃 RSA 公钥加密的密钥一并送给鲍勃。鲍勃收到密文后，用自己的 RSA 私钥解密出密钥 A，然后用密钥 A 对 DES 密文邮件解密出邮件原文。

实际上，在工程实现时，齐默尔曼用的不是 DES 算法，而是 IDEA 算法。这是 DES 的变种，由我国上海交通大学教授来学嘉于 1990 年提出。

齐默尔曼的 PGP 不仅解决了信息传递的加密问题，还顺手解决了信息来源正确与否的问题。鲍勃收到了爱丽丝的电子邮件，如何确认此电子邮件来自爱丽丝？而 RSA 算法可以作电子签名。爱丽丝发邮件的时候，可以先用自己的 RSA 私钥对邮件内容作一次加密，然后再用 DES 加密。而鲍勃获得邮件后，先用 DES 解密，之后对解密出来的消息用爱丽丝的公钥再次解密，便可得到原文，同时也可确认此邮件来自爱丽丝。因为爱丽丝用 RSA 私钥加密，所以只能用爱丽丝的 RSA 公钥解密。

PGP 产品从技术角度看已经完善了，然而齐默尔曼面临着更加严重的问题，他担心美国政府会对 PGP 进行封杀，毕竟政府的安全部门一直对密码技术的民用怀着很强的戒心。安全部门一直有一个理想，就是可以随意监听公民的通信信息。

1991 年，齐默尔曼作了一个重大决定，真正地冒一次风险。他请一个朋友将 PGP 软件公布到互联网上，任何人都可以下载。这样，PGP 瞬间流行了起来。1993 年，麻烦来了。这个麻烦比齐默尔曼预想得还要大。联邦调查局指控齐默尔曼，罪名是非法出口武器。美国政府将加密系统定义为武器，与导弹、原子弹一样，PGP 未经政府许可，是绝不能出口的。对齐默尔曼的审讯持续了 3 年。

这样的争议至今还在继续。三方力量在其中角力，政府尤其是警察部门，与犯罪分子、普通公民纠缠其中。警察认为，为了调查犯罪分子和执法，需要控制密码技术的传播，并有权监控通信内容。而普通公民则认为，警察权限的范围难以判定，警察很容易滥用权限对守法公民进行监控。当然，犯罪分子没有参与争议，干他们这行的特点是务实，少说多做，很快就用上了先进的加密技术，包括 PGP。

密码学者们都是公民隐私的强力支持者，迪菲与罗纳德曾公开反对政府对加密技术的控制。罗纳德反驳说，如果因为加密助长了犯罪，那么我们也要考虑取消手套，因为犯罪分子作案时都戴着手套以免留下指纹，妨碍了警方取证和办案，然而手套在合法公民手上却是用来保护手的。在争论过程中，出现了一批捍卫公民自由的斗士。其中，有密码学从业者，还有电子前哨基金会（EFF）这样的组织，下文将要讲述的密码朋克小组也是其中重要的组织。在他们看来，信息加密权利是一项基本的人权。

经过 3 年的审判，越来越多的密码学者和自由斗士都站出来支持齐默尔曼，而且欧洲的一群软件工程师接了齐默尔曼的开发工作，继续发展 PGP。最终，联邦调查局放弃指控齐默尔曼。毕竟，他从未出口过哪怕一张光盘，而只是碰巧将 PGP 软件给了一位朋友，很难由此定他的罪。至今，关于齐默尔曼是否有罪的讨论还在继续。

密码朋克小组

20 世纪六七十年代，社会思潮风起云涌。西方的年轻人热衷于反抗，以消除心中的不满与苦闷。朋克运动应运而生，最初的形式是一些搞乐队的酷小孩，穿着奇装异服，弹唱暴躁而反叛的摇滚。后来，朋克成了一种精神，成了年轻人对抗传统、发泄不满，乃至反对一切、为了反对而反对的精神。朋克精神就是反抗传统。然而时间久了，反抗本身也成了一种传统，由此流传下来。

到了 20 世纪 80 年代，个人计算机开始流行，网络崭露头角。另一个新发明——非对称加密，也进入了实用阶段。那些缺少音乐细胞、搞不了摇滚，因偏爱理工科技而被鄙视为书呆子的年轻人，终于有了自己的武器与阵地。他们骨子里的那种反抗精神终于有了发泄的途径。至此，朋克精神进入技术与网络领域。

1992 年，埃里克·休斯（Eric Hughes）、蒂姆·梅（Timothy C. May）、约翰·吉尔摩（John Gilmore）3 人聚在一起，他们都热爱密码学，商量着要用密码技术作出反抗。于是，他们约定成立一个"反抗"小组。当时，他们是在旧金山湾区的一间办公室里，蓝天白云、风和日丽，天气美妙无比。3 个人都是清一色的技术高手，在密码技术上的造诣都很深。在普通人看来，非对称加密的出现无非是一种新技术罢了。但在他们眼中，非对称加密带来的是一个全新的世界，一个自由主义者借以藏身的乌托邦。

只有精通非对称加密技术，并且洞察当时的技术发展趋势，才能懂得他们所言非虚。在 PC 与网络流行之前，人们的通信方式无非是信件、电话、电报，这些原始的通信方式有一个好处，就是再强权的机构也无法进行大规模的监控。因为拆信、监听电话、截获电报都只能通过人工实现，费时费力，绝无可能对全社会进行大规模监控。计算机与网络的流行给人们带来了网络通信，而这种数字化通信便给强权机构的监控带来便利，针对通信数据的自动化监控成为可能。

传统的对称加密技术需要大规模的密钥分发，只有政府与大公司才能承担得起成本。而非对称加密技术的出现使民用的加密也可以固若金汤，再强大的机构也无法破解两个市民之间的加密通信。斗争由此而来。在这 3 个伙伴看来，RSA 这样的非对称加密技术给了人们保护隐私的权利，从此不再担忧被政府监控。有了非对称加密技术，个人就可以在网络的世界里拥有自己独立的王国，自由自在、不受打扰、不受侵犯。

小组成立之后，在第一次聚会上，朱迪·密尔顿（Jude Milhon）惊呼："你们就是一群密码朋克呀。"朱迪·密尔顿是一个女孩，是活跃的女权分子，也是一名黑客，后来创办了密码朋克杂志《世界 2000》（*Mondo 2000*）。她提出过"女孩也需要调制解调器"的口号，真是那个时代的"不爱红妆爱武装"。从此，小组的名字就叫"密码朋克小组"，他们也自称"密码朋克"。

1993 年，埃里克·休斯为小组起草的《密码朋克宣言》是密码朋克们的行动纲领。埃里克在宣言中声称："在互联网时代，一个开放的社会需要隐私；我们不能指望政府、企业或者其他冷冰冰的大组织赐我们以隐私权；我们必须自行护卫自己的隐私；我们自己会写代码，我们要写出软件来！"

之后，他们成立了一个邮件组，通过电子邮件讨论各种问题，主题范围极其广泛，包括数学、密码学、计算机、政治、哲学，还会有一些个人之间的争论。当时流行的一些小说作品也是密码朋克们讨论的热点，如乔治·奥威尔（George Orwell）的《1984》、约翰·布伦纳（John Brunner）的《冲击波骑手》、艾茵·兰德（Ayn Rand）的《阿特拉斯耸耸肩》，还有弗诺·文奇（Vernor Vinge）的《真名实姓》，这些是他们的最爱。《真名实姓》中的大魔头"邮件人"假扮英国的语言风格，并且为自己设计了多层伪装。这个形象无疑是中本聪模仿的对象。

到了 1994 年，邮件组中的成员已有 700 多人，1997 年则达到 2000 人。埃里克设计了一个匿名邮件转发系统，所有密码朋克小组的邮件都通过服务器转发，转发过程隐藏了邮件发送的地址，达到了不可追踪的效果。

听上去，他们只是一群技术爱好者，有必要搞得这么神神秘秘吗？大家讨论密码技术，算是有作为、有追求的好青年，应该发"大红花"，不必躲躲闪闪藏猫猫，但是情况并非如此简单。实际上，他们正在法律的边缘游走和试探。

在 20 世纪 90 年代之前，密码学一直是美国政府的武器。美国政府以国家安全、防范犯罪的名义牢牢地控制着先进的密码技术，不允许密码技术出口，限制民用密钥的强度，甚至立法授权政府部门随时可以对任何民用密文进行解密。与此相对，美国出现了不少民间团体对抗政府，要求公民的隐私权。之后，密码朋克的兄弟们扛起了反抗的大旗。

实际上，这一保护公民隐私的浪潮的发端还要更早。1985 年，密码学家乔姆的文章《非实名的安全：打倒老大哥的交易系统》（*Security without identi-fication: Transaction Systems to Work Big Brother Obsolete*）就已经提出了匿名现金系统、商誉系统的概念。乔姆发明的各种系统，包括电子货币、加密通信工具，都是为了保护个人隐私。

1990 年，约翰·佩里·巴洛（John Perry Barlow）建立电子前哨基金会（EFF），宣布互联网是一个独立的世界，不受任何政治力量的管辖。约翰·吉尔摩（John Gilmore）也是密码朋克的创始人之一。这个基金会为网络隐私诉讼、涉及隐私保护技术的官司提供民间资金支持。

密码朋克与密码邮件组将这一浪潮推至社会运动的层面。现在回头看去，这个邮件组真是星光璀璨。当年，他们在一起只是出于兴趣、爱好，以及共同的价值观，也许并未想到其中的很多人已经影响了历史的进程。20 年过去了，当我们看到这些名字时依然会生神往之心，当年的密码朋克邮件组该有怎样的盛况啊。下面对密码朋克邮件组中一些重要的人物略作说明，以彰彼时之辉煌。

蒂姆·C. 梅是密码朋克的发起人，也是英特尔（Intel）公司的高级科学家，为 Intel 公司的芯片技术解决了 alpha 粒子问题。他有一篇著名的《加密无政府主义者宣言》（*The Crypto Anarchist Manifesto*）。在文中他提出，密码学将给社会和经济的各个方面带来巨大的变革。他算是戴维、尼克·萨博眼中的大人物。

埃里克·休斯是美国的数学家，也是一个程序员。他起草了著名的《密码朋克宣言》。人们一向将他与梅并列，是密码朋克小组的创始人之一。

约翰·吉尔摩不仅参与创建密码朋克，还创建了电子前哨基金会。他在开源软件领域的贡献特别大，建立了 Cygnus Solutions 公司，为开源软件提供支持，后来该公司并入红帽软件（Red Hat Inc.）。他也是 GNU 的主要成员，参与制定了动态主机配置协议（DHCP），是 SUN 公司的第 5 位员工。

雅各布·爱珀鲍姆（Jacob Applebaum）是一个奇人。他的职业真是要用一个很大的数组才能记录清楚。他是新闻记者、计算机安全专家、艺术家、社会活动家、黑客。人们肯定会好奇，他该如何分配自己的时间。他还是 Tor 洋葱网络的创始人之一，曾一度对外代表维基解密。多年来，美国的执法部门一直盯着他，他是某些部门认为的"犯罪嫌疑人"。

朱利安·阿桑奇（Julian Assange）是维基解密的创始人，也是全球知名的黑客。他在密码朋克中影响巨大。在计算机领域，他的成就包括开发 TCP 端口扫描器 strobe. c，参与开发 PostgreSQL、NNTPCache，开发否定加密法。阿桑奇因为维基解密这一事业而受到多国指控。

亚当·贝克是哈希现金的发明者，也是中本聪最早通过邮件联系的人，是他让中本聪接触戴维。现在，他创立的公司 Blockstream 致力于开发侧链技术，也几乎将比特币开发的权力控制在手。

布拉姆·科恩（Bram Cohen）是美国的一个程序员、BitTorrent 协议的发明人。

蒂姆·伯纳斯·李（Tim Berners – Lee）是英国牛津大学的教授、计算机科学家、工程师。他发明了万维网（World Wide Web）。1989 年，他提出了万维网的概念，并成功通过 HTTP 协议实现计算机之间的通信。

哈尔·芬尼是美国密码学家、工程师。他是 PGP 早期的主程序员，后发明了 RPoW，也是中本聪最早的支持者，第一个运行了比特币客户端。

蒂姆·哈德逊（Tim Hudson）是 OpenSSL 的发明人。而 OpenSSL 可称为"互联网的血液"。比特币也应用了 OpenSSL。

马特·布雷兹（Matt Blaze）是贝尔实验室的科学家，破解了美国政府用来监控通信的芯片 Clipper Chip。

尼克·萨博是美国律师、法律学者、密码学者、计算机科学家。尼克提出了"智能合约"概念，影响了区块链的技术架构。他在 1998 年的一篇文章中提出了"比特黄金"，可称为比特币的"思想蓝本"。

当然，还有比特币的发明者——中本聪。

据约翰·吉尔摩统计，1996 年至 1999 年的约 800 天里，这个邮件组共计处理了 24575 封邮件，每天大约 30 封。

1993 年，知名 IT 杂志《连线》（Wired）在封面报道了埃里克·休斯、蒂姆·梅、约翰·吉尔摩 3 个伙伴。在封面上，他们举着美国国旗，脸上带着白色的塑料面具。密码朋克的形象从此定格，并走进大众的视线。该期封面如图 3 - 8 所示。

《密码朋克宣言》中声称"密码朋克以写代码为使命"，这稍微有些涉嫌虚假宣传。小组中的所有人并非个个会写代码。实际上，仅有十分之一的密码朋克能够开发代码，能够作密码技术相关的开发则更少，仅有 5%。密码朋克小组中研究开发的技术包括邮件匿名转发系统、PGP、电子货币，以及各种算法。朋克的精神核心是反抗。密码朋克的反抗方式并非仅有技术，他们挺身而出，与美国当局发生了多次正面冲突。那些冲突虽称不上"你死我活"，毕竟大部分都是在法律框架之内的斗争，但形容为"刀光剑影"并不为过。

图 3 - 8　密码朋克

1994 年，"密码朋克"成员菲尔·卡恩（Phil Karn，贝尔实验室研究员）起诉美国国务院。起因是布鲁斯·施奈尔（Bruce Schneier）的一本书《应用密码学：协议、算法和 C 源程序》（*Applied Cryptography*：*Protocols*，*Algorithms*，*and Source Code in C*）。美国国务院法令认为，书的出口是合法的，但若将书中的代码写到磁盘里，未经许可送到国外，则是违法的。菲尔觉得这太不讲理了。这场官司打了好多年，最后不了了之，法院连判决都未能给出。到了 2000 年，美国实质上已经废除了密码学代码出口的所有相关禁令。

1995 年，一场世纪大诉讼开始了，人们称为"伯恩斯坦诉美国"（Bernstein v. U. S.）。丹尼尔·伯恩斯坦（Daniel Bernstein）是加利福尼亚大学伯克利分校的学生，开发了一套名叫 Snuffle 的加密系统，准备发表论文并公布源代码。然而美国的法律不允许他公开源代码，由此一场世纪大案拉开了序幕。电子前哨基金会作为伯恩斯坦的代理人出现，另有 7 位大律师主动为伯恩斯坦辩护。经过 4 年的漫长诉讼，最终第九巡回上诉法庭判决，软件源代码也是一种言论，受宪法第一修正案保护，美国政府不许代码公开的法令是违宪的。伯恩斯坦大获全胜。

1996 年，密码朋克成员皮特·荣格（Peter Junger）起诉美国商务部。他是凯斯西储大学的教授，开了一堂关于计算机法律的课，由于美国商务部关于密码技术出口的禁令，他的课堂不能接纳非美国公民。经历了漫长的诉讼过程，在 Bernstein v. U. S. 案胜诉之后，第六巡回法庭也宣布密码技术源代码受第一修正案的保护。从此，外国的留学生可以在美国的课堂里公开学习密码学技术。

这些诉讼影响深远，对美国乃至全球科技界的发展都可谓至关重要。从此，密码学技术再也不是美国政府和军队的禁脔，开始跨越国界，广泛传播。

学术研究、技术研发、诉诸社会活动和法律武器的诉讼，都为密码朋克们取得了理想的成果。在保护个人隐私这一使命上，他们成功了。然而密码朋克们毕竟是理想主义者，他们出于热血与激情的一些行动可能导致谬以千里的结果。

詹姆斯·道尔顿·贝尔（James Dalton Bell）也许是最难缠的密码朋克。1996 年，他发表了一篇论文，用非对称加密技术设计了一套匿名电商系统，用于投标、招募杀手，执行谋杀政客的任务。在这件事上，作为一名密码朋克，他走得有点远了。以蒂姆·梅为领袖的密码朋克，只是要将现实世界的言论自由、隐私自由通过密码技术搬到网络世界。而詹姆斯则走向了反方向，希冀将网络世界的无限自由带到现实世界。美国的执法部门并未对他的论文采取行动，但很快，他因为税务问题被捕，在监狱中度过了 1 年。出狱后，他继续纠缠上诉，随后多次被捕。他一共在监狱中度过了 10 年时间。

密码朋克们希望建设一个自由的乌托邦，免于强权对隐私的侵犯，然而这个乌托邦是在网络上通过密码技术构建起来的。但赖安·拉基（Ryan Lackey）走得更远。他在距离英国费利克斯托港口约 11.3 千米的大海上找到了一个人造小岛，那是第二次世界大战期间建设的防空平台，距洋面 0.018 千米，面积 550 平方米。那个平台早已废弃，锈迹斑斑。赖安·拉基在平台上建了一个机房，幻想这就是一个没有强权、没有法律的世外桃源。他在那个乌托邦里待了两年，最终因为缺乏资金也没有任何业务，而不得不终止这个项目。

正如《真名实姓》中所描写的情节，当"滑头先生"控制了全球的网络与计算机，如上帝般拥有了绝对权力时，却通过计算模拟发现自己的统治将比现有的权力更恶劣。他的伙伴埃莉斯说："到头来咱俩还不如人类组成的现存政府。这些事你下不了手，我也一样。"在现实中也一样，密码朋克小组的大部分成员都是正直、善良的技术狂人。

密码朋克们抗争的社会活动，为世人争取权利，让人们在网络时代能够享有隐私权。他们所创造的技术保护着我们，在网络上为我们构筑了安全的家园。当比特币系统在密码朋克小组出现的时候，这个家园发展到了令人炫目的程度。

4

区块链原理

　　拆解区块链原理为"链数据结构""UTXO""P2P 网络协议""PoW 共识算法""货币机制""哈希运算""非对称加密及签名""时间戳""默克尔树"和"智能合约"十个部分。在原理的精简介绍中，依然带出人物，带出故事。

比特币与区块链

2008 年 10 月 31 日，一个网名叫作"中本聪"的人，在密码邮件组中发了一个邮件。邮件中声称他设计了一种基于点对点的现金系统，叫比特币。在邮件中他给出了比特币论文的地址。然而，在比特币论文中，并没有区块链一词，但单独的"区块"与"链"频繁出现。

2009 年 1 月 9 日，这个叫中本聪的人，在密码邮件组里，发布了比特币0.1 版本。这个基于 C + + 语言的程序在 Windows 上可以运行，并在磁盘上创建了名为 Blockchain 的目录。由此，人们称比特币所用的技术为"区块链"（Blockchain）。

比特币所用的技术非常繁杂，涉及了众多密码技术、计算机技术、数学算法，很难找到一个合适的词来恰当定义它。区块链只是它交易数据的构造结构，并非其核心的本质，但区块链这个词，指代物体的形状非常形象，画面感强，也就流行下来了。

如果按照比特币中所涵盖的技术特性描述，可以将其中的技术系列称为"共识账本"，以突出它的共识机制与记账功能；还可以将其称为"P2P 交易"以描述其功用；还可以称为"PoW"以说明它解决双花问题的思路；还可以称为"公信链"以彰显其实现网络信任的特性。总之，上述称谓都描述了其技术特性的一个方面。

比特币按照中本聪论文标题所述，是一种点对点（P2P）的电子现金系统，点对点可以是其技术的精髓，而中本聪在邮件中则称这种货币在去中心化体系下，无须服务器、无须对第三方的信任，便可自行运转。那么完全可以将"去中心化"视为其技术的核心。我们由此可以将区块链定义为去中心化的系列技术。

比特币是区块链技术的来源，但区块链技术系列并非发源于比特币，而有着悠久的历史。比特币乃是各种密码学、计算机算法、去中心化技术的集大成者。

比特币从本质上，近乎完美地达成了一个伟大的使命：让价值在计算机、网络这个数字世界自由地流动。换成通俗的话来解释，就是实现了两个目标：

1. 你所拥有的虚拟货币，随意在网络上存储和传播，除了你，别人花不了它。

2. 你所拥有的虚拟货币，你无法任意复制，无法双花，也就是无法支付给多人。

从此，在一个去中心化的数字世界中，价值有了容身之地。

换个角度来说，在计算机网络上，人们实现了黄金、纸钞、纸质合同的商业模式。在黄金和纸钞的时代中，人们将黄金和纸钞存在家中，交易的时候，是"人—人"的模式。而到了计算机银行联网时代，人们的货币是存在银行中的，交易的时候，是"人—银行—人"的模式。而区块链时代的到来，人们在数字世界中再次回归"人—人"模式。

从此，在互联网的数字世界中，每个组织，乃至每个个体都可以构建自己的价值王国。

交易—区块—链

在货币漫长的历史上，一直到几十年前，计算机与网络流行之前，人们还习惯于实物货币。货币要么以金、银、铜等贵金属的各种形态呈现，要么就是国家印刷的纸钞。实物货币有几个特点：

1. 人们持有货币，就是持有货币实物。古代的金银铜要用钱箱保存，大财主还要挖地窖。纸币则用钱包与保险柜保存。

2. 交易的过程，就是货币实物转移的过程。不管是递过去几个铜钱，还是从钱包里抽一张 100 元人民币，都是货币实物的交接。

3. 实物货币的发行主体大多是主权国家，但货币在民间的流通是自由的。一张 100 元人民币可以经过张三、李四、王五等无数人。

4. 用实物货币进行支付是没有数据记录的。张三在小商店中支付 100 元给李四，李四并不认识张三，也不需要留下张三的身份信息。

在计算机和网络流行之后，数字技术统治了人们的生活。支付开始依赖自动取款机、信用卡、网络银行、手机应用程序（APP）等电子方式。电子支付的便捷性深受人们喜爱，很快便主宰了市场。电子支付有如下特点：

1. 人们不再持有实物货币，人们拥有的货币体现为银行数据库中一个账户上的余额。

2. 支付的过程只是账户余额的增减。张三支付李四 100 元，则张三银行账户余额减少 100 元，李四账户增加 100 元。

3. 人们之间的支付过程完全依赖银行系统。而银行间的结算则依赖更高的机构，比如央行或者 Visa 国际组织。

4. 所有的支付行为都有数据记录。不论是刷信用卡，还是网银支付，消费记录近乎完整地勾勒出消费者的全部生活。

这是一个深刻的变化，人们获得了电子支付的便捷，却也牺牲了很多权利。所持有的货币全部托付给银行，给了银行巨大的作恶空间；为了防范与约束银行，政府制定了汗牛充栋的监管法规；人们的交易隐私彻底丧失，在银行面前，消费者是透明的。

比特币所构造的模型迥异于传统银行的余额制，也不同于古老的金银铸币和纸钞。它创造性地用交易记录作为货币的载体。

在比特币系统中，并不存在单独的比特币，比特币是以交易记录的形式存在的。例如张三支付李四 1 个比特币，则系统中记录一条交易记录：

张三　　　支付　　　李四　　　1

区块则是将多笔交易数据打包在一起形成的数据体。可以将区块理解为一个账本，账本里记录了多笔交易。单笔交易的字节数最基本的大小为 250 字节，当然实际发生的交易会大于这个数值。

一个区块大小被中本聪限定最大为 1 兆字节，那么我们就可以算出来，一个区块最多可以容纳 4096（1024000/250）笔交易。

还是以账本作比喻，中本聪限定了一个账本最多只有 1024 页。而一个最基本的交易要占用四分之一页，那么一个账本最多就是 4096 笔交易。

据统计，最大的一个区块，发生在 2015 年 7 月 1 日，高度为 363270 的区块，共录入了 4509 笔交易，大小恰好是 1 兆字节。

每本账本记满了交易后，记账人就在账本封面上贴上时间封条，盖上自己的印章。最重要的一个步骤是在账本上记录前一个账本的编号，这样账本之间就构成了一个首尾相连的账本链条。

这样构成的账本链条，有一个特点：越老的账本，其中的交易越难以篡改。若要更改 2015 年高度为 363270 中的一笔交易，那么就要将 2015 年该账本之后的所有账本，全数改掉，重新记账才可做到。

而禁止篡改历史记录的目的是防止双花，也就是防止同一笔钱给不同的地址支付两次。

UTXO

比特币是一种货币，但在这个系统中并不存在一枚金光闪闪的"币"。中本聪在设计的时候，让比特币以交易记录的形式出现。你并非拥有一个比特币，而是拥有别人转你比特币的一笔记录。这个记录叫作"未花费的输出"（Unspent Transaction Output，UTXO）。

听起来拗口，但说穿了，和古老的现金模式在本质上有相似之处。你打开你的钱包，发现里面有 1 张 100 元、2 张 50 元、1 张 10 元，这些钞票就是你的 UTXO。如果你想要知道自己一共有多少钱，但并没有一个余额表给你查看，你需要将钞票从钱包里拿出来，一五一十地点清楚。如果你要付钱给别人，也是将钱包中的钞票挑出一张交给别人。

比特币的 UTXO 比黄金、纸钞等实物货币更进一步。它抛弃了类似纸钞这样的独立实体，而是用交易记录体现货币。

让我们设想一个故事，1000 人乘飞机降落到了无人荒岛，建设了一个与世隔绝的社会。他们耕种、打猎、纺织，开展各种经济活动，并且建设了自由市场，开展贸易。但荒岛上没有印钞机，也没有黄金，用什么做货币呢？难道真用贝壳做货币？可是这荒岛上那贝壳真是遍地都是，不具备稀缺性。

其中有一位叫中本聪的聪明人，他深思熟虑之后，提了一个建议。干脆我们不用实物做货币，改用记账的方式表征货币。例如，Alice 要买 Bob 的大麦 100 斤，Bob 标价 10 美元，他们来到荒岛之前都用美元，所以现在也沿用美元计价。那么 Alice 支付 Bob10 美元。记录在纸上为：

Alice　支付　Bob　10 美元　20170909

Bob 收到的这张纸条记录，这就是 Bob 的一张 UTXO。Bob 在需要支付其他人（比如 Eva）款项的时候，就可以用这张 UTXO 记录支付，这笔交易可以呈现为：

交易编号：90011									
Input						Output			
来源交易	付款人	收款人	金额	时间		付款人	收款人	金额	时间
90000 - 1	Alice	Bob	10 USD	20170909		Bob	Eva	10 USD	20180101

图 4 - 1　Bob 的一张 UTXO

在 90011 这笔交易中，Bob 支付 Eva 10 美元，记录在交易信息的右边。Bob 为了支付这 10 美元，从自己的 UTXO 库中，找到了 Alice 支付他的这笔收入，假设交易编号为 90000。Bob 用这笔收入的 UTXO 作为支付 Eva 10 美元的输入。而 Bob 支付 Eva 的 10 美元，在交易记录到达 Eva 后，便成为 Eva 的 UTXO。

在复杂的交易中，比如 Eva 需要支付 12 美元到不同的人，她从 UTXO 记录中，找到了两条记录，分别是 10 美元和 3 美元，这两笔 UTXO 共计 13 美元。此时 Eva 需要支付给 TOM、Jason 和 Alice 共 12 美元，但还有多余的 1 美元怎么处理？在比特币系统中，是没有给对方找零这么一说的。

解决方法是 Eva 在交易中构造一个输出，给自己支付 1 美元。交易的信息如下：

交易编号：90088					
Input		Output			
来源交易		付款人	收款人	金额	时间
90011 - 1		Eva	Tom	5 USD	20180101
90055 - 1		Eva	Jason	3 USD	20180101
		Eva	Alice	4 USD	20180101
		Eva	Eva	1 USD	20180101

图 4 - 2　Eva 的一笔复杂交易

所以，一笔交易的输出，就会形成收款方的 UTXO，而收款方使用 UTXO

支付的时候，这个输出将成为新交易中的输入。

交易编号：90000					
Input		Output			
来源交易		付款人	收款人	金额	时间
88888		Alice	Bob	10 USD	20170909

交易编号：90011					
Input		Output			
来源交易		付款人	收款人	金额	时间
90000 − 1		Bob	Eva	10 USD	20180101

交易编号：90088					
Input		Output			
来源交易		付款人	收款人	金额	时间
90011 − 1		Eva	Tom	5 USD	20180101
90055 − 1		Eva	Jason	3 USD	20180101
		Eva	Alice	4 USD	20180101
		Eva	Eva	1 USD	20180101

图 4 – 3　UTXO 的形成

P2P 网络

中本聪只在两个论坛上出现过，一个是密码朋克小组的邮件组，另一个是 P2P Foundation 论坛。这几乎是在暗示，干脆就是明示：密码学与 P2P 协议乃是比特币系统的两大支柱技术。密码学解决了货币价值在网络上的归属权问题；在 P2P 协议之上构建的 PoW 共识算法则解决了双花欺诈问题。要知道，双花欺诈问题困扰了乔姆等众多密码学家几十年。

P2P 在比特币和区块链技术中，既是因，也是果。因为我们有了 P2P 网络，中本聪才能发明比特币和区块链，所以 P2P 是因。因为中本聪发明了比特币和区块链，我们才第一次拥有了 P2P 网络模式的虚拟货币，所以 P2P 也是果。

可以说，P2P 乃是人们孜孜不倦追求的最终目标。乔姆的 eCash 耀眼一时，却依然囿于中心化的架构。之后的尼克·萨博、戴维都在为实现 P2P 而努力。

在谈及 P2P 时，人们常与曾经红极一时而今又臭名昭著的 P2P 金融混淆。两者一个是计算机传输协议，一个是互联网金融模式。然而，细究其本质，理念乃是相同的。计算机的 P2P 网络是一种分布式架构，网络中的节点完全平等地分担计算任务和载荷。P2P 金融是指平等身份的个人之间互相借贷的行为，有别于银行与个人之间地位不对等的借贷交易。

P2P 网络要摆脱的是 C/S 结构下的服务器，而 P2P 金融要摆脱的是大型金融机构。两者追求的都是同一个词，即平等。人们对于平等的追求完全不亚于对科技的追求。平等几乎成为人类发展的主旋律之一，在历史的长河中关于平等的呐喊和斗争就像波浪一样此起彼伏，但人们在追求平等时所犯错误之多、错误之大并不输于追求科技时所犯的错。科技研发的武器让人们互相残害。在追求平等的事业中，同样带来了生灵涂炭。托克维尔（Alexis - Charles - Henri Clérelde Tocqueville）曾说："我爱好自由乃是出于审美，爱好平等则出于本能和理性。"但他自始至终对平等保持警惕。

P2P 网络可以较为贴切地解释托克维尔的平等理论。在 P2P 网络中，每台计算机节点都是独立的个体，拥有自己的计算自由，它们基于预定的协议进行交互协作，在协议面前所有的计算机节点都是平等的，没有任何一台享有服务器或者客户端一般的特权。每台计算机节点在运算、存储等实际的境况中并不一定要完全一致，而是在遵从协议的前提下各自独立执行任务。

普遍的认识是，P2P 网络发端于 1999 年的 Napster 软件。1999 年肖恩·范宁（Shawn Fanning）是一个 19 岁的大学生，他突发奇想，要创造一种便于大学生分享音乐的技术。为此他自学编程，写出了 Napster。其间，更专业的黑客肖恩·帕克（Sean Parker）加盟，成为他的合伙人。帕克比起范宁，是更加"根正苗红"的黑客，是"放下奶瓶便编程"的少年天才，曾差点儿因黑客行为被 FBI 拘捕。帕克还有一个特点，就是擅长"加入"。他加入了 Napster 之后又加入一家创业公司担任总裁，那家公司名叫"脸书"（Facebook）。

Napster 是最早在 PC 之间实现 P2P 的文件分享。当然，从今天的眼光看来，它并非严格的 P2P，因为 Napster 依然维持了一台中心服务器，用来提供文件目录和地址的搜索。Napster 在 1999 年发布后，近乎以火箭的速度发展。今天，我们说的"爆品""爆款"，在 Napster 面前全部都是"小儿科"。1999 年 Napster 上线，2001 年就因为侵权被诉而关闭，就在这两年间发展了 8000 万用户。请想想，2000 年中国网民总数约为 2000 万人。Napster 的 P2P 协议，从技术层面上说，依然很原始。Napster 虽然被关闭，但 P2P 网络及协议由此成为互联网的支柱。到了 BitTorrent，分布式哈希表技术得以应用，P2P 技术趋于成熟。发明者布拉姆·科亨（Bram Cohen）从 5 岁开始编程，一直非常羞涩，不善社交。BitTorrent 到底有多么成功，举个数字就知道了，大约有 40% 的互联网流量是用在 BitTorrent 协议上，几乎占据互联网的半边天。

且慢，实际上还有更早的 P2P 技术。新闻组（Usenet）早在 1980 年出现，基于 UNIX 的 UUCP 协议。新闻组的服务器之间分享新闻消息的机制与 P2P 很类似，但新闻组（Usenet）的客户端与服务器之间则是典型的 C/S 结构。

比特币用 UDP 与 TCP 构建了自己独特的 P2P 协议。在本地客户端中存有一些种子，通过种子的域名系统（DNS）获得初始的信息。一旦客户端连接比特币网络，就像一群传闲话的街坊邻居一样互相交流各自保存的节点信息，这样就形成了去中心化的节点发现机制。客户端会将接收到的节点信息保存在本地数据库中备用。

一个新安装的比特币节点连接了网络后，首先要下载所有区块，而且要挑最长的区块链条下载。这个过程如图 4-4 所示。

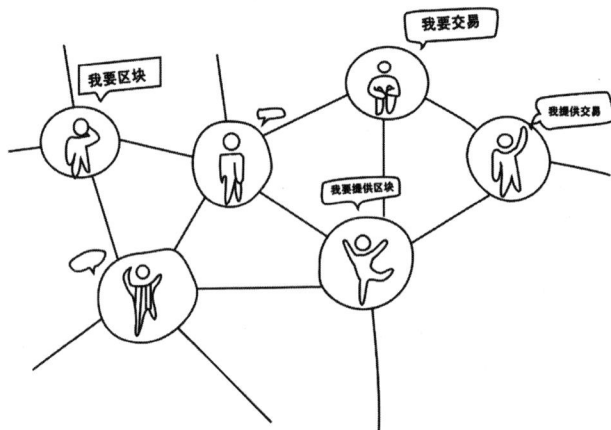

图 4-4　新的比特币节点连接网络后的过程

新节点："嗨，邻居节点，你有区块吗？我这里只有一个创世块，不好意思，我是新人。"

邻居节点："朋友你好，我有区块，给你2000个区块头，你先查查区块头。"

刷地一下，区块头信息就过来了，区块头内容很小，只有80字节，2000个区块头总共才156千字节。

新节点很高兴，查验了区块头没问题，继续问这个邻居节点："好邻居，谢谢啦，麻烦您再给2000个区块头。"同时，新节点还要去联系其他节点，最多联系8个节点。

新节点一个个去问："嗨，朋友，能麻烦您按照我这些区块头的信息，给我发区块吗？有的话，给我8个。"

其他节点："没问题，朋友，给您8个区块。"

新节点一一收下区块，验证之后保存在自己的硬盘上。这样的过程一直持续下去，直到新节点获得了当前最长的链。之后，新节点持续监控网络，从其他对等节点接受比特币网络产生的最新区块。

当矿工节点完成区块打包，且运算区块哈希值成功，矿工节点就要传播区块到所有的连接节点。连接节点再将新区块传播出去。

矿工节点："嗨，邻居啊，我产生了一个新区块，要不要？"

邻居节点："要要，发我吧。"

矿工节点："走一个！好邻居，麻烦帮着传播一下。"

邻居节点："收到，好嘞，马上传播。"

当一个节点做了一笔交易，该节点一样要将交易传播出去。

交易节点："嗨，邻居啊，我做了一笔交易，请您过目。"

邻居节点："来，发给我吧。"

交易节点："走一个！好邻居，麻烦帮着传播一下。"

邻居节点："收到，好嘞，马上传播。"

通过P2P协议，比特币系统保证了所有的节点之间能够就区块信息进行同步。

PoW 共识算法

莱斯利·兰伯特（Leslie B. Lamport）是一位数学家和计算机科学家，因为对分布式系统作出的创造性贡献而获得了 2013 年图灵奖，其实可以说，是他一手开创了分布式系统。

莱斯利·兰伯特有一个学术上的小习惯，他喜欢用神话和故事描述算法，他的很多论文读起来很像故事。举出几个他的算法思想就能了解他的风格：面包店算法、拜占庭将军、希腊喜剧。1990 年，他发明了 Paxos 算法，迄今此算法依然支撑着我们的云计算，他将论文提交给国际计算机协会（ACM），结果是，他被退稿了。审稿人的意见大概是："您能不能用数学语言写稿？这篇稿子我们帮您投到神话与传说杂志社好不好？"兰伯特很不高兴，在大会上批评审稿人毫无幽默感。但兰伯特绝不妥协，这篇论文就迟发了 10 年。2001 年兰伯特同意对论文进行修改，但文中依然还是长篇的故事。兰伯特说了一句振聋发聩的名言：

"用故事能说清楚的道理，干嘛要用数学呢？"

在兰伯特众多非凡成就中，拜占庭将军问题是其中最知名的一项。

2008 年中本聪提出比特币论文后，一位知名安全专家詹姆斯·唐纳德（James A. Donald）对论文提出质疑，认为比特币没有解决在 P2P 环境下的拜占庭将军问题。中本聪为此详细地用拜占庭将军问题的故事重新描述了一遍他的 PoW 思想。为了发扬兰伯特的精神，我们尝试用另一个故事来讲清楚 PoW 的思想。

《天龙八部》中，段正淳段王爷武功虽然只居二流，但众多江湖女子为了他如痴如醉、若疯若狂，对他一往情深的女子有刀白凤、秦红棉、甘宝宝、阮星竹、李青萝（王夫人）、康敏，每一个都是绝色美女。他对每位女子倒也都是真心真意的。

可惜，一夫一妻制是社会共识，这些美女们也性情刚强，都想独占段王爷。由此，惹出了多少争端，乃至赔上了段王爷的性命，当然段王爷也不算亏，生了个儿子——段誉。

话说大理段家为此异常恼火，为了防止后世子弟再如此滥情，也为了维护一夫一妻制，设计出良好的机制来规范段氏子弟：只要段氏子弟，对某一位江湖美女说出了"我爱你"三个字，那么这婚姻大事就算定了，再也不允许移情第二位美女。

但问题的难点是，段正淳行走江湖，飘忽不定，而江湖上传递消息是要花时间的。段正淳就可能利用这个地点和时间差钻空子。例如，3月底，段正淳可以在大理对刀白凤说"我爱你"。然后段王爷一路游玩到了苏州，在4月，又对王夫人说"我爱你"。由于江湖信息传递的延迟，王夫人还不知道他3月已对刀白凤表白过了。段王爷的这种恶劣的行径，就叫"双花"。

解决双花问题的关键是，如何给段王爷的表白排上时间顺序。到底他是先对刀白凤表白，还是先对王夫人表白。

大理段家提出的第一个解决方案是，让家庙天龙寺承担起记账的功能。每当江湖女子，比如刀白凤，收到段正淳"我爱你"的表白，立刻飞鸽传书给天龙寺，要求检查段正淳的婚姻状况。如果天龙寺的账簿上记载的是段正淳是单身，那么刀白凤就可以接受段王爷的表白，天龙寺马上就要在账簿上记录"段正淳与刀白凤拍拖了"。

段正淳若是又跑到苏州对王夫人表白，王夫人笑眯眯地说："段郎不急不急，我先查查你的状态。"王夫人飞鸽天龙寺，几天后就查出了段正淳已经拍拖刀白凤了。王夫人对段王爷大喝一声"滚"，自己松口气喝茶去了。

这就是中心化的解决方案。这个体系按说很严谨，但段氏子弟非常不愿意。因为这样一来，他们的婚姻大事就被天龙寺控制了。而且，若是他们追求姑娘的时候，天龙寺的老和尚们都坐禅了，没有及时为江湖女子返回他们的婚姻状况，岂不是耽误他们的好事。因此，他们誓死不从。

在去中心化的情况下，我们先说兰伯特解决拜占庭将军问题的思路。假设段王爷、刀白凤、秦红棉、甘宝宝四人陷入感情旋涡，其中只有一人撒谎，可能是段王爷，也可能是三位美女之一，那么如何解决他们之间感情的一致问题呢？拜占庭将军问题的简单思路如下：

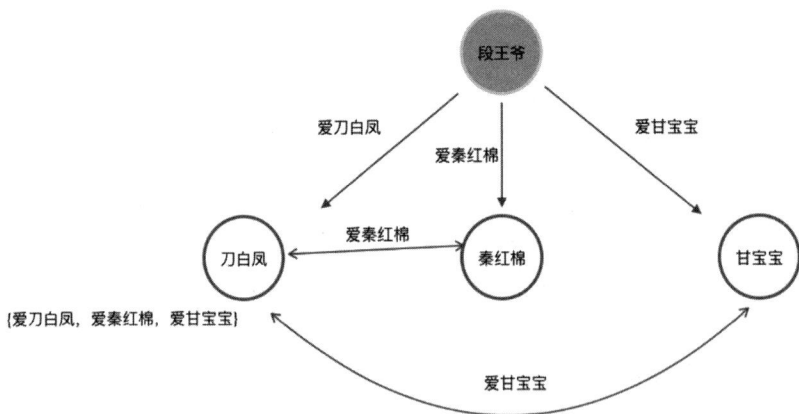

图 4-5　拜占庭将军问题——段王爷撒谎

若段王爷撒谎，对三位美女说了不同的话，对刀白凤、秦红棉、甘宝宝三人都说了"我爱你"，则刀白凤收到爱情表白后，并不急于投入，而是先去秦红棉和甘宝宝处查问。可想而知，刀白凤从秦红棉处收到的是段王爷爱秦红棉，甘宝宝处收到的是段王爷爱甘宝宝。综合结果，刀白凤那里对段王爷感情的了解是｛刀白凤，秦红棉，甘宝宝｝。而秦红棉得经过询问刀白凤与甘宝宝，结果也是｛秦红棉，刀白凤，甘宝宝｝。甘宝宝也一样是｛甘宝宝，刀白凤，秦红棉｝。所以三人结果一致。三人都可以据此判断，段王爷并非只爱自己。

如果段王爷并未撒谎，而是诚挚君子，但甘宝宝撒谎，那么思路如下：

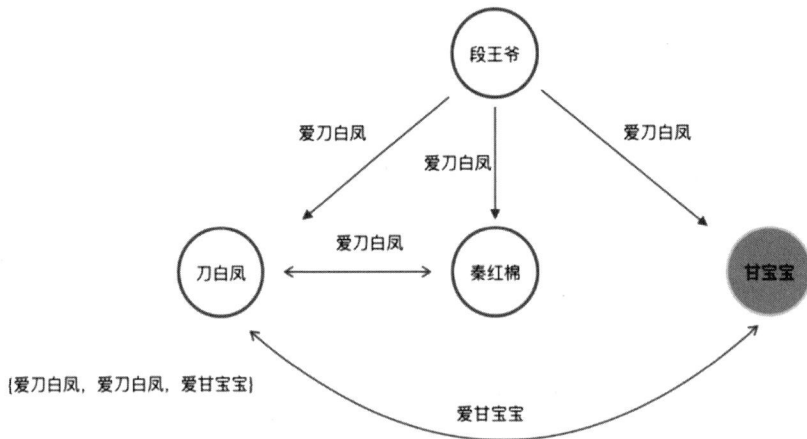

图 4-6　拜占庭将军问题——甘宝宝撒谎

段王爷对三人都说自己挚爱刀白凤。刀白凤听后，还是半信半疑，她发信询问秦红棉、甘宝宝。秦红棉说了实话，告诉刀白凤"段王爷爱的是你"。而甘宝宝则撒谎，说段王爷爱的是自己。那么刀白凤对段王爷感情归属的综合认识是｛刀白凤，刀白凤，甘宝宝｝。刀白凤算了一下，从两个消息渠道得到了刀白凤，那么选择相信段王爷。而秦红棉得到的也是｛刀白凤，刀白凤，甘宝宝｝，秦红棉也判断段王爷爱的是刀白凤。于是，两个诚实的美女就达成了一致。

这是兰伯特在论文中所提的 BFT 方案的其中一种，另外一种则加上了签名算法，令所传递的消息都有准确来源。但兰伯特论文中这种 BFT 算法，有一个假设，即消息的传递是同步的，而现实中，则多是分布式系统，消息是异步的。所以，这两种思路，都并不具备现实工程上的意义。

1989 年兰伯特又简化了拜占庭将军问题的难度，提出了 Paxos 算法。在 Paxos 算法中，他假设不存在"奸细"，只是某人的消息会发生延迟、丢失、乱序等情况。Paxos 之后，人们基于这种思路，又发明了众多共识算法，其中以米盖尔·卡斯通（Miguel Castro）和芭芭拉·利斯科夫（Barbara Liskov）设计的 PBFT 应用最广。PBFT 在 Paxos 基础上，实现了真正的拜占庭容错，允许某个节点篡改信息，而且 PBFT 的运行效率极高。不论是兰伯特的 BFT、Paxos 还是利斯科夫的 PBFT，都存在效率问题，只能在数量有限且已知的节点间运行，面对开放的环境，不限数量，陌生人乱入的环境，则依然还是束手无策。2019 年 Facebook 发布的 Libra 中所用共识算法 HotStuff 就是基于 PBFT 的一个变种。

而在中本聪的解决方案 PoW 中，则思路完全不同。

若是段王爷撒谎，对三人分别说"我爱你"，则中本聪的思路是，三人根本不用互相打探消息，而是各自记录下爱的消息。然后，每人画一幅段王爷的画像附在记录之后，这个画像很复杂，要花上平均 10 分钟，但有的人时间长，有的时间短。画完后签名，然后就将记录和画传送给其他两人，告诉别人，段王爷这个坑，我占了。

任何女子若是收到了其他人传递过来的记录和画像，通常会有两个选择：

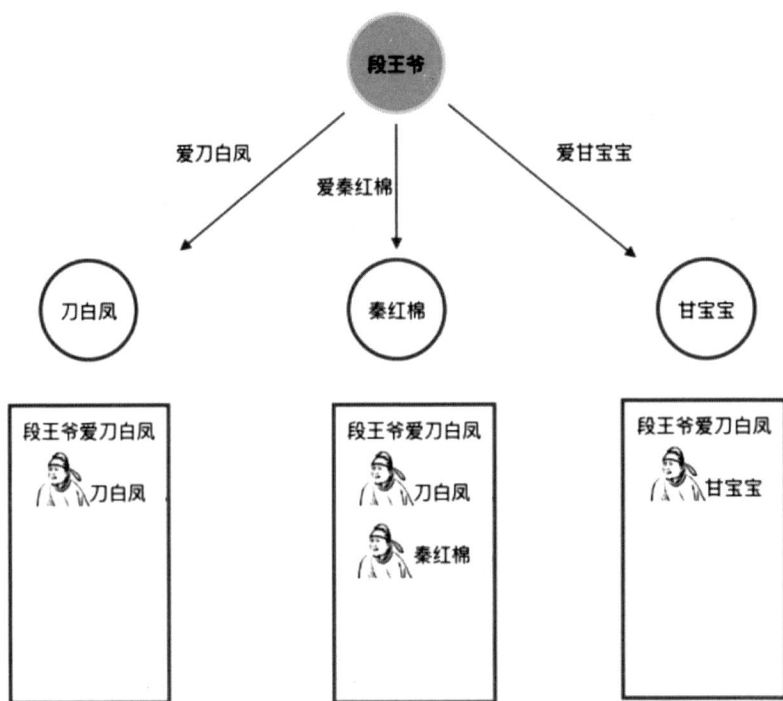

图 4 – 7　段王爷的 PoW

一个选择是继续在自己的记录下画，另一个选择是放弃自己的记录在别人的记录下画。而中本聪给大理段氏设计了一个小小的激励政策，画像最多的那条记录中，所有参与画像的人都可以跟段王爷学一招六脉神剑。

若是刀白凤先画完，她将记录与画都传给秦红棉和甘宝宝。秦红棉一看，认赌服输，人家刀白凤画得快，为了能获得跟段王爷学六脉神剑的机会，就在刀白凤的下面继续画，继续签名。而甘宝宝比较倔，继续自己画，当然最终她提交的记录上只有一个段王爷，所以她什么也得不到。

上面是简化的 PoW 算法。真正的 PoW 要复杂得多，不仅仅陷入情场的几个男女牵涉其中，整个江湖都为之奔忙不已。我们依然用江湖的这套话语体系尝试描述清楚完整的 PoW 算法。

BFT、PBFT 算法解决的问题范围必须控制在有限的几位已知美女范围内竞争。一旦范围扩大，全江湖成百上千女子来竞争段王爷，那 BFT、PBFT 就都将束手无策了。PoW 则冉冉升起，对再大的范围，哪怕全宇宙的女子都来竞争段王爷，都能罩得住。

中本聪给大理段氏设计了一套完整的 PoW 体系，叫作"段氏子弟爱情共享账本体系"。下面我们简称为"段氏情账"。

大理段氏对江湖武林传出消息，天下英雄都可持有全本"段氏情账"，也可为"段氏情账"记账。情账上密密麻麻地记录着众多段氏子弟的表白。

大理段氏告知天下英雄，只要为"段氏情账"记账并被天下认可的，都可以到大理学六脉神剑。这样，天下英雄就都有了记账的动机。而被天下认可的判断标准是该账本上有最多的表白记录。

若是某个江湖女子或者其他江湖人士，比如鸠摩智，听到了段正淳的爱情表白，就立刻取出自己藏有的"段氏情账"，准备在其上记录"段正淳表白刀白凤天佑十年三月"。

而段正淳是博爱的，他又对王夫人说了"我爱你"，被慕容博听到了，慕容博就立刻取出自己存有的"段氏情账"，准备在其上记录"段正淳表白王夫人天佑十年四月"。

这两位侠客，首先检查"段氏情账"的现有记录中，是否有段正淳表白的记录，若没有，则表明段正淳单身，记录写入自己的账本。若有段正淳的表白记录，则表明段正淳已非单身，现在的记录乃是"双花"企图，直接扔掉。

若是段正淳单身，那么问题就来了：到底是鸠摩智的记录还是慕容博的记录在时间上领先，从而是有效的呢？

中本聪的设计是，由于我们不准备依赖一个中心化的权威时间，也没人能够告诉我们两个表白的先后顺序，那么干脆就凭运气吧，让鸠摩智和慕容复掷骰子决定，哪个记录为先。而这个骰子，并非普通的骰子，而是一局珍珑棋局，这棋局平均需要鸠摩智、慕容复这样强大的侠客一天的时间方能解开。对于鸠摩智与慕容复来说，有可能一个小时就解开，也可能十天都解不开。先解开珍珑棋局后，签上自己的名字，然后让天下人抄写此记录。天下人一眼就能看出珍珑棋局解的对错，因为胜负可见，再笨的人都能判断出来。

所以，段正淳对两位美女的爱情之真假深浅，并不被考虑在内；段正淳对两位美女表白的先后，也并不被考虑在内。一切都取决于鸠摩智和慕容复两人解开珍珑棋局的时间先后顺序。

这个"段氏情账"的目的并非真的去考察感情以呵护段王爷的感情生活；也并不想去分辨两次表白的时间先后，以公平公正的原则为美女们搞一次"她比你先到"的爱情竞赛；中本聪懒得管这些事，他要解决的是段氏子弟感情生活的"一夫一妻"制，只要天下人之间能够达成共识即可。

若是鸠摩智先解开了珍珑棋局，签上字，将"段氏情账"四下传抄，而且可以去学一招六脉神剑。"段氏情账"很快就传到了慕容博手中，而慕容博还在为"段正淳表白王夫人天佑十年四月"这条记录，苦苦地解珍珑棋局，慕容博看到在鸠摩智的记录中段正淳已经归属刀白凤，慕容博肯定不服气，若是慕容博还是继续解自己的珍珑棋局，解开后也四下传送怎么办？

中本聪说，你慕容博不服气，不承认鸠摩智的记录，那你就自己继续解，然后也传送天下，随你便。中本聪根本就不想通过技术手段来解决一致性问题。

中本聪让大理段氏约定规则，只对在"段氏情账"上记录最多的记录者，传授六脉神剑。就此一条规则就绕过了困扰科学家们多年的拜占庭将军问题，而背后的驱动乃是人性。

由于"段氏情账"持续地跟踪所有段氏子弟的感情生活，所以，鸠摩智记录了"段正淳爱上刀白凤"之后，又开始记录其他段氏子弟比如段誉的感情记录，并且开始解新的珍珑棋局。而"段氏情账"上每一笔记录都要记载前一笔记录的编号，前后勾连成链才能有效。如果慕容博不服气，在落后情况下，依然花时间解开珍珑棋局，签字并传播自己这个版本的"段氏情账"，那么处境对他会相当不利。

首先，大家并不愿意接受他的版本，因为鸠摩智的版本已经传递出去，甚至可能已经有了另一笔记录，比如"段誉表白钟灵"的记录压在了"段正淳表白刀白凤"记录之上，大家都愿意接受更长记录的"段氏情账"，因为只有在最长的"段氏情账"上自己所作的合法记录才能得到六脉神剑的奖励。

其次，慕容博看到鸠摩智的记录后，通常会自动放弃未解开的珍珑棋局，而是在鸠摩智的"段氏情账"基础上继续工作，让自己在新一笔记录上处在同一起跑线上。

不过，若是有另一个组织，比如"星宿派"说了，慕容博的链不是最长的，但我星宿派喜欢慕容博的链，在慕容博的账簿上有记录的侠客，可以来学一招"化功大法"。那么很可能有一些邪魔外道就聚拢在慕容博的账本周围，开辟出一条独立的道路。这可称为"分叉"。中本聪一样不管，你们随意。

这里面最可能作恶的人是段正淳。他可以先向刀白凤表白，在记录被记载进入"段氏情账"后，用轻功快速飘到王夫人身边，再次表白，此时，可能由于消息传递的延迟，王夫人还未收到最新版记录了"段正淳表白刀白凤"的"段氏情账"。王夫人就可能吃了段王爷的亏，白白投入感情。然而，若是王夫人聪明，她就可以推开段郎说别着急，等她多收几个"段氏情账"的最新记录，看到底他是否单身。

中本聪的做法，说到实质上，并非从数学算法上解决拜占庭将军问题，而是一种综合利用人性、激励政策和经济原理的解决方案。

兰伯特老先生研究的都是数学算法，他却并不顺从人性，并不顺从审稿编辑的要求去刻意使用看起来高大上的数学语言，因此论文拖延了十年才发表。然而兰伯特也许更了解人性，知道闪光的思想一定会被接受，这真是人类共识中美丽的算法。

当然比特币的 PoW，并不是画段王爷的像，也不是解珍珑棋局。PoW 是计算一个区块头的哈希值。区块头是一串长达 80 位的数据，其中有一个 4 位的 Nonce 参数值可以随意调整，矿机作 PoW 运算就是对区块头数据进行 SHA 256 哈希运算，得到了一个 256 位的随机值。矿机要不停地调整 Nonce 的值，以运算出小于某个数值的哈希值。

因为 SHA 256 的运算结果是非常随机的，所以，要想运算出小于某数值的哈希值，唯一的方法就是不停地尝试。所以，矿机是否能够挖矿成功，一是依赖矿机的运算速度；二是依赖运气，也许第一次改变 Nonce 的值，就得到了合乎大小的哈希值，也许运行几百亿次，也没有得到。

下面是 2018 年 5 月 20 日，第 523485 个区块的哈希值：

0000000000000000000059554f757f7b1de904220acb93675b5f4c34f8d9910e8

哈希值的前面共有 19 个零，这就是当前的难度。

货币发行

达·芬奇是一位传奇人物，他是科学家、发明家、画家、生物学家、天文学家、建筑工程师、雕刻家等，他擅长的领域几乎能写满一页 A4 纸。

这是文艺复兴时期的传奇人物，随着文明的发展，对于科学家与学者来说，科技的进步使专业越来越细分，博学成了非常罕见的事。然而在密码学领域，则依然豪杰辈出。中本聪就是其中一位，虽然我们不知道他是谁，但他在比特币系统的创造过程中，展现了非凡的博学，他对计算机、密码学、经济学都有着深刻的理解。

加州大学洛杉矶分校的金融学教授巴格·乔杜里（Bhagwan Chowdhry）曾提名中本聪为 2016 年诺贝尔经济学奖的候选人。

中本聪在比特币系统的创造中，广泛地借鉴和应用了前人的研究成果。比如在非对称加密、公开账本、时间戳等技术的应用上，中本聪是一个集大成者，将这些技术凑成一个完美的有机体。但在货币的发行机制上，中本聪有着无可置疑的原创性。

比特币的货币发行，与确认交易共识的达成，融合在同一个机制——PoW 中，这是中本聪极其聪明、极其独创的伟大发明。矿机的职责是收集节点发出的交易，验证交易，打包成区块，然后运行一定难度的哈希算法解题，成功后获得定额比特币的发行权。真正理解了比特币原理的，都会对此赞不绝口，这是多么优美的思想！

在中本聪之前，戴维的 B－money 以及尼克·萨博的"比特黄金"，都可称为比特币的先导。但比特黄金并未涉及交易的共识问题，只论述了基于工作量证明发行货币的机制。戴维的 B－money 论述了交易在 P2P 环境下如何进行，也讲解了用工作量证明发行货币的思路，但戴维的货币发行与交易，是分离的两个独立的功能。

不论是 B－money 还是比特黄金，都陷入了一个小小的迷局，他们认为通过工作量证明机制发行货币，要与计算机中央处理器（CPU）运转的成本挂钩。这种执迷非常好理解，这些大师都想模仿淘金挖矿的生产方式，在计算机上发行虚拟货币。CPU 通过工作量证明算出了一个虚拟货币，如果 CPU 运算的成本是 1 美元，则该虚拟货币的价值应该跟 1 美元挂钩。这是一种基于直觉的思维。

但中本聪跳出了这个小小的陷阱。比特币中使用了 PoW 机制，但比特币的价值，并不与 PoW 耗费的 CPU 算力成本挂钩。比特币运行的 PoW 有六个作用，分别是骰子、电表、时钟、印钞机、账本、选票，而这六个用途搭配一起，达到了三个目的：

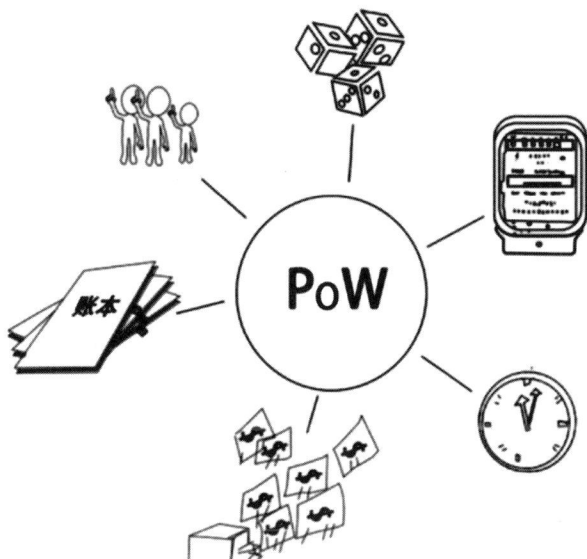

图 4 - 8　PoW 机制

第一，是确定这一轮区块的记账权归哪个节点。PoW 起到了掷骰子的作用，哪个节点能够获得记账权，依赖该节点的算力和运气。

第二，是阻止某些恶意节点篡改以往的区块及交易信息。因为每个区块打包成功都要运行平均 10 分钟，且与全球的其他矿机激烈竞争，这就让意图篡改过往交易的攻击者迎难而退。

第三，PoW 本身也构建了一种投票机制。最长的区块链包含了最大的工作量及最大的算力消耗。比特币诚实的客户端会默认接受最长的区块链，而抛弃较短的区块链。

这最淋漓尽致地展现了中本聪的天才之处，他的思维不落窠臼，借鉴前人经验，却又不被前人思路所限。此可谓神来之笔。

中本聪的天才不仅表现在此处，他的比特币发行机制为虚拟货币，乃至数字资产时代的到来蹚出了一条宽敞的通衢大道。

中本聪认为币值当由市场决定，在白皮书中声称比特币是一种通缩的货币，统共才发行 2100 万枚，而且比特币的发行计划是按照固定的节奏与步伐执行的。

2009 年至 2013 年，每个区块奖励 50 枚比特币，此阶段共计产出 1050 万枚比特币，约占总量的 50%。

2013 年至 2016 年，每个区块奖励 25 枚比特币，此阶段共计产出 525 万枚比特币，约占总量的 25%。

2016 年至 2020 年，每个区块奖励 12.5 枚比特币，此阶段共计产出 262.5 万枚比特币，约占总量的 12.5%。

2020 年至 2024 年，每个区块奖励 6.25 枚比特币，此阶段共计产出 131.25 万枚比特币，约占总量的 6.25%。

……

2136 年至 2140 年，每个区块奖励 1 聪（比特币中最小的数量单位，表示一亿分之一比特币），此阶段共计产出 0.0021 枚比特币，约占总量的百亿分之一。

在 2140 年之后，比特币总量不再增加，矿工们的收入只有交易费。

哈希运算

风靡全球的美剧《权力的游戏》中有一位角色，她出场的自我介绍是"风暴降生丹妮莉丝、不焚者、弥林女王、安达尔人，罗伊那人和先民的女王、七国君王、疆域守护者、多斯拉克大草原的卡丽熙、打碎镣铐者、龙之母丹妮莉丝·塔格利亚"。仔细地考察这句自我介绍就会发现它近乎囊括了丹妮莉丝的人生经历，然而大家更愿意直呼她为"龙母"。

"区块链"这个词也是一样，背后包含的是一系列的技术；所代表的则是漫长而复杂的历史。然而，我们依然只用"区块链"这么简单的三个字囊括这一切。

将复杂的信息映射到一个短短的词汇上是人类出色的智慧工具。

计算机的数据处理也一样，为了便于存储、搜索、处理，对于复杂的数据，人们也将其映射到较短的数据上。

哈希算法就是实现这一功能的工具，是计算机领域最重要的算法之一，也是区块链最重要的基础技术。

MD5 是安全领域应用最广泛的哈希函数，用来验证消息的完整性。如果我们对龙母的全称进行 MD5 32 位压缩，则结果如下：

50c16584e9a6e7eb30af24859dfd5231

我们还可以对上面这个哈希值之前的所有内容做 MD5 散列计算，则结果如下：

3e09d8099661501118854a8f62102e9a

哈希运算的定义是，将不固定长度的数据文件映射成一个固定长度的数据文件。

哈希运算有多种具体的算法，所以它是一种算法的范畴，而非一种具体的算法，而且它并没有明确的发明人。从计算机有限的历史中，我们能查到汉斯·彼得·卢恩（Hans Peter Luhn）这个人，很可能是他首先发明了一种哈希算法。他是德国人，生于 1896 年，后移民美国，一直在纺织行业工作，1941 年加入 IBM 公司，成为高级科研工程师。1954 年他申请了一项专利：用于验证号码的计算机。他通过一种简单的算法对一串 10 位的数字进行处理并生成一个校验位。这样计算机能够轻松地根据最后一位数字计算出前 10 位数字的有效性。至今，这套算法依然在广泛应用中，比如信用卡号码的最后一位数字就是校验位。

哈希的英文是 Hash，其意指一种菜品，用切碎的牛肉丁和土豆丁炖在一起；用来命名算法，则意指对数据文件也进行切碎、搅拌、混合。

当前最流行的哈希算法是 MD5 与 SHA。

罗纳德·李维斯特（Ron Rivest），也是 RSA 加密算法的发明人，于 1989 年发明了 MD2 算法，即 MD5 的前身，1991 年扩展出的 MD5 技术是现在应用最广泛的散列算法。

MD5 可用来作数据文件的验证，也可作文件签名之前的压缩处理。无论多么大的一个文件，哪怕是《四库全书》几亿字用 MD5 处理后也能够生成一个 32 位的字符串，这 32 位字符串便可以代表四库全书。改变《四库全书》中任意一个字，哪怕是一个标点符号，那么 MD5 的结果就会与之前的哈希值完全不同。而针对文件签名，为了减少运算量，通常会用 MD5 算法压缩文件，再使用非对称加密算法对 MD5 哈希值进行签名。

2004 年，山东大学的王小云教授证明了 MD5 的可碰撞性，也就是在知道了某信息文件和 MD5 哈希值后可以快速地找到与其哈希值相同的另一个信息文件。这从理论上削弱了 MD5 的安全性，但在实际的应用中，这并非是真正意义上的破解。

SHA－1 由美国 NSA 于 1995 年发布，之前的 SHA－0 发布于 1993 年，后因安全问题撤回。SHA－1 基于 MD4 发展而来，从这一角度来说，它与 MD5 从结构和强度等特性上有很多相似之处。但 SHA－1 的强度更大，防攻击性更好。

2017 年谷歌宣布实现了 SHA－1 的碰撞并公开了算法。之前实现暴力破解需要 12000000 个图形处理器（GPU）算一年，现在需要 110 个 GPU 算一年，破解效率大为提高。

2002 年至 2004 年，美国国家标准与技术研究院（NIST）发布 SHA－2 系列，包括 SHA－256、SHA－384、SHA－512，以及 SHA－224。SHA－2 广泛地应用于网站的 HTTPS 协议中。

比特币系统中应用哈希算法的地方极多。我们对这些算法做一些讲解。

比特币地址

比特币的公钥、私钥机制及由此产生的比特币地址、交易签名等特性是比特币系统的精髓，也是非常有趣的技术。

比特币及通常的区块链技术都选用非对称加密算法生成公钥与私钥。但非对称加密并非真的用来加密，而是用来签名。例如，在支付比特币的时候，附上收款方 Bob 的公钥地址，声明此款项只有收款方 Bob 才可使用。Bob 使用自己的款项，需要用自己的私钥做签名，私钥签名会绝对无误地证明是 Bob 本人在支付款项。

私钥是一个随机数，对私钥进行单向函数运算，便可以计算出公钥。我们下面举例说明。

1. 私钥随机数 16 进制数写为：

D9AE95F8C57E9823DF6ED040393936982CEC3F57459411BF3C22F6A3BFE
41602

2. 用椭圆曲线加密 SEPC256K1 计算公钥，16 进制数为：

4a27493f7da2938b0b31a5a4252516320bba824602f8f84f466f2f2d0f4df1cce7ba
83262402291e04df5b7436568cf027591b0353ebab94ba1cf232b161cc6e

3. 在步骤 2 的结果之前加 04 版本号，得到

044a27493f7da2938b0b31a5a4252516320bba824602f8f84f466f2f2d0f4df1cce7
ba83262402291e04df5b7436568cf027591b0353ebab94ba1cf232b161cc6e

4. 做 SHA256 计算，得到

671C5FAA64BB8E2B32FC1F81D20AF35EB15B442F00C99A55C742662E5F8
46196

5. 做 RIPEMD – 160 运算，得到

D21EE53EFFDFE2E61F49C308DFDAA3EBE427CEE2

6. 在前面加比特币公网号 00，得到

0000D21EE53EFFDFE2E61F49C308DFDAA3EBE427CEE2

7. 做 SHA256，得到

5EE8ACF291BF4037D3CF076F47A16E5DFFB77DE742F4FA454339C1EFAF
90EA2A

8. 再做一次 SHA256，得到

842E0F01156B3CF9542E7EE5AB1ED34F150315852C0748AA8119F7AB3BE
C8550

9. 取结果的前四个字节，也就是前八位，加在步骤 5 结果的后面，得到 00D21EE53EFFDFE2E61F49C308DFDAA3EBE427CEE2842E0F01

10. 运算 Base58check 算法，得到比特币地址

1LA1uwZztRH7UnUWWFtFptis3BNFyTDuha

交易哈希

交易哈希，俗称"交易 ID"，由交易的数据进行哈希运算而得：Tx Hash = SHA256［SHA256（hex）］。交易哈希用来定位每笔交易，但交易本身并不存储该哈希值。只是，当另外一笔交易引用此交易的输出作为输入时，在另外这一笔交易上标注交易值。UTXO 这种特殊的设计，将比特币的交易串起，构成一条长长的链。对于每一聪比特币，都能上溯找到这一聪比特币来源的那笔挖矿交易。

区块哈希

交易打包成为区块，每个区块有一个区块哈希值。区块哈希值的产生就是通过运算 PoW 算法挖矿的过程。PoW 挖矿使用的哈希函数是 SHA256。

简单来说，PoW 挖矿就是一次次调整 Nonce 值，计算不同的区块头哈希值，直到该哈希值小于某个数。例如：000000000019d6689c085ae165831e934ff763ae46a2a6c172b3f1b60a8ce26f 是第一个比特币区块的区块哈希值。这个哈希值的前面共计有 10 个零。

对于一个输入，每次计算 SHA256 得到的值都一样，所以任何人都可以验证哈希值。由于哈希函数的生成非常随机，只要输入稍有不同，结果就面目全非，所以绝不可能通过有意选择来生成想要的哈希值。

区块哈希值可以唯一标志一个区块，其他节点对区块头进行哈希计算，都可以快速获取该区块哈希值。

实际上，区块哈希值并不包含在区块的数据结构里。其他节点接收到区块数据后，进行验证，通过 Nonce 值结合区块头数据计算出区块哈希值，然后验证该哈希值满足当前难度的标准。所以，可以认为 Nonce 参数代表了区块哈希值。在某些钱包中，为了快速检索区块，会将区块的哈希值作为区块元数据存储在独立的数据库表中。

默克尔哈希

默克尔树用于对大量的数据进行快速验证。默克尔树是用哈希值构成的二叉树。在比特币中，一个区块中的所有交易通过哈希值构建成一棵默克尔树。这样，节点在验证一个交易是否存在时就不必遍历所有的区块，通过默克尔树进行哈希验证即可。

非对称加密及签名

比特币是建立在密码学基础上的，非对称加密算法是其最重要的基础算法，也是比特币系统的基石。比特币系统所用的非对称加密算法是椭圆曲线数字签名算法：ECDSA。虽然这是密码学的算法，但比特币使用 ECDSA 的目的并不是加密，而是签名。所谓数字签名的含义是经过签名的数据或者文件可以确定：

1. 由签名所有者发出。

2. 签名者无法悔改，无法否认。

3. 经过签名的消息无法修改，一经修改，则签名验证无法通过。

比特币的数字签名可以用如下过程模拟，以便于理解：

Alice 给 Bob 付款 10 元，Alice 写一张付款单。

Alice 付款至 Bob 10 元人民币（Bob 的签名字迹的打印体）。

请注意，Bob 的签名字体打印件是人人都可以获取的，是 Bob 用来收款的证明。

Bob 收到此付款单后，放进自己的钱包中，成为一条 UTXO。

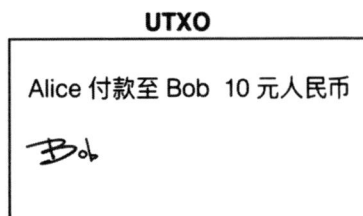

图 4 - 9 UTXO

当 Bob 需要付款给 Eva 10 元人民币时，他取出 Alice 的付款单，用作 UTXO，他在付款单上签下：

1. 按照 Bob 签名字迹，用签字笔签名。签字笔签名则可以证明此笔迹一定出自 Bob 手写。且任何人都可以将其与 Bob 签字打印体作比较，辨认字迹是否符合。

2. Bob 将 Alice 付款的内容"Alice 付款至 Bob 10 元人民币"，也用签字笔手写一遍。这样这条消息就无人可以修改。

同时，他写一张付款单给收款人 Eva：

Bob 付款至 Eva 10 元人民币（Eva 的签名字迹打印体）

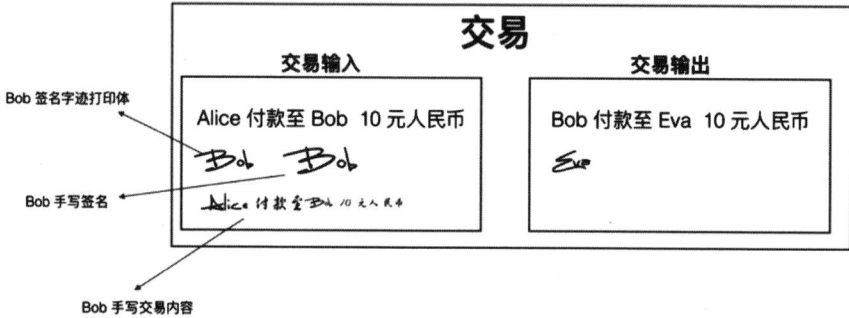

图 4-10　交易

当 Bob 将这笔交易广播出去，其他节点收到后，都可以进行如下验证：

1. Bob 的手写签名字体与 Bob 签名的打印体一致，签字来自 Bob；

2. Bob 手写的交易内容与 Bob 的字体一致，交易输入的内容未经修改。

所以比特币系统的签名是在用户支付的时候才作的操作，以证明所花费的 UTXO 属于自己，用户有权进行支付。

在实际的代码中，比特币使用脚本语言对签名进行验证。在 Alice 发送给 Bob 的付款单中，使用锁定脚本，约定只有 Bob 的私钥签名才可使用这笔款项。在 Bob 使用这笔款项时，Bob 使用私钥签名生成解锁脚本，以证明确是自己在支出此笔款项。下图是锁定脚本与解锁脚本的形式以及与手写签名的对应关系。

锁定脚本

OP_DUP OP_HASH160 <Bob Key Hash> OP_EQUALVERIFY OP_CHECKSIG = *Bob*

解锁脚本
<Bob Signature> <Bob Public Key> = *Bob*

Alice 付款壹拾10元人民币

图 4-11 控制所有权的脚本

时间戳

我们生活在时间的长河中，古往今来，人们对时间进行了各种浪漫而精妙的比喻。然而，到了1915年，即使最狂野、最奔放的比喻都在广义相对论面前显得笨拙。爱因斯坦用广义相对论彻底地摧毁了人们享受几千年的"时间安乐窝"。霍金博士在《时间简史》一书中如此描述相对论的时间观念：

"在相对论中并没有一个唯一的绝对时间，相反，每个人都有他自己的时间测度。"

在爱因斯坦之前的科学家、哲学家马赫（Ernst Mach）说："我们根本没有能力以时间测量事物的变化，相反，我们透过事物的变化而产生时间流动的抽象概念。"

当我们构思一个分布式系统的时候，时间再次成为迷惑人们的"致命海妖"。在一个分布式系统中，我们没有可依赖的绝对时间。1978年，莱斯利·兰伯特在论文《时间、时钟和分布式系统中的事件排序》（*Time, Clocks, and The Ordering of Events in a Distributed System*）中首次提出了有关如何在分布式系统中确定事件发生的时间顺序的思考。

时间是人类思考问题的基础方式，然而，在分布式系统中，并无一个上帝视角的时钟高高悬挂在天空中，告诉所有的分布式节点绝对准确的时间是什么。

这个世界上的每一只钟表都拥有不同的时间。一秒钟这样时间的度量只是在人们假设中存在的臆测。

兰伯特在论文中摒弃了绝对时间的概念。但我们依然可以为事件排序，我们可以依靠的唯一手段是"因果"。因为 a 事件的发生导致了 b 事件，那么我们认定 a 在 b 之前。若是 c 与 d 之间不存在因果关系，则兰伯特通过在事件发生的节点之间建立大小编号，从而确定 c 与 d 之间的顺序。这些规则就形成了兰伯特的逻辑时钟。在分布式系统中，我们是通过逻辑时钟来确定事件发生的先后顺序的。

逻辑时钟是一个伟大的发明，兰伯特用它来确定在分布式环境下事件发生的先后顺序。时间无非是用来比较事件发生顺序的工具，绝对的时间并不重要。侦探之所以要盘问嫌疑人 5 月 30 日中午 11 点 01 分身处何方，只是为了将该时间与凶案发生时间进行比较。5 月 30 日 11 点 01 分，这个看似精确的值本身并无任何意义。兰伯特是第一个提出问题、提出思路的大神，然而在一个完全 P2P 的大规模系统中，如何构建可实用的逻辑时钟依然是巨大难题。

类似比特币的分布式现金系统为全球乃至全宇宙发生的交易进行统一排序，构建一个可用的逻辑时钟是克服双花难题的关键。

在图 4-12 中，我们看到多个分布式节点，各自构造了交易但各个节点间并无统一的时间，各自用本地时钟记录交易时间。仔细观察就能发现，这些交易中，存在着双花的交易。

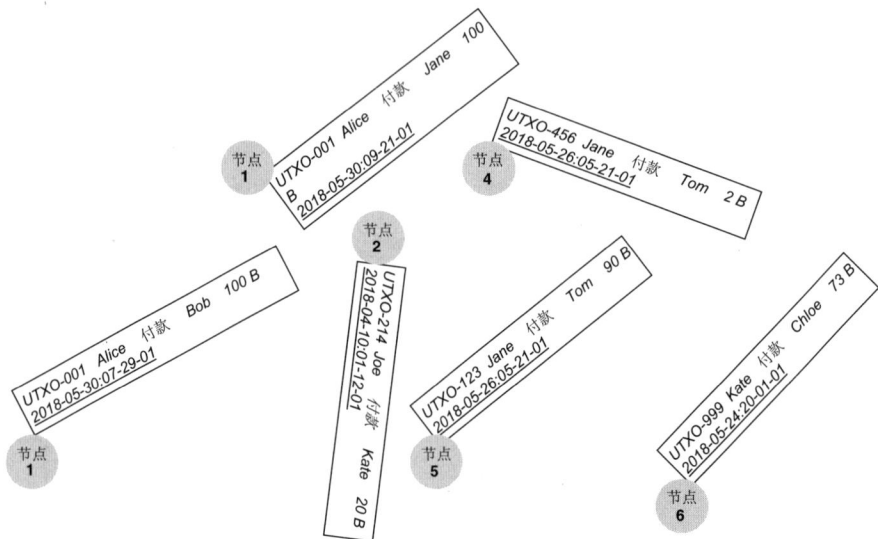

图 4-12　重要的是交易顺序

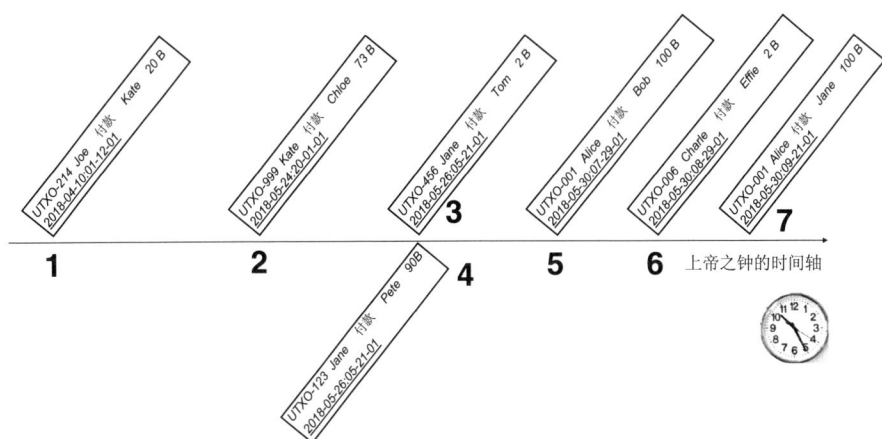

图4－13　银行之钟

在传统的方法下，我们通过中心化的银行系统实质上构建了一个绝对时间，银行的中心系统在其中扮演了上帝之钟的角色。

在中心化的上帝之钟统一安排下，对交易进行了排序。于是，中心化的系统能够非常简单地判断出，第7笔交易与第5笔交易冲突，是双花攻击。

然而在分布式的系统环境中，我们要抛弃中心化的银行，也就没有了统一的时间排序服务。我们该如何对交易排序呢？

1991年的时候，两位科学家斯图尔特·哈伯（Stuart Haber）和斯科特·斯托内塔（W. Scott Stornetta）发表了一篇论文《如何为电子文档盖上时间戳》（*How to Time－Stamp a Digital Document*）。他们的目的是为电子文档建立可信的时间戳系统。在论文中提出了两种思路，一种是链式时间戳，另一种是分布式信任的时间戳。分布式时间戳的思路是在对等的机器中随机挑出K台机器，为请求者盖上时间戳，因为对等机器是随机抽取的，所以协同作弊的概率很小。而链式时间戳，则利用一个中心化的时间戳服务器（TSS）提供服务，为了防备TSS与申请者合作作弊，每一个文件的时间戳中都要包含上一个文档的哈希值及下一个申请者的ID。这样一来，就在时间戳之间构成了链式结构。之后的1993年，两位科学家再次发表了一篇升级版论文《提高电子时间戳的效率与可靠性》（*Improving the efficiency and reliability of digital time－*

Stamping），此文中改进了思路，在一次时间戳的生成中可以处理多个申请的文档。

这几乎就是区块链了。有意思的是，中本聪并未参考斯图尔特·哈伯和斯科特·斯托内塔分布式时间戳的思路。但他们中心化的 TSS 链式时间戳所构建的"区块链"成了中本聪比特币的最初模型。

中本聪在比特币论文中，一共引用了 8 篇前人的论文，其中有斯图尔特·哈伯和斯科特·斯托内塔的三篇，可见对时间戳技术的重视程度。

在《如何为电子文档盖上时间戳》一文中，两位科学家在文首引用了莎士比亚在《鲁克丽丝受辱记》一文中的名句：

时间的威力在于：息止帝王的争战；

让真理大白于天下，把谎言妄语揭穿；

给衰颓老朽的事物，盖上时光的印鉴；

唤醒熹微的黎明，守卫幽晦的夜晚；

给损害者以损害，直到他弃恶从善。

虽然斯图尔特·哈伯和斯科特·斯托内塔的思想对中本聪有启发的作用，但比特币设计了独特的时间戳系统，那就是 PoW 机制。在前文中，我们已经详细叙述了 PoW 的工作原理。除了从分布式时间戳服务的角度，还可以对 PoW 作另外角度的分析。

这个以 SHA-256 哈希运算作为动力的 PoW 之钟构建了一个跨越宇宙的分布式逻辑时钟。根据全网算力调整难度，保证大约 10 分钟此宇宙之钟发出一次"滴答"之声，告诉整个世界，时间往前走了一个单位。

为了理解这个 PoW 逻辑时钟，我们首先要忘记绝对时间的存在。逻辑时钟只为了对事件进行排序。

对照我们僵化、古老的绝对时间概念来看，中本聪的 PoW 之钟是不准确的。有的时候，一次"滴答"需要 1 分钟，有的时候一次"滴答"需要 20 分钟。这在常规思维看来，是荒谬的，这样的钟表有何用处？但实际上 PoW 之钟在分布式系统环境下非常有用处，因为在这里我们并不需要关心绝对时间，而只需关心事件的排序。这个 PoW 之钟运行在千万个节点上，当某个幸运节

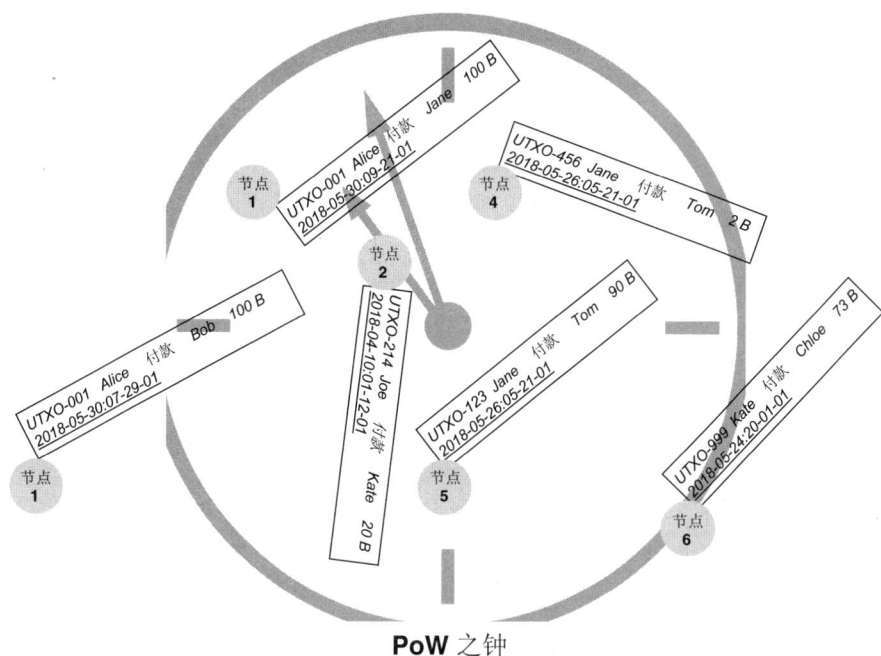

PoW 之钟

图 4 – 14 PoW 之钟

点算出了哈希值，那么"滴答"一声，便在这个节点响彻整个世界，最近一个区块的时间戳便已由此节点盖上。所以，此处时间戳实质上是区块的高度，也就是区块的序号，而非这个幸运节点本地的机器时间。那个精确的机器时间并无太大的意义。

这是中本聪最伟大的思想之一。中本聪在邮件组中详细地解释了他的 PoW 链是如何解决拜占庭将军问题的。

比特币中一个区块可能包含几千笔交易，一个区块内的交易如何排序？这就又不同于 PoW 了，而是通过矿机在打包区块时构建的交易顺序，也就是默克尔树（Merkle Tree）的数据格式。

默克尔树

默克尔树是比特币系统中交易存储的方式，在后来的以太坊中更是大放异彩。默克尔树，原理较为简单，但在比特币系统中的应用却多少有点烧脑。

先说说默克尔树的背景与历史。

前文提到过，非对称加密肇始于 DH 算法，而 DH 算法的发明者是迪菲与赫尔曼。实际上，还有一人也参与了工作，他是一位淡泊名利的科学家默克尔（Ralph C. Merkle）。1979 年默克尔提出了默克尔树的概念，默克尔树被广泛应用在数据存储与数据验证检索的软件中。

通过要存储的数据计算出哈希值，然后哈希值两两配对、合并，再计算哈希。得到的哈希结果再次两两配对，合并，计算哈希。最终，沿着枝繁叶茂的树算出唯一的根哈希。

若是某个数据发生了变化，那么根哈希就一定不同。这个特性，就可以用来验证在大量数据中是否某个数据发生了变化。

还可以用来验证某个数据是否在树中存在，例如，要验证交易 001 是否存在，那么通过构建默克尔验证路径，经过 3 次运算便可以验证。图 4 - 15，交易 001 待验证，交易 002、哈希 h002、哈希 h034 就是参与验证的路径。在本图中，只有 8 笔交易，所以效率之高并不明显，需要进行 3 次运算完成验证。当交易数量达到 65535 笔，则验证所需的运算次数也只不过 16 次，这是默克尔树神奇之处。

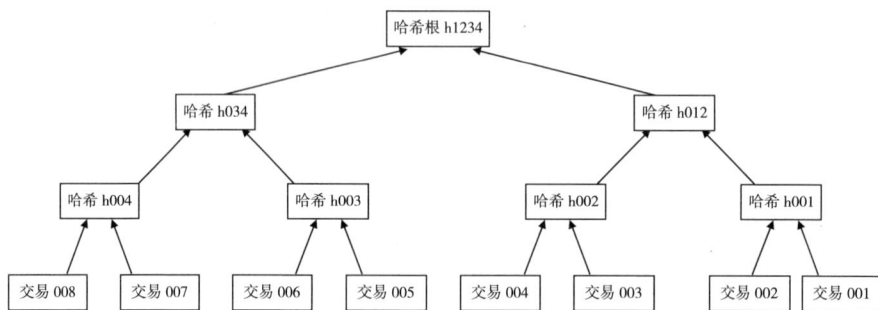

图 4 - 15　默克尔树

在数据量巨大的时候，验证数据的高效是比特币使用默克尔树的原因。

中本聪在设计比特币的时候，便已考虑到区块数据海量增长的问题，当前比特币已有 200 GB 大小，这对于很多用户来说，运行全节点非常困难，更不必说在手机等设备上运行了。

中本聪认为，一般的用户完全不必运行全节点，运行简单验证节点（SPV节点）足以，在这种节点上只保存区块头数据，这样数据量只占全节点的千分之一。运行一年，比特币区块头数据才增加4MB，完全可以在手机上存储。

但是，问题来了，若是SPV节点只保存区块头，该怎么才能验证交易呢？因为区块头并不包含交易数据。

答案就是用默克尔树存储与验证交易数据，当然还要配合布隆（Bloom）过滤器。

图4-16描述了SPV节点的运行机制。

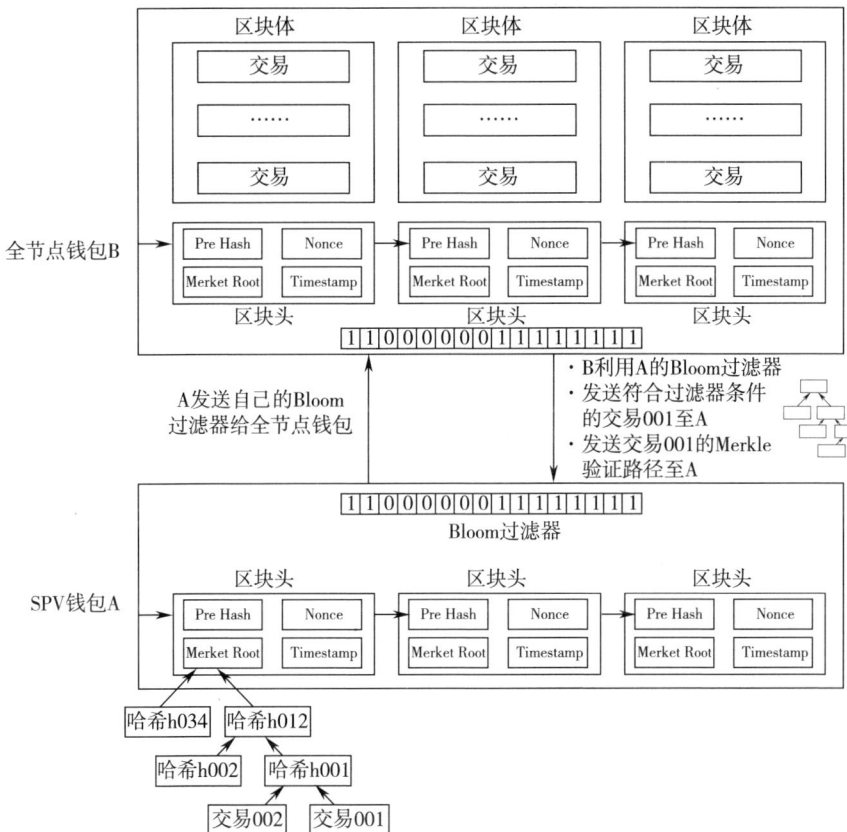

图4-16　SPV机制

SPV节点与普通节点一样，通过P2P协议从网络节点获得区块头。切记，

SPV 节点只有区块头。

另外，SPV 节点创建一个 Bloom 过滤器，在 Bloom 过滤器上设置自己所管理的公钥地址。SPV 节点将设置好的过滤器发送给网络上的全数据节点。那些全数据节点收到 SPV 节点给的过滤器后，只要从自己的交易数据中发现满足 SPV 过滤器的交易，就发送该交易数据给 SPV 节点。同时发过去的还有一条该交易的默克尔树验证路径。

注意，Bloom 过滤器的作用是过滤掉与自己无关的交易，减少传输的数据量。最重要的是，避免隐私的泄露，SPV 节点通过过滤器不必将自己关心的关键词（比如地址）告知全节点钱包。

SPV 节点收到了全数据节点发来的交易，这笔交易是与自己相关的，是其他地址给自己发送的交易。然而，SPV 节点不敢确认这笔交易是否有效，因为自己只有区块头没有全数据区块，无法验证在过往的区块数据中这一笔 UTXO 是否被花费过。

这时候，默克尔树验证路径就发挥威力了。SPV 节点只要进行默克尔验证运算得到根哈希，然后将根哈希与自己区块的根哈希比较，便可以判断这笔交易是否存在于全数据节点的最长链中。

SPV 节点的思想是，只要这笔交易在最长链中，我就信了，你信不信我不管。

这一套机制，较难理解，我们可以再用一个场景与之比拟。

Alice 是一名作者，正在写一本叫《区块链简史》的书。写的时候她需要验证某些概念，比如"默克尔树"这样的概念是否在其他书中出现过。但密码学、区块链、算法的书浩如烟海，她没办法在自己家里收藏所有的书籍。于是她想到一个办法，她搜集了所有相关书的封面，封面上带有章节及概要。这就是一个关于书籍的 SPV 节点，一张张封面构成了一个个区块头。

然后她找到几个图书馆，告诉图书馆，只要出现"区块""默克""树"这样的词，就把出现这个词的句子及段落、章节、书名发给她。这样，她就在图书馆设置了 Bloom 过滤器，能够得到她想要的词句，但又并未让图书馆得知她真正关心的是"区块链"。

一旦图书馆发现了一句话，满足"默克"这个条件，比如"1979 年 Ralph C. Merkle 提出了默克尔树概念"这句话，图书馆就提交该句话及这句话所属的段落、章节和书名。

Alice 根据图书馆给的这句话以及段落、章节、书名，从自己的封面库中验证，这些段落和章节以及书名一一存在，那么就可以确认了该句话是存在的。

如果没有默克尔树的方法，那么 Alice 就得在自己家中建设一个庞大的图书馆，然后自行查找所有相关的词句。

5

智能合约

　　智能合约是区块链2.0中最重要的特性。戴维、尼克·萨博在设计虚拟货币时，不约而同地包括了智能合约，中本聪也专帖解释了合约在比特币中的实现方法。本章从经济学、社会学角度解读了尼克·萨博的智能合约理论，在这个理论中，还交织着区块链的思想。本章也简单介绍了以太坊中智能合约当前所用的技术。

智能合约的诞生

中本聪开启了区块链的白皮书传统。真能写出区块链的不多，但先写份白皮书就简单得多，结果就是白皮书满天飞。中本聪还开启了另一个传统，把白皮书写得很简单，并不详加解释，正如他自己说的："我懒得解释。"初看比特币白皮书，理解其原理很容易，但要弄明白中本聪为何那么设计，就困难多了。好在中本聪还有后来人，V 神（维塔利克·布特林的昵称，Vitalik Buterin）在以太坊白皮书中不惜大篇幅地点评比特币，不论赞美还是批评，都是针针见血、拳拳到肉，揭开了中本聪懒得解释的那层面纱。这就造成了另一个怪异的传统，要想理解比特币，最好去看以太坊的白皮书。例如，V 神说比特币是一个"先入账才有效"的系统，这句话对于入门者常有醍醐灌顶之功效。这个怪异而优良的传统就这样延续下去了，若是要理解 V 神的白皮书，那最好去看 BM（EOS 创始人丹尼尔·拉里默，Daniel larimer 的网名）对以太坊的评价。

现在区块链这行当里，创业者众多，面目不清、良莠不齐，其中自然不乏骗子，口口声声自己的那条链是区块链 3.0。我们大可定一个标准，只要自称"区块链 3.0"的，就是骗子。以太坊的白皮书中，并未声称自己是"区块链 2.0"，但毫无疑问，以太坊是区块链 2.0，此乃公认，以太坊当之无愧。

以太坊之于比特币，仿佛武当之于少林，虽有传承之历史，却是天下公认的开宗立派。以太坊白皮书的第二段，便急忙分叉了："区块链怎样应用于货币以外的领域。"这个故事情节好有一比，中本聪开发出了 Word 用于字处理，V 神眼疾手快，赶紧指出来："聪哥，你这 Word 下藏着一个 Windows 呢，我捡到了。"

以太坊将比特币系统发扬光大，将中本聪的"block & chain"发展成为"Blockchain"，是绝无质疑的区块链 2.0。这其中，V 神最大的贡献就是提出并实现了智能合约的概念和技术。在以太坊白皮书中，他对智能合约的描述有三个层次：

层次一：基于预定的任意规则，对数字资产进行自动转移的系统。比如可以创建这样一个家庭资产合约，"张三老婆每天可以最高取款一万元，张三每天最高可以取款一百元，夫妻俩一起可以取出全部款项，张三老婆可以取消张三的取款权。"

层次二：自治组织，将组织的资产与规章制度，都写在一份长期的合约中。

层次三：任意状态转换功能的代码，可用代码来写出任意的系统来，即使是我们想都想不到的系统。

V神自小就是天才，4岁开始编程，10岁就用C++给自己开发游戏，他精通多国语言，包括中文，能够用中文演讲。他曾声称，只对"基础性"的问题感兴趣，所以，以太坊以"泛化"和"无特性"为特点。翻译成非计算机专业能理解的话来说就是，他和以太坊以"无具体用途"的代码为目标。创世记若是由V神来主持，他搞定"光、天、地、日月星辰"几个程序包，很可能就歇手了。青草树木、飞鸟鱼虫、走兽牲畜，乃至人都太过具体，V神不屑为之。

"你们自己用智能合约写吧，我给你们强大的虚拟机。"V神鼓励道。

图5-1 V神的智能合约

无疑，智能合约是以太坊成为区块链2.0的根本所在。由此，区块链终于从比特币脱胎分离而出，成为独立的概念。比特币是对当今世界的金融与权力秩序极尽蔑视与挑衅的系统，而以太坊则以继承者的身份，凭借一个智能合约完成了与现实世界的妥协，顺便也成功地给自己树立了独特的历史地位。以太坊说："不，我不是货币，我是新一代智能合约与去中心化应用的平台。"从此，"聚义厅"成为"忠义堂"，替天行道的大旗空自飘荡。

然而，世间之事纷纷杂杂，唯一通用的算法是吊诡。智能合约这面以太坊的招安大旗下，却一时聚集了无数的邪魔外道，成了众多代币的基地。智能合约大大降低了人们发行 Token，或者直接说，发行各种空气币的成本。以太坊希望成为去中心化应用的平台，成为世界的计算机，在实现这个理想的途中，它先扮演了"代币之母"的角色。

那杆替天行道的旗帜，也终于在其后的 Fabric、Quorum 手中，更替成低眉顺眼的"顺天护国"之旗。从非对称加密拉开序幕，到乔姆盲签名的登场，及至密码朋克小组呼啸舞台，最终中本聪的比特币引爆全场，拆开了剧场的穹顶，这场轰轰烈烈的大戏，还是停机在以太坊的智能合约上。反抗与敌对不再是主旋律，密码朋克们终于四散，沉默的沉默，站台的站台，那一段傲世的精神通通埋在了故纸邮件和代码中。是啊，建设的时候到了，人们要拥抱区块链的时代，但恰恰是区块链的精神，已然如蝉蜕，孤寂地挂在斑驳的树皮上，一场风雨后终将坠落辗转成泥，只留下一片凌乱的繁荣。

一时繁荣

据 etherscan.io 网站在 2018 年 6 月 12 日的数据显示，以太坊上的 ERC 20 代币智能合约共计 90738 种。另据可靠数据统计，2018 年第一季度，在以太坊上筹集的资金就高达 65 亿美元。

2018 年 6 月 12 日，以太坊上共约 3700 万账户地址，每日交易量达 150 万笔。以太坊全球共有 17000 个节点，开发者社区共有 25 万名开发者。

据 stateofthedapps.com 网站在 2018 年 6 月 12 日的数据显示，以太坊上共部署了 1600 个应用。

据 dappradar.com 网站 2018 年 6 月统计，以太坊上的分布式应用（DApp），以游戏种类占比最大，达到 70%；赌博类次之，为 10%；交易市场为 2.7%；其他类型共约 17.3%。

毫无疑问，以太坊是全球第一大区块链平台，而智能合约则承载了最多的分布式业务逻辑与代码。

比特币的智能合约

中本聪曾经在论坛上说，脚本是一个很好的武器，用脚本可以让比特币处理各种不同类型的交易。然而为了安全起见，他又给比特币的脚本套上了各种限制，只可执行少许命令。比起以太坊的智能合约，比特币的脚本操作少得可怜。但就这样，人们依然可用比特币的脚本做很多事情：

- 多重签名——一笔比特币必须经过多个地址的签名，方能支付出去。
- 信息存证——早在比特币初期，就有好事的人利用比特币不可篡改的特性，在交易中存入信息，比如"安红我爱你"这样的句子。在比特币交易 b17a027a8f7ae0db4ddbaa58927d0f254e97fce63b7e57e8e50957d3dad2e66e 就让我们见证了一场求婚，其上的字段是：Yuki will you marry me？Tetsu.

Transaction View information about a bitcoin transaction

b17a027a8f7ae0db4ddbaa58927d0f254e97fce63b7e57e8e50957d3dad2e66e

13z39nUZNuBmyYRVVXFKGAvhAeNJ6Vx7HG (0.0001 BTC - Output)   →   Unable to decode output address - (Unspent)   0 BTC   0 BTC

Summary		Inputs and Outputs	
Size	199 (bytes)	Total Input	0.0001 BTC
Weight	796	Total Output	0 BTC
Received Time	2014-09-07 12:23:03	Fees	0.0001 BTC
Included in Blocks	319543 (2014-09-07 12:23:03 + 0 minutes)	Fee per byte	50.251 sat/B
Confirmations	222358	Fee per weight unit	12.563 sat/WU
Visualize	View Tree Chart	Estimated BTC Transacted	0 BTC
		Scripts	Hide scripts & coinbase

Input Scripts

ScriptSig: PUSHDATA(71)
[30440220362b8ecd0570245657f8a4af4425a23eb32408cd7aaaafcc4d643acaf75334dd02205fbfed169d5338e0ea95b30d780230f9646e6869611e97bb9e8513471b5c830101]
PUSHDATA(33)[0397ad4a7396e10298db9dc35a8456deafd6df6b43fc916fe84efa14b993212d1d]

Output Scripts

RETURN PUSHDATA(31)[59756b692077696c6c20796f75206d61727279206d65203f2054657473752e]
(decoded) Yuki will you marry me ? Tetsu.

图 5 - 2 　存证

比特币开发小组为了满足人们这种"××到此一游"的留名癖好及对天长地久的追求，专门设计了一个操作命令，OP＿RETURN。基于这种操作，最早的比特币分叉——域名币就曾经是个著名的创新，也是比特币的第一个克隆系统，创始人自行运行了比特币系统，但并不基于比特币公网。

- 染色币

如果在比特币上所存之信息不仅是爱的宣言，而且还代表了价值，用于描述另一种资产，那么就成为染色币。例如，可以将一定数额的比特币附上特殊含义的信息用以表征某个企业的股份。

人们在比特币系统上挖空心思地作出各种应用，把比特币那几个有限的命令和字段用得淋漓尽致。虽然 V 神批评了中本聪的脚本和 UTXO，但以太坊智能合约的图灵完备，也具有弱点，缺乏强有力的安全机制，容易被黑客攻击，对程序员的要求较高。因此，有一些批评的声音认为以太坊的智能合约并不适合高价值的资产描述。于是，比特币的弱智能合约也就成了中本聪诸葛亮式的老谋深算。

智能合约的来源

在 stateofthedapps.com 网站上，有一句话颇有深意：智能合约，既不智能，也不是合约。随着区块链概念的广泛普及，这句话已经广为人知。智能合约（Smart Contract）之"智能"是由"Smart"翻译而来的，并非是人工智能的"Intelligent"，智能合约所追求的目标并不是模仿人类的智慧。之所以称为"Smart"，是因为智能合约由代码所写，可自动执行规则，比之现实世界的纸质合同，无疑是智能的。但智能合约却并不完全等同于纸质合约，它的内涵与应用范围比纸质合约要广泛得多。

智能合约这个名字之所以能够流行，原因是 V 神喜欢尼克·萨博的"智能合约"概念，所以将以太坊上图灵完备的脚本称为智能合约。区块链上用脚本或其他语言开发出来的分布式应用当然可以不叫智能合约，比如，在 Fabric 上的分布式应用称为"链码"。坦率地说，链码听起来，更恰当一些。

V 神与尼克·萨博，共同将智能合约的概念打造出来。尼克·萨博若是智能合约之父，发明了智能合约，那么 V 神就当是智能合约的恩师，给了智能合约能力与地位。

尼克·萨博是个罕见的通才大师。他的论文很少涉及算法或代码，然而这对读者而言并不是好消息，因为他那些没有算法和代码的论文在晦涩难懂上一点都不输于满篇数学公式的论文。

尼克·萨博于 1996 年在论文《智能合约：数字市场的构建基石》中正式

提出智能合约的概念。在该文中,尼克·萨博对合约进行了定义:人们为了在想法上达成一致,彼此所作出的系列承诺就是合约,这是人们构建正式关系的传统方式。

在一个现代人的生活中,合约几乎无处不在,它可以以各种形式、各种面目出现。当早上八点半,一个身家千万的 Java 码农出现在西二旗的街头,他需要一顿丰盛的早餐来提供能量支撑一上午紧张的编程工作。他选择光顾一家煎饼果子摊,这是北方最经典的营养早餐。他是常客,摊主大嫂已是熟人,他淡淡地说句:"老样子,两个鸡蛋,薄脆,葱花、香菜、辣椒酱都要。"

在这样一个千万身家的码农每日所作的交易中,我们可以观察到很多潜在的合约:

第一,码农将采用人民币支付,而摊主桂花大嫂愿意接收人民币,这是一个关于货币的约定。码农希望用 10 行代码,或者用公司 1 股期权来换煎饼果子,桂花大嫂通常会拒绝。

第二,通常,码农会先付款,桂花大嫂大概率会按要求交付一个煎饼果子,收到钱但拒不交付煎饼果子的恶意毁约情况很少。这是关于交货的约定。

有的时候,付款会发生在交货的后面,桂花大嫂一般也并不担心码农会叼着煎饼果子飞快地跑掉。

第三,煎饼果子的质量会有轻微的浮动,码农也偶有抱怨鸡蛋太小,薄脆不香,但巨大的差异则很少发生。桂花大嫂并不会用包子替代煎饼果子,这是关于产品标准的约定。

还有很多约定,比如工期的约定,码农不会干等到中午才吃到煎饼果子;隐私的约定,桂花大嫂和码农不会互查身份证信息。

这笔交易及这种交易所依赖的在码农与桂花大嫂之间构建的商业关系,看似简单、实则复杂,是几千年来人类社会制度、商业规则演进的结果,并非码农或者桂花大嫂的聪明设计。其背后的保障包括:

1. 桂花大嫂对商誉的追求,构成了交货的保障。桂花大嫂若是拒不交货,或者煎饼果子不撒香菜,都将造成商誉的损伤,别的码农不再光顾这个摊子。

2. 本地法律框架对交易双方的保障。若是桂花大嫂不交货,或者码农叼着煎饼果子跑了，另一方将会报警，警方介入施加惩罚，这种结果是任一方都不愿承担的。不过，煎饼果子不放香菜，一般码农不会报警，报了警警察也不会管。不过，码农跑不过桂花大嫂，也打不过桂花大嫂，不敢这么做。

3. 双方以人民币来结算，是在法律及对法币的信任双重因素的保障下达成的。

4. 习俗、道德伦理的约束也起到了潜在的约束效用。一手交钱一手交货的自由贸易规则，千百年来都是这样的，码农和桂花大嫂完全接受了这种模式。即便警察与城管不出现，桂花大嫂也不会用包子替代煎饼果子。

5. 很重要的一个额外因素是，这是一笔小额交易，对买卖双方来说都愿意遵守约定，而不愿意为了这笔小小的金额而打破约定。

当码农吃了煎饼果子，一上午高高兴兴地写了50行有效代码后，下午他请了假，准备去看房子，他们公司刚刚上市，他手里的股票价值几千万，可以买一套学区房。那么码农在交易房子的过程中，还会采用交易煎饼果子一样的合约嘛？当然不会。他将面临非常漫长且麻烦的流程，充斥着无数的文书、盖章、签字等，各种中介机构包括房产中介、银行、信用调查机构、产权登记中心都粉墨登场，忙碌不已也赚得盆满钵满。这一套合约，看似迥异于煎饼果子，其中所用的工具截然不同，但从本质的角度看，都是为了达成意愿所作的承诺。

合约是自由市场经济的基石，也是现代社会必不可少的构成要件。多个世纪以来，合约的概念与原则久经演变，最终成为法律的一部分。可以说，合约的法律保障乃是现代政府的基本功能。

合约在社会生活的方方面面发挥着作用，不仅局限于商业领域。例如，在婚恋领域，合约也一样重要。中国人还不习惯婚前财产公证，因此一旦要离婚，则通常就财产分割问题有漫长的争议过程，双方各执一词，律师介入，最终对簿公堂。结婚证，严格说来，是一种定义并不清晰的合约，结合了《婚姻法》以及婚姻双方的实际情况，专业的律师及法官才能将合约从模糊状态彻底描绘清楚。即便婚恋存续，甚至在热恋之中，也一样存在着关于合约的争议。恋爱男女以傻为乐，频繁互问："我爱你，你爱我吗？"就是在就合约条款进行协商、议价。至于怨男怨女们常常彼此谴责的句式，"我对你这样好，你却对我这样无情"，则是双方对合约产生了巨大分歧。

虽然人类在社会的发展过程中演进出了自由市场、货币、习俗、法律、道德规范等诸多工具，可供合约使用。这些工具无疑是聪明的、卓越的，但是很多时候是低效的。煎饼果子的交易通常能够进展下去，而房产交易则违约很多，而恋爱男女之间因爱生恨，乃至反目为仇的很多很多。这些工具还耗费了人们过多的心智，人们要思考到底是否可以信任订立合约的另一方。"亲爱的，我能相信你的爱吗？""亲爱的，你能一辈子对我好吗？"每个地球人都熟悉的句子，血淋淋地折射出人们在合约上所耗费的大量心智。

尼克·萨博目睹这一切，深为痛心。他提出，既然计算机、互联网都出现了，我们能不能在网络上再造合约？能不能在网络上再造人类关系？

正如通用的货币取代以物易物、纸质合同强化了口头承诺、合同法进一步保障了承诺的执行，尼克·萨博认为，计算机算法、密码学也已经发展出了新的协议，帮助人们在网络上建设崭新的"合约"与"关系"。这种基于计算机与网络的合约，将比之前历史上各种形式的合约都更加强大。

尼克·萨博提出，智能合约将嵌入各种硬件和软件中，遍布世界。如同自动售货机、POS 机、刷卡机、电子数据交换（EDI）、SWIFT 汇款系统等一样，基于自动的软硬件，执行人们之间的合约，维护着人们之间的商业关系。人们将基于计算机科学、密码学建设更多的智能合约。智能合约还将发展出智能资产，即嵌入智能合约的资产。比如桂花大嫂的煎饼摊子，就可以植入产权拥有者合约，约定只有拥有密钥的人才能开锁操作，这样，一个平凡的煎饼果子摊便会成为智能的煎饼果子摊。

1997 年尼克·萨博再次发文《基于公共网络进行"关系"的确立及保障》（*Formalizing and Securing Relationships on Public Networks*），文中他详细分析了传统合约的各种形式及其弊病，描述智能合约的优势，然后用了近乎一半的篇幅详述智能合约的设计思想和适用技术。看得出来，一年时间，尼克·萨博对智能合约的思考更加深入。

几千年来，为了组建大型团队进行大规模的分工与协作，人们发明了种种合约。人们设计了公司股份机制，对产权进行了约定；在公司内部管理中制定了分权的管理体制，通过部门之间的分工与协作，提高效率的同时保证安全；发明了基于复式记账法的会计制度，避免账务作假，并方便审计。

为何身家千万的 Java 码农每天早上会按时赶到西二旗上班？因为他与公司签约，按照劳动法他必须遵守公司的劳动纪律。他也坚信只要公司不倒闭，每月工资卡上收获 5 万元人民币不成问题，这也是劳动合同在提供保障。

码农在公司是一名资深程序员兼项目经理，他所在公司有上万人。码农在这么大的环境之下，如何清楚地获知自己的工作任务？因为有公司内部的管理方法与体制在，通过层层授权，码农从自己的直接领导处获得工作任务，他信任自己的领导。

码农的公司运维着一个大大的网站、几万台服务器，每年的公司收入几百亿元。公司如何知道是否盈利？如何知道内部没有欺诈，码农的工资和报销为何能够得以确认？会计制度在其中起到了关键的作用，会计制度是一种传统的合约方法。

仔细观察这些流程，就会发现其中的一些规律。

利用纸质难以伪造的特性充当合约与商业关系的见证。不论合同、法律、会计表单，都以纸质、盖章为证。信任的问题，最终将依赖对某个上级人物、上级机构的信任。

防范违约的手段，除彼此利益的驱使外，只有惩罚条款，但惩罚条款的执行通常成本很高。

不论是纸质的世界还是传统互联网系统，都难以保证隐私。只要是纸质协议，就免不了流转、审计、核查，所有经手人都能获知。而传统互联网系统则让无数技术人员能够拥有巨大的数据权限。

2014 年尼克·萨博发表了论文《可信任计算的黎明》（ *The dawn of trustworthy computing* ）。此时比特币已成大器，区块链的热潮渐渐袭来。虽然，尼克·萨博 20 年前便在密码朋克圈内享有盛誉，而密码学、智能合约以及区块链已然成为显学，不论庙堂还是街巷无不高谈阔论区块链，作为此领域的开山鼻祖级人物，想必尼克·萨博也有欣欣然之意。

在此文中，尼克·萨博目标明确且单一，直奔当前的 IT 及互联网架构而去，几句话即推翻了人们为之狂热 20 年的互联网。其一是中心化服务器的脆弱，不论是内部管理员还是获得控制权的黑客都能够如上帝般主宰一切。其二是用户的隐私比之纸质流程下更加处于险境。其三是传统线下流程中还有分权控制，而中心化系统则完全"裸奔"，在被控制了机器之后毫无防范能力。

而区块链技术、智能合约技术正在改变这一切，《可信任计算的黎明》一文正出现在洒满霞光的地平线。正如尼克·萨博在文中所说："令信任最小化的代码意味着你只需要信任代码本身，而不需要信任一台远方计算机的主人。"

尼克·萨博的定义，清晰且牢固地为区块链以及智能合约指出了一个站位。2014 年关于区块链的优劣之争渐起，爱者奉之为信仰，恨者鄙之若仇敌。尼克·萨博在本文中分解了这种纷争：你若是有一台值得信任的服务器，那就不用考虑区块链；若你不愿意信任一台服务器，也不愿意信任远方服务器的拥有者，那么投身区块链吧。

图 5－3　服务器信任

对于区块链的低效问题，尼克·萨博为之进行了辩驳。他认为这是可信计算的代价，所以，区块链上应该运行需要最高可靠性和最高安全性的应用。分分角角的支付交易，还是让中心化的 Visa 和 Master 来执行吧。正如西二旗的码农在煎饼果子的交易中，并不需要签订合同，也无须盖章和中介。但在房产交易中，则需要烦琐的纸质流程。区块链系统同纸质的合同、可验真伪的章、法律保证的登记所一样，只适用于大额交易。我们并不会因为煎饼摊不使用合同而鄙弃合同，认为它毫无用途。

2017 年比特币大热，价格攀高至 2 万美元，在各路人马的炒作之下，区块链之热甚至超越人工智能。尼克·萨博发表了一篇文章《货币、区块链和社会可扩展性的关系》（*Money, Blockchains, and Social Scalability*），凭此文，他赋予了区块链社会学上的意义，俗气点说，从理论层面进行了拔高。在此文中，尼克·萨博提出以下主要论点：大家不要抱怨比特币和区块链浪费计算资源，区块链本来就是要通过牺牲计算资源来获得更加珍贵的社会扩展性的。

为了清晰界定概念，下文中要大段引用尼克·萨博的文字。引用的尼克·萨博文章是由原英文翻译而成的，网络上少见的中文译本并不理想。

"尼克·萨博所谓的社会扩展性，是指一种制度所具有的对人类心智的扩展能力。这种能力可以帮助人类克服心智上的弱点，突破该制度在鼓励与限制参与者及参与人数上的弱点。所谓制度是指一种关系或者共同的事业，众多人频繁参与其间；也可指限制或鼓励参与者行为的特定习俗、规则或其他特征。"

最方便用来举例说明制度的就是货币了。通用货币的出现深刻地改变了人们交易的方式，令交易更加便捷。在交易中对价格的衡量、对所需物品的考虑所消耗的心智大大降低。

若是回归到以物易物的方式，西二旗码农需要一个煎饼果子，然而上哪里去找一个需要 Java 代码的桂花大嫂呢？西二旗会有一个煎饼摊需要开发 Java 代码？即便有一个摊主颇具经营意识，要开发一套煎饼的 Java 网站，需要 2000 行 Java 代码，又该换多少个煎饼给码农呢？

货币是结算工具和中介物，为大规模的交易提供了契机，极大地促进了社会拓展性的发展。此外，货币是被广泛接受的，可流通循环使用，也可用于财富积聚。这就解决了以物易物交易中需求匹配的问题，从而降低了交易成本，使得更多人、更多商品、更多服务能出现在交换之中。

法律是另一个在所有已知社会形态中起关键作用的制度。我们为何敢于深夜出门撸串？一方面是由于社会文明程度的提高，人们丰衣足食，暴力犯罪率降低。另一方面乃是出于法律的保护，法律的普及让人们周知犯罪的代价，所以人人遵从。法律作为一项历史悠久的制度，极大地减少了暴力、欺诈、盗窃等行为。

尼克·萨博是哈耶克的信徒，他频频引用哈耶克的话，这里引用一句哈耶克最著名的话："我们不断使用公式、符号、规则，这些公式、符号、规则我们通常不太理解，但是通过使用它们，我们在不是自己所拥有的知识的帮助下受益匪浅。我们自己建立的制度和实践是建立在已被证明是成功的习惯和他人制度的基础之上的，这些，都变成了我们现如今人类文明的基础。"

不论是货币还是法律，作为制度，都是在漫长的发展历史中演进而来的，并非是某位大师在深思熟虑后作出的天才设计。人们对货币与法律如此熟悉，习以为常，认为这些都是天经地义的，但实际上人们并不了解这些制度产生的原因，也未必了解制度的深层原理。人们只是熟练地使用这些制度而已。

"虽然社会扩展性是关于认知局限以及心智上的行为趋向，无关机器的物理资源限制，但对一项能够支持体制的技术进行社会扩展性的研究与分析是非常重要的。'制度技术'的社会扩展性取决于该技术如何限制或鼓动该体制内的参与者，包括保护参与者以及体制自身免受各种攻击。对一种'体制技术'的社会扩展性作评估，可以用在体制内获益的人数来衡量。在全球互联网环境中，参与体制并获益的人在文化和司法体系上的多样性是一个重要衡量指标。"

科技的发展也从另一条路线上帮助人们拓展认知范围。尼克·萨博以互联网为例，互联网让信息的流通再无障碍，我们沉浸在信息随手可得的信息时代中。互联网解决了信息的匹配问题，Yahoo 以目录的形式让我们找到信息；Google 以搜索引擎的形式让我们找到信息；Facebook 则让人们互相找到感兴趣的朋友；Amazon 则让我们找到所需的商品。互联网是关于匹配的制度技术，有了互联网，我们匹配信息、匹配朋友的能力急剧扩展。我们能够找到并购买远在南半球的商品，我们能够每天与明星偶像在社交媒体上互动。西二旗的 Java 码农每天跟踪 100 位明星的微博并互动，这在过往的时代是绝不可能的。这就是科技所提供的社会扩展性。

没有体制和技术上的创新，人类从事某一事业的参与者通常不会超过 150 人，这就是著名的"邓巴数字"。在互联网时代，新技术持续放大着我们的社会扩展性。在科幻电影《她》（Her）里，风趣幽默、善解人意的操作系统女郎萨曼莎同时与 641 位交互对象发生了爱情，这在人类当前的道德观看来是不可接受的。但萨曼莎认为自己的爱并没有因此而不同。人类之所以发展出了一夫一妻制，有经济上的原因，也有人类心智局限的原因。人类的心智难以多线程同时操作不同的爱情，那样带来的成本太高。那些花心浪荡子，比如段王爷，也只不过以隐瞒、欺骗为手段，难以光明正大地同时展开 10 段感情，更别说 641 段了。

互联网为社会可扩展性带来的好处在于信息匹配，而区块链为社会可扩展性带来最主要也最直接的好处，则在于它将信任问题最小化了。中本聪的 PoW 设计，用昂贵的计算力取代了昂贵的制度成本，增加了良好的社会可扩展性。有了这种良好的扩展性，阿尔巴尼亚的某位先生能够在毫无信任的情况下使用比特币支付给津巴布韦的某位先生。这在过往的系统架构下是非常困难的。

图 5-4 区块链信任

区块链也许计算效率不高，但它极大地促进了社会扩展性。有了区块链与智能合约，我们可以更少依赖传统的会计师、监管机构、审计师、警察、律师、法官，我们可以依托区块链确保金融网络的安全与精确。

人类心智上的局限，需要通过制度创新与技术创新得以扩展，以获得社会扩展性。文明发展至今日，制度的创新是缓慢的，而技术创新依然摧枯拉朽，而且技术的创新往往与制度创新混杂在一起，难分彼此。区块链带来的技术创新具有社会扩展性，同时也将引发制度创新。不仅是区块链，通过计算机替代人类作决策、思考未来，具有改善社会可扩展性的很大潜力。区块链是一种，人工智能也是一种。

尼克·萨博的四篇论文跨越 20 年历史，却具有非常连贯的发展脉络。

1.《智能合约：数字市场的构建基石》

1996 年的尼克·萨博说："我们可用计算机与密码学算法构造数字化的商务关系，我称为'智能合约'。"

2.《基于公共网络进行"关系"的确立及保障》

1997 年的尼克·萨博说："基于纸质的合约、流程及公司管理制度、会计制度都太老旧了，可以用智能合约替代。现有的 IT 系统也比纸质强不到哪里去，也该被智能合约替代。智能合约的技术已经成熟。"

3.《可信任计算的黎明》

2014 年的尼克·萨博说："现在互联网虽然繁荣，但非常脆弱，把一切都交托给一台服务器是脆弱的。只有区块链与智能合约才是希望，才是未来。"

4.《货币、区块链和社会可扩展性的关系》

2017 年的尼克·萨博说："区块链增强了社会扩展性，浪费点算力、电力是值得的。从社会学角度上，区块链是与货币、法律这样的制度同等级别存在的。"

用计算机的发展史理解智能合约

人类的父亲很好确认，但一项技术的"父亲"就不那么容易说清楚。我们认为中本聪是区块链之父，但之前还有哈尔·芬尼、戴维、尼克·萨博、斯图尔特·哈伯（Stuart Haber）、斯托内塔（W. S. Stornetta）等人。说实在的，Haber 作为区块链之父也未必不可。我们说尼克·萨博是智能合约之父，但尼克·萨博毕竟只是纸上谈兵，而 V 神才是真正将智能合约带到世间的"父亲"。每一项技术都并非孤独地从天而降，而是一步步演进而来的，历史漫长、人物众多，无数位"父亲"捧起了一个婴儿。

计算机也面临这样的"寻父困境"。公认的计算机之父是冯·诺依曼（John von Neumann），是他定义了今天的计算机结构，至今尚无突破。但若认为图灵是计算机之父也未必不妥，毕竟第二次世界大战刚过，第一台计算机是凭借图灵的思想诞生的。

浪漫的古代崇拜者和民族主义者，往往将算盘、算筹等归入计算机内，这种自娱自乐也有一定道理。但通常人们认为，第一台机械计算机，乃是英国人巴贝奇（Charles Babbage）设计的差分机，那还是 1822 年，这台灵感来自提花编织机的计算机能够将函数运算转变为差分运算。之后，他继续设计出了更强大的分析机，从构思上这台分析机已经有了存储与运算分离的思想，这是当代计算机的基础结构。虽然分析机没有制造出来，但巴贝奇还有他美丽的女弟子艾达（Ada Lovelace）为未来的计算机奠定了思想基础。如今艾达被誉为程序员的师祖。

第一台电子通用计算机是 1946 年美国宾夕法尼亚大学受美国军方委托定制的电子数字积分计算机（ENIAC）。在此之前的 1943 年，弗劳尔斯（T. Howers）根据图灵的思想制造出的电子管计算机 Colossus Ⅰ 似乎不是通用计算机，无法编程。在参与设计 ENIAC 的过程中，冯·诺依曼提出了计算机的架构，将计算机分为五大部分：中央算术器、中央控制器、存储器、输入设备、输出设备。

不论是电子管还是后来的晶体管，计算机的发展都受困于制造与维护成本的高昂。1959 年罗伯特·诺伊斯（Robert Norton Noyce）发明了锗集成电路和硅集成电路，计算机进入集成电路时代。10 年后，罗伯特与戈登·摩尔（Gordon Movre）成立英特尔（Intel）公司。从插拔电缆到纸带编程，从机器语言到高级编程语言的出现，程序员们的工作越来越方便，更多的麻烦工作交给了计算机。从纸带输入到图形界面的发明，用户的使用也越来越方便。PC出现后，计算机的发展更是进入迅猛发展的摩尔定律时代。

计算机的众多"父亲"们终于将它带到了世间，它慢慢长成了一个健康活泼的孩童，它的未来不可限量，这一点谁都能看出来。然而，并非谁都能看出这个婴儿除了需要摩尔定律描述的集成电路增长，还有更多的渴望。正如《计算机：一部历史》（Digitized：The Science of Computers and How It Shapes Our World）一文中说到"计算机是喜好社交的机器"，计算机如人类一样，需要社会、需要社交。

早在 20 世纪 60 年代，美国的计算机科学家们就提出，可以将全球的计算机联成网络。我们无从知晓，第一个想到将两台计算机"连接"的科学家是因何而激发出这个主意。但目前人人都习以为常的网络，在当年并不一定那么理所当然。正如今天区块链面对的质疑："中心化的服务器都能做到，为何我们需要区块链？"联网的主意一定也显得非常怪异："两台计算机之间要通信干什么呢？"

1969 年在加州大学洛杉矶分校、斯坦福研究所等机构之间，阿帕网开始运行，由鲍勃·泰勒（Bob Tayler）与劳伦斯·罗伯茨（Lawrence Roberts）等人主持。这是计算机领域的一个重大突破，两台相隔 350 英里的计算机交换了

第一条消息。之后，文顿·瑟夫（Vinton Cerf）和鲍勃·康（Bob Kahn）将阿帕网与其他两个网络相连，为此发明了传输控制协议/网际协议（TCP/IP），这是计算机领域的又一个重大突破。TCP/IP 成为阿帕网（也是未来互联网）的标准协议。上面所提及的几位科学家都可以称得上互联网之父。

1989 年，蒂姆·伯纳斯·李发明了 Web 系统，让人们可以直观地访问网络。他发明的 HTTP 协议、HTML 语言统治了互联网。从此互联网蓬勃发展，人们的生活再也离不开互联网。

纵观以上历史，计算机出现后，人们将计算的任务交给机器。当互联网出现后，人们将信息和通信工作交给机器。一方面，人们离机器越来越近，存储与运算无处不在、时刻不停；另一方面，人们离机器越来越远，让机器独立运行，无须人的干涉。机器如同茁壮成长的孩子，逐渐具备独立的社会地位，它也许有许多位父亲，但最终它将成为独立的个体。

区块链出现后，人们将价值、资产和信任交给机器。现实世界中的资产以及现实世界的商务关系，在区块链上通过智能合约实现。智能合约如同主机时代的 Cobol 程序、互联网时代的网站一样，是区块链时代承载业务逻辑的容器。比特币虽然也有脚本，但它依然是一个货币的应用形态系统。之后的区块链，则发展成为去中心化的操作系统，可以用智能合约开发任何的业务逻辑。

以太坊的智能合约技术细节

在比特币中，中本聪表达了脚本语言的重要性，脚本语言能够让用户在比特币上定制不同逻辑的交易。中本聪为比特币设计的脚本语言是模仿基于堆栈的 Forth 语言，这个语言的算法带有无大小限制的整数、字符串操作，以及一系列的高级密码学算法，执行效率比较低，不适合创建复杂的应用。

以太坊设计之初，V 神就以提供图灵完备的智能合约为目标。所以，智能合约就成了以太坊的重头戏。

比特币的脚本语言是在堆栈中运行的。堆栈是在计算机中使用的一种简单的数据结构，只允许在其一端进行插入或删除的线性表。可以想象堆栈为一摞层层叠压的书，只能从上面一本本取下，要放上去一本书也只能放在最上面。

CPU 通过指令对进程的内存实现堆栈访问。

而以太坊则使用了虚拟机。虚拟机可以理解为在计算机中套了个代码写出的计算机。最知名的虚拟机莫过于 JVM（Java Virtual Machine），Java 程序运行在 JVM 中，实现了"一处编译，到处运行"。随着云计算时代的到来，虚拟机技术更是大行其道，通过将物理机器分割成多个虚拟机，实现了计算与存储资源的按需分配。

为了使虚拟机更加简单，以太坊单独开发了 EVM——自己的虚拟机。智能合约代码运行在 EVM 中，仿佛用沙箱封装起来被完全隔离，运行在 EVM 内部的代码接触不到本地的文件系统，也接触不到网络，一个智能合约与另一个智能合约之间也只能作有限的通信。

EVM 支持的编程语言有 Serpent、LLL、Mutan、Solidity。

Serpent 如这个名字所示，这是一种与 Python 类似的编程语言。Serpent 在兼顾底层语言效率与良好编程风格的同时尽可能追求简洁，还加入了一些针对合约编程的特性。Serpent 是由 V 神一个人编写的、发布于 2015 年 10 月的代码，被写在以太坊的白皮书中的代码都是用 Serpent 写的。在之后的应用中，Serpent 被发现并不安全。2017 年 V 神发布推文，称该编程语言"技术已经过时"，并警告称它缺少足够的"安全保护措施"。

LLL 语言类似 LISP，其名字 LISP Like Language 也是这个意思。LLL 并非以太坊官方主要支持的语言，依然还在更新中。但几乎没有什么人用这个语言。

Mutan，语法上类似 C 语言，这个项目也很少更新了。与 LLL 一样，几乎没人用。

Solidity 是以太坊社区官方推荐的语言，类似 JavaScript。Solidity 由伍德（Gavin Wood）、赖特维斯纳（Christian Reitwiessner）、贝雷格萨齐（Alex Beregszaszi）、胡西基扬（Liana Husikyan）、一夫（Yoichi Hirai）等以太坊早期的核心开发者开发。2014 年 Solidity 语言发布，伍德离开以太坊社区后，赖特维斯纳接受主持 Solidity 的开发。

V 神写出白皮书后，伍德写了以太坊黄皮书，其难懂程度约为白皮书的

100 倍。实际上，在以太坊开发过程中，他起到了真正的核心作用，架构由他主持，关键的难点由他克服。可惜之后由于一些争议，他离开了以太坊团队。但随之他主持开发的 Parity 以太坊客户端成为以太坊社区最流行的客户端，超越之前的经典 Geth。现在伍德正在领导团队开发一个叫作 "Polkadot" 的跨链技术。

用 Solidity 写出的智能合约在 EVM 上运行。一个合约如同 Java 里的一个类，合约里定义的功能（Function）像是类里的方法。Solidity 写成的合约要编译成 EVM 上的 opcodes 部署到以太坊的网络上。

在传统的计算机环境下，我们部署一套程序的意义是这台计算机的本地运行。到了智能合约则需要转变思维，一个智能合约的部署意味着这段代码将在千万台以太坊节点上运行。在本书中尽量避免出现程序代码，但下面还是给出一段以太坊官方的示例代码，并加以简单解释。

下面所列出的代码用 18 行代码创建了一个 Token，或代币。只要学习一下以太坊代码部署，跟着说明一步步做，不懂技术的人，也可以在以太坊公网上用这段代码，发布自己的代币。为了便于理解，每行代码后的中文，是对该代码的说明。

```
pragma solidity ^0.4.21;


contract Coin {                          创建一个叫"Coin" 的合约
    address public minter;               定义公共变量"minter",用来存放以太坊地址
    mapping (address => uint) public balances;定义公共变量"balances"
    // Events allow light clients to react on
    // changes efficiently.
    event Sent(address from, address to, uint amount);定义 "event"（事件），在日志中记录
From,to,amount
    // This is the constructor whose code is
    // run only when the contract is created.
    function Coin() public {             初始化 Coin 这个合约
        minter = msg.sender;             将初始化的以太坊地址设置为 minter
```

```
        ｝
    function mint( address receiver, uint amount) public ｜ 定义功能"mint",用来发行代币
        if ( msg. sender ！ = minter) return;        代币发行只能由 minter 地址执行,其他地
址执行则出错
        balances[ receiver] + = amount;        发行代币到 receiver 地址
        ｝
    function send( address receiver, uint amount) public ｜ 定义功能"send",用来转移代币
        if ( balances[ msg. sender] < amount) return;        如果要转移代币的地址余额不
足,则报错
        balances[ msg. sender] – = amount;        转移代币的地址减去相应数量的余额
        balances[ receiver] + = amount;        接受代币的地址加上相应数量的余额
        emit Sent( msg. sender, receiver, amount);记录日志
        ｝
    ｝
```

智能合约对商业关系的改变

1996 年尼克·萨博在开始思考智能合约的时候，PC 刚刚开始流行，走进普通家庭，互联网则还是新鲜事物，只有最超群的技术人员才会上网。尼克·萨博在条件尚不具备的时候，便预见了智能合约的存在。他能看出一些智能合约的原始形态，也预测了未来智能合约可能的形态，但他也承认，智能合约将来会以何种面目改变时间，尚且无从知晓。

尼克·萨博为智能合约举了一个经典的例子，自动售货机便是已存在的、尚处于原始形态的智能合约。自动售货机将零售这个交易自动化了，原本是零售店主与购买者之间的交易成为机器与购买者之间的交易。

让我们考察一下，为何自动售货机是一个原始的智能合约，而工厂中的自动机器（例如自动分拣零件的机械手）就不是原始的智能合约？要厘清这个概念，还要回到尼克·萨博对合约的定义。一个合约，是为了让意愿达成一致而作出承诺，是为了建立关系。合约主要用于商业领域，也可用于个人之间的关系。由此我们可以清楚地看到，自动售货机就买卖双方之间交易的达成，用

机械的方式作出了承诺：购买者投入 5 元硬币，则零售商交付一罐可乐。随着交易的达成，买卖双方的商业关系成功建立。而工厂中的自动机械手则无关商业关系，也无关双方的交易承诺。

那么，为何我们要称自动售货机为原始形态的智能合约呢？其中的关键在于为达成交易的承诺以及商业的关系是否实现了数字化。在自动售货机上，购买者投入的乃是实体的硬币，而售货机交付的是实物的可乐，这两者皆为物理实体。而且，不论是硬币的投入，还是可乐的滚出货架，都并未出现数字形式的产权转移。自动售货机之所以能够工作，是因为投入硬币之后的购买者依然站在机器之前等待。举个极端的例子，若是购买者投入硬币之后，因机器故障可乐并未滚出，则购买者无从证明自己已投入硬币，这就意味着售货机并未就货币与物品进行任何真正的数字化产权描述（摄像头的影像判断，完全不是数字解决之道）。

尼克·萨博还举了几个原始形态的智能合约的例子，包括 POS 机终端和信用卡、EDI（大企业之间用于商业数据交换的系统）、SWIFT 系统（进行国际汇款的系统）等。SWIFT 系统在业务性质上与我们日常支付所用的网银类似，网银及移动支付极大地改变了我们的生活，尤其在我们中国，偏僻市镇的菜摊上也普及了微信及支付宝支付。支付技术背后是复杂的互联网技术，看上去非常"数字化"，为何不能将其看作真正的智能合约？

但网银系统和移动支付与 SWIFT 一样，都是原始的智能合约，其原因在于，其背后的机制仍然是传统的纸质记账原理。消费者的钱全数存入银行，然后通过互联网发送消息给银行，银行通过账本余额的增减，实现支付。所有对其权益的保障建立在纸质的签字盖章之上，并依靠法律的权威护航。

比特币出现之后，人们将其称为"虚拟货币"，意指这些虚拟货币是虚拟的，并不真实存在。而比特币之类的虚拟货币，因为以非对称加密保护的 UTXO 实实在在地存在于区块链上，属于个人，他人无法篡改。这其实是真的货币。

尼克·萨博将这些原始的智能合约称为"先兆"，它们身上有智能合约的影子，但并非真正的智能合约。如同算盘也是为了计算，但绝不能称为计算机一样。

乔姆 eCash 的出现，使智能合约往前走了一大步，我们称为"智能合约0.9"。eCash 所用的非对称加密技术让价值和资产（比如货币）可以进行数字化描述，只是支付过程依然依托银行的余额。人们已经可以用 U 盘带着自己的钱逛街了。然而缺憾是，eCash 还须依靠银行中心数据库的余额进行账目管理。eCash 并未流行起来，非对称加密代表的数字资产描述技术也沉寂了 20 年。直到比特币横空出世。

中本聪基于 PoW 共识算法设计了 P2P 账本，让价值流转不再依赖中心数据库的余额制，区块链从此诞生。与之相伴的是，智能合约也默然进入 1.0 时代，虽然中本聪并未提及智能合约，但尼克·萨博肯定心下欣然，真正的智能合约出现了。

1.0 版本的智能合约是与区块链相伴而生的。它有两个技术特征：其一是非对称加密技术对价值与资产进行描述；其二是以 PoW 共识实现的 P2P 共享账本，保证价值与资产的数字化流转。

在智能合约 1.0 阶段，最先出现的就是代币，或 Token，实现价值的支付和流转。因此，资产描述的范围将更加广泛，对包括证券交易所、股权交易所、房产交易所等均会带来变化。再进一步，智能合约的技术更加深入，将对复杂的合约，例如保险合约进行革新，能够实现复杂的保险合约数字化、公司治理合约的数字化。各种商业关系乃至商业机构将实现数字化，各种基于智能合约进行治理的数字化商业、数字化组织将如雨后春笋般出现。不仅价值、资产的描述与流转在智能合约中实现，而且人与人之间的关系也将悉数用代码规范。

随着男女平等的发展与女性经济上的独立，人们对婚姻质量的要求逐渐增高，由此离婚率上升。但离婚通常伴随着漫长的法律流程，因财产分割的事项而纠缠不已。我们的文化中对婚前协议又并不重视，所以只能依赖律师、法官进行详尽的调查并基于法律进行仲裁决断。尼克·萨博的论文中就提及合约不仅限于商业关系，也涵盖婚姻这样的关系，实际上，婚姻关系的一个重要方面就是商业关系。那么智能合约完全可以实现婚姻的合约，约定夫妻双方的责任和权利，根据各种条件对财产权进行清晰的界定。我们甚至可以在合约中约定，丈夫一方需要承担家务及育儿的工作。一旦婚姻出现危机，进入离婚流程，实际上各种合约"承诺"早已存在代码中，完全可以实现"一键离婚"！

智能合约的2.0阶段是与物联网的结合，也是尼克·萨博所说的"智能资产"阶段。与物联网结合之后，物的产权与物的控制权通过物联网协议结合起来。尼克·萨博所举的例子是贷款买车。一旦车主还不上贷款，则智能合约自动将汽车的电子锁控制权移交给银行，车主无法打开车门，也无法启动汽车。未来，如果每一罐可乐都可以智能化，开盖需要合约的驱动，那么自动售货机就从"原始"进化到"现代"智能合约。而桂花嫂子的煎饼果子摊，不仅资产权能实现智能化，甚至产出的每个

图5-5　物的数字化产权

煎饼也都能带上电子标签，这项工作交给Java码农是绝对错不了的。

在智能合约2.0阶段，不仅智能合约要控制物联网，物联网的信息及其他系统信息也要广泛地进入智能合约，帮助智能合约执行协议条款。这就是预言机（Oracle）的意义，告诉智能合约可信的外部数据。

也许还有智能合约3.0阶段，这当然是狂野的猜想，那就是智能合约真的实现"智能"（Intellectual），由"Smart Contract"转化成为"Intellectual Contract"。当人工智能开始成熟，智能合约应用人工智能的算法、模型与数据，智能合约中的条件判断由人工智能执行，那么一个全新的世界出现了。当前我们还无从猜想具体的模式与操作，但尼克·萨博论文中频频论及的商誉系统问题，相信在人工智能之前就可以迎刃而解。

未来，我们的价值与资产（人与物之间的关系）都将托付给智能合约。而人类的组织管理、商业合约（人与人之间的关系）也将托付给智能合约。最终，物与物的关系（物联网背后的协议）也将是智能合约在驱动。如尼克·萨博所说，智能合约是嵌在这个世界中的，它无处不在。

孟德斯鸠说，有商业的地方就有美德。而智能合约将商业的诚信与效率带到了全新的高度，定会更加促进人类社会美德的发展。

第二编

从区块链到区块链经济：技术与应用

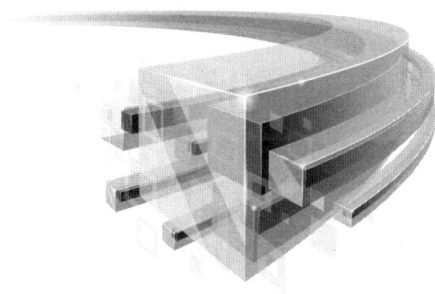

6

区块链技术流派

本章介绍了当前主流的区块链平台和技术，共计 12 种，分别是比特币、以太坊、Fabric、EOS、IPFS、闪电网络、侧链、BTC Relay、跨链 Cosmos、波尔卡链、分片 Plasma、DAG 字节雪球。本章着力于为读者概括出易于理解的原理，同时简单介绍技术开发者。

自比特币横空出世之后，区块链技术随之风靡天下，各种新的技术和产品蜂拥而出。"非对称加密"与"去中心化"网络是这一系列技术的特征。

比特币

比特币是区块链技术的鼻祖，这一点绝无争议。即便后起之秀如以太坊对比特币颇多批评，但无人挑战其开创性的地位。至今比特币所应用的技术思想依然被广泛地研究，其系统稳定性也无可置疑，甚至令跟从者们汗颜。加之中本聪神龙见首不见尾之传奇，更给比特币增加了一层神秘的色彩。

中本聪为比特币设计的技术颇具独创性，包括 PoW 共识机制、UTXO 交易链、公私钥地址、交易签名验证机制、区块链格式、基于默克尔树的 SPV 验证等技术，至今还是后来者模仿的对象。正如 V 神在白皮书中评论："尽管比特币的模型非常简陋，但事实证明，它已足够好用。"比特币难以理解的地方是，中本聪仿佛一开始就考虑到所有的问题，一步设计出足够完美的系统。

比特币设计之初就是一个货币系统，中本聪的论文即点明，这是一个 P2P 的虚拟货币。所以，虽然比特币也有脚本语言，但并不能随意在其上构建应用。因此，比特币的架构是区块链，但其目标并非是提供可任意开发应用的区块链基础架构。在这一点上，比特币留给了后来者很大的空间去发挥，也成就了以太坊作为区块链 2.0 的声誉。

比特币的效率渐渐成为人们批评的重心。PoW 设定平均每 10 分钟出一个区块，每个区块大小为 1MB，这就让比特币的交易 TPS 峰值约为每秒 7 笔。而这样的效率是绝无可能替代 Visa、Master Card 等现有支付系统的，它们的系统峰值约为每秒 4 万 ~6 万笔，而我国支付宝的峰值可谓世界之最，高达每秒 8 万 ~10 万笔。近万倍的差距，令比特币系统难以被称为"货币体系"，人们渐渐在心目中将其调整为一种投资资产。

中本聪消失之后，将比特币开发的任务交给了盖文·安德森。盖文·安德森执掌比特币 4 年，他不仅是比特币社区的核心开发者，也是比特币基金会的首席科学家。2014 年，他离开核心开发者岗位，将接力棒交给了瓦德尔·范德兰（Wladimir van der Laan）。

比特币的技术特征如下：

共识算法：PoW。

区块链类型：公链。

合约引擎：堆栈。

合约语言：脚本。

隐私模型：明文/无隐私数据。

数据权限：无。

TPS：7。

开发语言：C＋＋。

比特币的应用特征如下：

应用：货币。

当前节点数：11000。

当前市值（2020 年 1 月 14 日）：1544 亿美元。

最高市值（2017 年 12 月 17 日）：4200 亿美元。

以太坊

前面已叙，以太坊是当之无愧的区块链 2.0。其设计之初就是去中心化应用和智能合约的平台，所以以太坊的智能合约更加强大，基于其上可以开发各种应用。自 2015 年 7 月上线至今，以太坊已发展成为全球最大的去中心化应用平台，也是全球最大的区块链生态社区。以太坊的开发者，雄心勃勃要将其发展成为"世界计算机"，也许这个目标还需要时间，但可以看到以太坊确实提供了一条通往"世界计算机"的正确道路。

对于中本聪这样出世的传奇人物来说，传承的意义未必在于接其衣钵、光大门楣，或许追随其精神、超越其技术更重要。从这个角度来看，维塔利卡可称为中本聪的传承人。V 神自 2015 年发布了以太坊后，声闻天下，在区块链圈内封神，隐隐然成为不输中本聪的一派宗师。那时候，他才 21 岁，这样的天才少年，其传奇效应堪比中本聪。

维塔利卡出生在莫斯科，6 岁随父亲移民加拿大。他的父亲是一名计算机科学家，所以算是家学渊源。在加拿大读小学三年级，他被安排到"天才班"，那时候他就知道自己的兴趣所在，乃是数学、程序及经济学。他在小学就因心算速度是别人的两倍而成为神童。加拿大的高中教育帮助了他成长。按他的回忆，他在高中学会了如何思考，而不是浪费时间去死记硬背。他在多伦多大学读了一阵子，于 2014 年辍学，没错，天才们的套路总是辍学。对于维塔利卡来说，他有更重要的事去做，那就是区块链。

维塔利卡在 17 岁那年接触到比特币，他的父亲是他的领路人。他被比特币系统深深地吸引，成了比特币社区的一分子，用 Python 为比特币写了一些工具。2011 年，他还与人合作创办了"比特币杂志"，他是主笔。所以，维塔利卡的天分不仅在于数学，还在于语言。他是很好的写作者，而且精通多门语言，其中包括中文。他能够用中文演讲，也能够用中文写文章、交流。

2013 年，他发表了白皮书，昭告天下，他要开发崭新的、更强大的区块链平台——以太坊。为了有资金去开发以太坊，他发起了众筹，接受比特币投资，最终他收到了 3 万枚比特币，按当时的价格合计 1800 多万美元。由此，维塔利卡的以太坊还未出世，他就先创造了一个新事物，或者叫新商业模式——首次代币发行（ICO）。从此在区块链领域，人们都不屑于谈风险投资，也不理纳斯达克，而是直接 ICO。以太坊上线后，更成为 ICO 的 Token 发行平台。

以太坊的目标是做一个"智能合约与去中心化的应用平台"，其思路受比特币的启发，但又从底层上背离了比特币，有颇多自己的创新。

以太坊的区块链上也有币，叫作"以太币"，但以太币并非货币，与比特币不同。以太币是有功用的，是为了购买用于驱动智能合约的钱——Gas。虽然现在以太币也有明确的价值，也在交易所中明码标价，但以太币的性质决定它并非是与发币竞争的货币。

以太坊的全部目标均围绕智能合约而转。它提供了灵活的 EVM 虚拟机，用于运行智能合约。在 EVM 中运行的智能合约是图灵完备的，这与比特币的非图灵完备的脚本构成了巨大差异。理论上，只要你有足够的以太币，就可以用智能合约做任何事情。智能合约可以用 Solidity、LLL、Sergent 等语言开发，灵活且简单。以太坊上的"交易"和"区块链"都是为了驱动智能合约而存在的。从一个地址发起交易到一个智能合约地址，就将参数传递到智能合约上，并驱动智能合约运行，以获得运算结果。

图6-1　智能合约是以太坊的灵魂

以太坊上并不存在UTXO，这也是与比特币巨大的差别。比特币因UTXO而缺乏脚本灵活性。以太坊需要灵活强大的智能合约，所以采用了余额制，这样在余额中就可以存入智能合约的运算结果。

比特币的交易数据与区块数据就是运算的结果。而在以太坊上，交易是为了驱动智能合约，智能合约所运算出来的结果要存入各个节点的状态数据库。所以，以太坊上的交易数据是过程，而状态数据库中的数据才是结果。

以太坊的共识算法最初用PoW，但它是改进后的PoW，所以出块速度为15秒，比比特币快了很多。之后，以太坊将转移到Capser算法，这是一种权益证明（Proof of Stake，PoS）算法，出块速度可达到1秒。以太坊也提供权威证明（Proof of Authority，PoA）模式，以适应联盟链的需求。

以太坊还有很多技术细节上有独特的创新，比如Patricia树、叔块（Uncle区块）等。

以太坊虽然现在是最重要的区块链平台，但依然面临安全、效率等方面的挑战。V神及社区开发者围绕着分片等技术，试图将以太坊平台提升到新的层次。

以太坊的技术特征如下：

共识算法：PoW，Casper，PoA。

区块链类型：公链。

合约引擎：EVM。

合约语言：Solidity。

隐私模型：明文/无隐私数据。

数据权限：无。

TPS：10 – 30。

开发语言：Go。

以太坊的应用特征如下：

应用：去中心化的智能合约平台。

当前节点数：17000。

当前市值（2020 年 1 月 14 日）：162 亿美元。

最高市值（2018 年 1 月 13 日）：1400 亿美元。

Fabric

IBM 是计算机行业的"少林""武当"，好几拨潮流都由 IBM 引领，比如大型机、PC 莫不是在 IBM 手中发扬光大的。IBM 不仅在商业上成功，也以科研投入著称，全球有 3000 名科学家，至今有 6 名诺贝尔奖获得者、6 名图灵奖获得者。密码学中的大师——菲斯特尔就是在 IBM 实验室中发明了 DES 加密算法。

在新科技的追求上，大公司未必具有优势，因为新的主意来自自由的思考，而不是 KPI。所以区块链这样通体闪着自由光芒的技术就自然诞生在民间了。但 IBM 的总裁与科学家们立刻发现了区块链中的机会。2014 年 IBM 内部开始写代码，2015 年第一版 IBM 区块链出炉，这就是 Fabric。IBM 将 Fabric 捐赠给 Hyperledger 社区，这是 Linux 基金会下专攻区块链的项目。

2015 年，Linux 基金会发起了 Hyperledger 项目，意在开发开源的区块链平台，加入的组织包括埃森哲、Intel、思科、VMware、J. P. 摩根、伦敦交易所、

SWIFT 等大公司及机构。至今已有将近 200 个成员组织。

IBM 一向以面向银行、政府等大机构提供机器与服务为其业务特征。在面向消费者业务上，除了曾经的 PC，别的就不大擅长。所以在区块链的定位上，IBM 也很实在，直接就奔向企业级区块链。生生把区块链拉到了另一条跑道。

所谓企业级区块链，也可称为"联盟链"，或者叫"许可链"，其主要特征是加入的节点需要经过认证。在 Fabric 中，设计了 CA 节点，用来认证其他参与交易、参与记账的节点。注册认证后，CA 节点为其他节点发放证书，这个证书就类似于比特币中的公钥私钥地址，用来签名

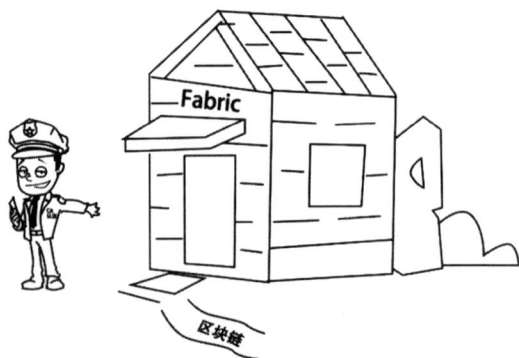

图 6-2　许可链 Fabric

交易，保证交易的安全性。从这个认证的角度，Fabric 已经与比特币的传承背道而驰了。比特币的目标是在陌生节点的汪洋大海中保证达成共识，而且比特币将隐私问题彻底根除了：不要认证，不要身份数据。而 Fabric 则需要对节点进行认证，而且要注册后的可信节点。

在整体架构上，Fabric 完全不同于比特币的传承，可以说，除了借用了"链"的概念，其他方面 Fabric 都与比特币、以太坊的路线截然不同。Fabric 的流程是：

交易预案—背书—交易提交—排序—验证—广播

从流程上，复杂了很多。但若是仔细分析，就能发现其中的"背书"乃是就"业务"达成共识，并非通信共识。Fabric 的通信共识只依赖一个服务，即 Order 节点的排序服务。回忆之前我们谈及兰伯特的逻辑时钟，排序服务节点在这里就提供了这样一个逻辑时钟。而且，Fabric 的排序服务构建在 Kafka 消息服务上，虽然 Kafka 的消息服务可以构建分布式集群，但从逻辑上看，Kafka 分布式集群也还是一个中心化的服务。在 CA 和 Order 服务这两个环节上，Fabric 都有很强的中心化倾向。

Fabric 的优势在于安全，毕竟所有的节点都是经过 CA 认证的。另外，其效率则可以在企业级环境下支撑大型应用，在测试环境下，Fabric 可以达到 3000~4000 笔交易的 TPS，相较于比特币以太坊无疑是巨大的提升。

Fabric 引入了"通道"的概念，Order 服务可以针对多个"通道"进行排序，互不干扰，互为隔离。交易节点可以加入不同的"通道"，而不同"通道"产生的交易数据，在节点上存储为物理隔离的文件，实质上这就引进了"多链"的概念。多家企业加入一个 Fabric 区块链，则某几家企业可以设置自己的"通道"与"私链"，链上的其他企业看不到本通道的数据。这对于企业之间的私有交易非常有意义。

Fabric 没有 Token 的概念，更没有币。它的应用场景乃是在认证企业间进行业务共识实现共享账本，所以，链上没有币，也没有 Token。当然，一定要用智能合约在 Fabric 上写一个 Token，那也是可以的。

智能合约在 Fabric 上也发生变化了。首先，名字变化了，叫"链码"。其次，功能更为强大了，用的虚拟机是 Docker，Docker 比 EVM 可强大多了，生态也丰富很多。在 Docker 里什么样的高级语言都可以用，Java、Go 等任由君选。

链码在 Fabric 上可谓是真正的灵魂。从比特币到以太坊再到 Fabric，智能合约的重要性一路走高。在比特币上，那有限的脚本只是为了处理一些复杂的交易。到了以太坊，则以太币只是为了驱动智能合约，但没了智能合约，以太币的链上交易还可以进行。而链码之于 Fabric，那就是一切了：不运行链码，就没必要运行 Fabric 了。

Fabric 在共识结果的处理上与以太坊有相似之处。链条上处理与共识的是交易，每个节点获得共识的交易结果后要运行链码，更新各自本地的状态数据库。链的交易是过程，而状态数据库是结果。

背书操作是 Fabric 独创的概念。在部署链码时，就可以设置该链码的背书策略，指定参与背书的节点，只有符合背书策略的交易才可以达成共识。通常，会将背书视作 Fabric 共识算法的一部分，但这一点值得讨论。背书策略的设置，实质上是多方就链码中的逻辑达成业务上的共识。例如，银行 A 要发起一笔转账，需要银行 B 与银行 C 签字同意才可执行，这其实与通信共识无关，与 PoW、PoS、PBFT 所面对的节点通信一致性问题无关。Fabric 这种概念给使用者的理解带来了困扰。倒是在背书的时候，背书节点需要读取本地状态数据库的"读状态"，并根据链码运行后生成"写状态"，这是节点间通信共识的一部分。由"读写状态"的一致，背书节点就运行链码之前的状态及之后的状态达成了一致。

Fabric 出现后，因其 CA 认证在许可链上的优势，以及 IBM 在品牌上的声誉，成为诸多金融企业、大机构的首选。大型金融企业在选择区块链技术时，第一考虑的都是节点审核功能，Fabric 恰逢其时。

Fabric 的技术特征如下：

共识算法：基于 Kafka 的 Order 排序。

区块链类型：许可链。

合约引擎：Docker。

合约语言：Java、Go 等高级语言。

隐私模型：CA 认证。

数据权限：私链丨通道。

TPS：3000 - 4000。

开发语言：Go。

Fabric 的应用特征如下：

应用：企业级联盟链。

当前节点数：未知。

当前市值：未知。

最高市值：未知。

Ripple

今天区块链虽然大热，但用区块链技术（不包括代币融资）获得经济效益的，还几乎没有。借区块链研发，用 ICO 发币，则让一干懂技术的和不懂技术的，都赚得盆满钵满。而对 ICO 推波助澜、为各种币煽风点火的交易所，更是金满仓银满仓。最早的交易所是哪个？是 MtGox.com，华人币圈称之为"门头沟"。这个交易所已经倒闭了，但当年没有它，比特币怕是发展的要慢一些。"门头沟"的创始人，名叫杰德·麦凯莱布（Jed McCaleb）。

在中国有一种人叫连续创业者，从词面的含义上讲，杰德·麦凯莱布就是一名连续创业者。但国内外的实际情况又有所不同，国内的连续创业者，多数是再败再战，反正花的投资人的钱；而国外的连续创业者，通常是做一个成一个，才有资格成为连续创业者。让我们来数一数杰德·麦凯莱布辉煌的创业经历。

在创业之前，杰德·麦凯莱布曾在加州大学伯克利分校（UC Berkeley）读书，又一名 UC Berkeley 人，这所学校为本书贡献的大神最多。他获得学位了吗？对，当然没有。哪有创业大神会把本科读完的呢？他辍学了。

2000 年，他的第一次创业开始了，他开发了一个与 Napster 类似的 P2P 系统，叫 eDonkey2000，热爱影视的小伙伴一定知道，我们称之为电驴。电驴比之 Napster 技术上要先进，文件是分成小块从多个节点上分别下载。电驴的命运与 Napster 一样，被唱片行业频繁起诉。2005 年电驴被迫停止运营。

2006 年至 2010 年，杰德这个连续创业者，似乎闲了 4 年时间，什么也没干。这就给了一些人猜测的线索，也许这 4 年，杰德在埋头搞比特币，杰德就是中本聪！但在那 4 年里无所事事的人，应该很多，别说 4 年，40 年都无所事事的人，也是一抓一大把啊。

2007 年他创建了"门头沟"，用来交易《万智牌》游戏卡，2010 年杰德将之改造成比特币交易所，2010 年！比特币刚刚问世 1 年，"门头沟"当之无愧是第一家虚拟货币交易所。之后，杰德将"门头沟"卖给了马克·卡普勒斯（Mark Karpelès）。"门头沟"于 2014 年关闭。

卖了"门头沟"，他也并未进军"石景山"，而是开始继续创业，于 2014 年开始创建瑞波（Ripple），一个用于货币汇款与汇兑的区块链系统。2017 年他再次离开 Ripple，又创建了恒星网络（Stellar network），另一个区块链支付系统。

先说 Ripple，这是唯一的区块链项目，得到了大神中本聪的评价，中本聪是这样说的:"瑞波币将来会成为悲剧,不是比特币比瑞波币强,而是方向性的问题,这是没办法的……所以,我告诉大家,千万不要去碰瑞波。别到时候自己死了赖上比特币。"中本聪是一个激进的颠覆者,而 Ripple 的设计中,处处都点缀着精明的妥协,对传统势力的示好,自然 Ripple 不入中本聪的眼。另外,Ripple 虽然基于区块链,但其目标并非去中心化,而是建设一个不依赖唯一中心的支付金融协议。

Ripple 最初的目标就是发明支付领域的简单邮件传输协议(SMTP),希望全球的汇款与汇兑业务能够像电子邮件一样好用。当前全球的汇款体系基于类似于 SWIFT 的机构,效率低、成本高,但人们无计可施。Ripple 意在构建一套 Ripple 协议(ILP)在银行间进行快速的汇款与外币汇兑。

Ripple Intel Ledger 协议(ILP)通过在银行的 IT 架构中,安装 Ripple 的软件 Ripple Connect,实现银行间交易信息的交换。目前 Ripple 网络已经连接了很多国家的银行,支持很多币种的支付结算。2014 年德国 Fidor 银行成为首家接入 Ripple 协议的银行,之后陆续约有 90 家银行及商业机构接入,其中知名的有渣打银行、裕信银行、美国银行、苏格兰皇家银行、桑坦德银行、瑞银集团等国际性大银行。

Ripple 是一个区块链支付系统,是去中心化的,虽然这一点总被人质疑。Ripple 的共识算法是独立设计的,并不传承自比特币,这种共识算法叫作"RCP"。RCP 协议的基础是,每个节点都要维护一个可信任节点列表(Unique Node List,UNL)。节点收集网络中的交易并验证交易合法性,不合法的、有双花冲突的,都弃置一旁。UNL 列表中的节点,互相发送自己验证过的交易,并对交易进行投票。UNL 列表中的节点互相交流交易的投票结果,交易投票达到 50%,则进入第二轮投票。第二轮投票达到 80% 的交易,则确认为可信交易,进入共识交易集。形成共识交易集后,各个节点开始将交易打包成区块,然后广播区块哈希。节点们根据收到的哈希值,进行统计,哈希值比例超过 80%,则该区块得到共识确认。

Ripple 的设计,一定程度上体现了杰德还有 Ripple 首席科学家大卫·施瓦兹(David Schwartz)的精明。他们看到比特币的激进,看到了对传统的反抗会造成的阻力，所以 Ripple 的定位是一套用于支付的金融协议，并不意在革传统银行的命，只是帮助银行更新 IT 架构。银行对 Ripple 并没有很大的抵触，应用 Ripple 和应用 SWIFT 一样，不过是银行经营中的一套技术标准而已，而且银行在其中还获得更大的经营自由。Ripple 冲击的只是 SWIFT 这样架设在银行之上的中心化机构。以往银行要进行跨境，或者跨行汇款，消息统一需要走向 SWIFT 进行处理，而今有了 Ripple，银行间实现了 P2P，无需 SWIFT 这样的上级信用机构。这是 Ripple 设计中，最聪明的地方在于联合银行反抗SWIFT。Ripple 之原理如图 6 - 3 所示：

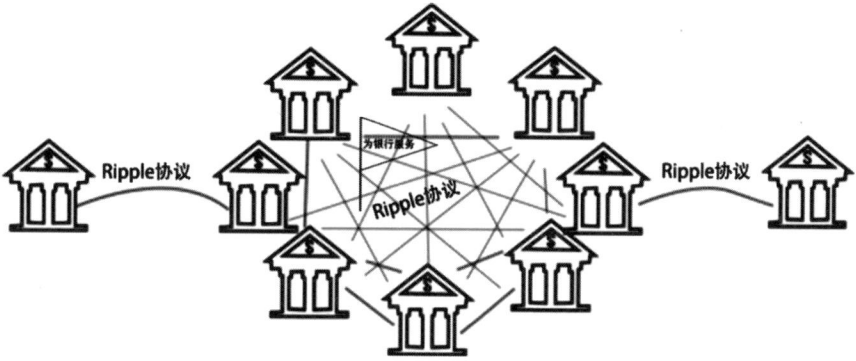

图 6 - 3　服务银行的 Ripple

不仅银行可以接入 Ripple，其他第三方商户，乃至任何一个个人用户，都可以在 Ripple 系统中承担网关的角色。网关是 Ripple 系统完成跨境汇兑的关键，是现实世界与区块链世界的出入口。若需要从美国汇款美元到印度，则在美国需要通过可信的网关存入美元，而汇款接受者可以在印度的可信网关获得汇兑后的印度卢比。

Ripple 发行了自己的 Token，名为 XRP，共计 100000000000 个（一千亿）。XRP 目前可精确到 6 位小数。最小的单位称为一滴（drop）。1000000 滴等于1XRP，1000000 dXRP = 1 XRP。XRP 的作用有两个，其一是为了防止垃圾交易的攻击，每一笔交易都要收取极少的 XRP，约为 0.00000008 美元，对于正常的用户而言，可以忽略不计，而对于恶意的垃圾交易发送者来说，这就是难以承担的成本。思路上，还是来自哈希现金。另一个用处是用作中介货币，在

Ripple 网络上可以任意地发送 XRP，这样就可以实现价值的随意流转，其作用与比特币类似。

Ripple 还有一个颠覆性的概念，即普通用户可以发行自己的货币，实质上就是"个人货币"，并在 Ripple 网络上支付与交易个人货币。从这个概念上来说，完全可以将 Ripple 理解为第一个去中心化的虚拟货币交易所。

Ripple 一度为人诟病，因其发行了 1000 亿 XRP，对外只发布了 387 亿 XRP，自己倒是留下了 613 亿 XRP。然而，随着银行接受 Ripple 与 XRP，XRP 一度大涨，达到 3.3 美元，让杰德·麦凯莱布、克里斯·拉森（Chris Lawson）、布拉德·加林豪斯（Brad Garlinghouse）等创始人，都跻身富豪榜前列。

Ripple 的技术特征如下：

共识算法：RCP。

区块链类型：许可链。

合约引擎：NA。

合约语言：NA。

隐私模型：依托银行系统。

数据权限：NA。

TPS：1500。

开发语言：C++。

Ripple 的应用特征如下：

应用：支付协议。

当前节点数：90。

当前市值（2020 年 1 月 14 日）：94 亿美元。

最高市值（2018 年 1 月 4 日）：3840 亿美元。

EOS

中本聪在论坛上说过一句流传甚广的话，他说："如果你不相信我，或者你没理解我的话，我没有时间去说服你，抱歉。"中本聪以无名小卒的身份出现于 2008 年，提出比特币的概念后，引发无数大牛的质疑，他耐心地一一回复，而这句话，怕是他最"强硬"的一句话了。

中本聪这句最强硬的话，怼的是一位叫丹·拉里默（Dan Larimer）的人，他在论坛上的名字叫 ByteMaster，论坛上的人顺口称其为 BM。

被中本聪怼了这一句，BM 并未大怒，更未以牙还牙，只是淡淡回了句："我相信你说的啊。"颇具绅士风度。但 BM 在接下来的 10 年，用区块链技术还击中本聪，狠狠地怼了回去。惹中本聪放出如此狠话的原因是 BM 质疑了比特币 10 分钟才能确认交易，效率太低，无法承担银行业务。在之后的 10 年，BM 所发明的区块链技术则大幅提高了区块链交易效率。

BM 怼回去的不仅是效率问题，效率只是个技术层面的事。BM 他从理念上再次颠覆了比特币系统。除了区块链作为一种数据格式依然存在，BM 的设计从本质上已经是另外一种事物。虽然 V 神也怼中本聪，但 V 神是中本聪的继承者，以太坊的世界观与比特币是一致的。但 BM 则走到了另外一条路上。

BM 曾经写文章说，他与 V 神有着完全一致的终极目标，即消除社会中的贪腐，保护社会中的自由，用密码经济学来保护生命、自由、财产与公正。但二人的分歧在于，对世界的认识假设不一。

中本聪与 V 神都将人类的权力交于机器，BM 则将权力还给人类，这是最大的分歧。

中本聪对当前金融秩序的挑衅明目张胆，并未加以掩饰。他在白皮书中说："要基于密码学原理而不基于信任，无须第三方中介的参与。"V 神的以太坊以建设去中心化的应用平台为目标，对当前的秩序、对社会并未多嘴。

中本聪与 V 神关注的还是用代码实现法律、算法，达成共识就是一切。正如 BM 说，V 神是要设计一个黑盒子，其中算法就是一切，是用机器的上帝来拯救人类。而 BM 则着眼于构建人类的社区，区块链只是人类社区治理的工具。中本聪的 PoW 绝不关心善恶，也不关心人类主观意图，只是设计了一个宇宙逻辑时钟，借以建立宇宙的交易顺序。但 BM 关注善恶，他的基础价值观是绝大多数的人都是善良的。

BM 一方面相信大部分人类是善良的，另一方面他要通过区块链技术构建人类自治的社区，以保护生命、自由、财产和公正。了解 BM 的生平，便能懂得他何以对善恶、对治理模式如此关注。

BM 出生在一个工程师家庭，其父是波音工程师，虽然自小 BM 并没有天才的光环，但小学就开始编程，这也是家学渊源。BM 后来称，不愿意搞电子，因为要拉线焊板子，太麻烦，而计算机一台机器就能构成一个世界。BM 与 V 神等道路不同，他经过了平凡的青少年期，甚至辍学都未经历过。他老老实实、按部就班地读完了弗吉尼亚理工大学的计算机专业，然后去了一家军工企业做了 4 年程序员，一切都平平凡凡。我们从他领英（Linkedin）的简历上，根据他 2000 年进入大学，可大概推测出他出生于 1982 年。

然而他并未享受到平凡的幸福。BM 结婚后，与妻子育有两个孩子，但夫妻并不和谐，他们进入了麻烦的离婚诉讼程序。这场漫长的官司不论过程还是结果都让 BM 痛苦不堪。夫妻反目后，关系一度极其恶劣。BM 支付了高额的诉讼费，之后还需要承担高昂的抚养费，这让他近乎破产。这一切都让 BM 开始质疑当前社会的权力与秩序，他投入了自由主义的阵营，并喜爱上奥地利经济学派。从那个时候起，他开始觉得也许不该由政府主宰一切，应该让自由市场来保障人们的自由与财产。他成了自由市场的忠实信徒。

2009 年比特币出现，吸引了 BM，他认为有一个去中心化的货币，是保护自由市场的必要步骤。之后，他投入了大量的时间在比特币与区块链上，但由于经济原因，他还得工作，并未开始创业。直到 2013 年，BM 才开始了自己的创业之旅，那时候他已经 31 岁，已经饱受平凡生活的折磨。BM 一经开始便不再停步，他成了连续创业者。从 2013 年到 2018 年，他设计并开发了 3 个产品，这 3 个产品都还算成功，这在区块链圈子内是绝无仅有的。3 个产品分别是比特股（BitShare）、Steemit 和 EOS。

比特股是一个去中心化的数字资产交易所，起因是受门头沟 MtGox. com 被政府查封的影响，BM 便起了这个念头，做一个去中心化、让政府无法查封的交易所。比特股来源于比特币，但技术、理念、应用都全然不同于比特币。用户在比特股上可以创建数字资产，包括与法币挂钩的美元资产、与股权挂钩的股票、与黄金挂钩的数字黄金，比特股交易则可以对这些数字资产进行买卖，而交易区块数据则记录这些买卖。比特股的共识算法是 BM 的得意之作，也是他用来怼回中本聪的武器。这种共识算法叫石墨烯（Graphene）委托权益证明（DPoS），可支持上千乃至上万的 TPS，在之后 BM 所设计的 Steemit 与 EOS 中都是顶梁柱技术。

Steemit 则是一个用来创作与分享内容的网站，以区块链技术帮助内容创作者获得收益。在 Steemit 的设计上，BM 着实过了一把瘾，他把公司经营的财技（一种金融投资，企业融资及财务策划的技术）玩得出神入化，为 Steemit 设计了三种 Token：Steem、Steem Power、Steem Dollar，分别代表社区经济生态中的资产、股份、负债，并围绕这三种 Token 设计了极其复杂的发行与交易机制。BM 相信平台的经济机制，若能对在社区中作出最大贡献的人以最大的经济回报，一个良好的自由市场环境就会建立起来，生态就会繁荣。Steemit 的区块链核心共识算法，一样也是石墨烯技术，其 TPS 能达到 1000 以上。

BM 创建并主持开发了比特股与 Steemit，作为灵魂人物，他却早早退出了这两个创业公司，其原因是多种多样的，有资金的原因，也有创始人分歧的原因，但一个根本原因是比特股与 Steemit 都是面向单一领域的区块链应用，这满足不了 BM 的野心。他要做一个包容天下、囊括四海的通用区块链平台，一个基于区块链的世界操作系统。他的对手是以太坊。

2017 年，BM 开始创建 EOS，并开始了一个史无前例的 ICO，最终他融资 42 亿美元。这是一个区块链历史上的纪录，在全球科技企业的 IPO 列表中位列第四。这次 ICO 融资规模之大、融资条款之苛刻给 BM 及团队带来了财富，也带来了质疑，当然全球的粉丝团们还一如既往地支持着他。科技界的追星一点都不输于娱乐界。BM 与 V 神比肩成为区块链领域的南萧峰北慕容，一时瑜亮。

2018 年 6 月，EOS 主网上线，围绕着这一盛大事件，支持者在欢呼，而反对者则里里外外地挑刺。全球 21 个超级节点的竞选，也成就了一场实验性的社会运动。

在解决分布式系统下的拜占庭将军问题时，兰伯特的 BFT 及 Paxos 皆是从数学角度证明如何达成分布式节点间通信的一致性的数学算法。而中本聪的 PoW 则抛弃了数学算法，以经济学的方法给了一致性问题一个答案，所以，与其称 PoW 为算法，不如称之为机制。自此之后，公链的设计者开始了用经济学、社会学、政治学为武器设计共识机制。读一段 BM 的文章，你会疑惑这位大神到底是搞计算机的，还是搞政治的。

PoW 仿佛是雅典的直接民主制度，每个节点都有权利参与公共事务治理，区块链中的公共事务以记账为核心，在 PoW 中节点参与记账的方法是掷骰子，谁掷赢了，谁记账，其他节点监督记账的合规性。这 PoW 看似公平，但这骰子要靠算力，大的矿场出现后，近乎垄断了掷骰子的赢面。比特币的 PoW 惹人诟病最多的也是大矿场垄断算力。但 PoW 原型"哈希现金"的最初发明者亚当·贝克以及中本聪，都未用现实生活中的体制映射挖矿，他们仅仅觉得用 CPU 算哈希值有点像是在矿山挖金子。

另一种大家讨论很多，但实际应用并不多的算法是 PoS。PoS 模拟了公司经营的股东制，根据参与节点在生态中拥有的虚拟资产——通常是链上币，决定谁有权利参与挖矿。这就与在公司经营中股东具有最终的发言权具有一样的机制。PoS 的支持者认为 PoW 机制中的矿机并不是区块链生态的真正使用者，矿机是在区块链生态中的谋利者，他们并不关心区块链生态的良性发展。

为了解决这些问题，2011 年苏尼·金（Sunny King）提出了权益证明（Proof of Stake，PoS）的共识算法，并用于 Peercoin（金还考虑了币龄）。PoS让矿工把自己所拥有的虚拟货币作为抵押，如果矿工造假，则所持数币就会被没收。但是挖矿难度和所持的数币数目成反比，这样数币越多，挖矿的概率就越大。这样异步的难度，就可以提高速度，同时又有一定的不易预测性。

当前，使用 PoS 算法的有 PeerCoin、BlockCoin 等。以太坊下一阶段将要采用的 Casper 算法也是 PoS 的一种，Casper 解决了 PeerCoin 所用 PoS 机制中的一个弱点，即所谓的"公地悲剧"。拥有虚拟资产的参与者理所当然会维护系统稳定，不会作恶，但并不拥有资产的参与者则可能肆无忌惮地进行攻击，而无须付出任何代价。以太坊的 Casper 则解决了这个公地悲剧的问题。

BM 的 DPoS 在区块链上复现了政治治理中的代议制。所有持有货币的参与者，投票选举出超级节点，由超级节点负责记账。从区块链的共识算法上比较，PoS 先天容易造成"财阀统治"，即最有钱的人拥有最大的权利。而 DPoS 将财富与记账权利分离，而且 DPoS 的投票过程并非一币一票，而是一币 30 票，一个账户可以向 30 个候选节点投票，投的票数为该账户拥有的币量。这种机制是 BM 刻意挑选出的方式，在 Bitshare 与 Steemit 社区的运行情况良好。当然，人们的评价还是各执一词的，有人称道，有人批评。V 神认为 DPoS 机制是中心化的。但 BM 为其辩护："比起纯粹的 PoS，DPoS 设置了更高的操控门槛。"

但不论是 V 神还是 BM 都认可一个理论，在区块链上币是主体，需要用币来衡量权利。而在现实的社会中是个体的人（或曰公民），代表平等的权利。

DPoS 的投票机制与 PoS 以及 PoW 清晰地画了一道分界线。PoW 的权利由机器算力决定，PoS 的权利由虚拟财富决定，人类的意志在其中只能通过购买硬件与购买虚拟币得以体现。而在 DPoS 中，虽然虚拟财富也起到根本的作用，但社区的线下活动也起到了决定性的作用。超级节点的竞选在社区运行中发挥的作用，决定了社区中持币参与者的态度。人以及人的主观意志，在区块链上有了自己的投影。

这是 BM 与中本聪以及 V 神之间的那道深深的鸿沟，这道鸿沟也处处体现在 EOS 的各种特性中。

图6-4　以人为本的 EOS

在区块链及智能合约问世后，有一句人人皆知的话，已近乎真理："代码即法律。"区块链的不可篡改性也令人难以区分系统的 Bug 与恶意的攻击。以太坊的 the DAO 项目被黑客攻击，1.6 亿美元的损失摆在面前，最终 V 神还是投降了，他将以太坊硬分叉，收回了那 1.6 亿美元，但却对以太坊的声誉造成极大影响。你们既然宣称"代码即法律"，那么黑客利用你代码的漏洞取走了1.6 亿美元，便是合法的。区块链不分善恶，只凭代码说话，那么当黑客取走了这 1.6 亿美元，是谁在判断黑客的违法行为？是谁拥有凌驾在代码之上的权力？

BM 则完全颠覆了"代码即法律"这句话，他的世界观不会让自己陷入这种尴尬的境地。曾经在法庭之上所遭遇的痛苦经历让他坚持要分出善恶来。所以，EOS 的宪法就是社区判断善恶的根本标准，而 BM 的 EOS 宪法为社区提供了最基本的善恶准则。EOS 上的每一笔交易都要附有管辖宪法的哈希值，以明确治理原则。EOS 宪法是由文字写成的。在 BM 看来，法律是为人而设，需要人来理解；而代码则为机器而写，需要人的意志去约束代码。在 EOS 上的智能合约甚至要通过李嘉图合约格式用文字描述合约意图，并且指定发生纠纷后的仲裁方式。

基于这种思想，EOS 还设计了种种"以人为本"的特性。

1. EOS 的账户，可自行命名，完全不同于比特币和以太坊的公钥地址。

2. EOS 的账户若被黑客攻击，可以通过指定朋友验证、闲置 30 天后请求重置等方式找回。这对应比特币、以太币私钥丢失而无法找回的弊病。

3. EOS 提供了交易延迟的功能，针对房产类型的重大交易，这种类型的交易发布后，需要几小时乃至几天方可生效，在此期间，用户可以取消交易。

4. EOS 的账户可设置权限，分为 Owner、Active 以及各种自行设定的角色，不同的事务可以设置不同的权限。

5. EOS 的超级节点（也就是区块生产者）有权冻结账户，也可以更新有权限的应用程序，甚至可对底层的协议进行更改。当然，这一切都要代表货币持有者的意志，并受货币持有者的监督。

6. EOS 的区块生产者可以提交宪法变更动议，经过投票与批准流程后对协议与宪法进行升级。

EOS 以区块链操作系统自居，要提供更大的容量、更高的 TPS、更低的延迟。为了达到这个目标，DPoS 是其中的核心技术。除此之外，区块链的数据设计也贡献良多。不同于比特币的区块中直接包含交易，EOS 的区块下是顺序执行的周期（circle），周期之下是并行的线程（thread），在线程之下才是交易，这种树形结构提高了交易的执行速度，减少了延迟。

EOS 支持百万 TPS，则是通过终极武器——跨链来实现的。支持多链、实现链间通信是区块链挑战传统中心化系统（例如 Visa）的终极武器。EOS 的多链、以太坊的分片乃至 DAG 其本质思路几乎都有相似之处。用智能合约实现轻客户端是 EOS 当前的跨链思路，这与亚当·贝克的侧链思想一脉相承。为了提高效率，EOS 团队并未因袭中本聪的 SPV 技术，而是发明了稀疏区块头验证技术，据说大大提高了跨链通信效率。

作为操作系统，EOS 而且还要给应用程序开发者提供更加灵活的开发环境。EOS 支持多种虚拟机，且承诺持续引进更多的虚拟机。当前支持的三种是 Wren、WASM、EVM。可以用于开发智能合约的语言包括 Wren、C、C++、Solidity 等。EOS 与 Fabric 一样重视智能合约，除了最基础的区块链以及权限功能，其他的治理功能（包括 EOS 代币、投票、资源分配等）全数通过智能合约实现。

EOS 如 BM 承诺的那样，交易对用户免费。但应用程序要消耗三大类资源：带宽及存储、CPU、内存。EOS 中设置了一种资源的利用机制，即根据拥有 EOS 代币的量来分配可使用的资源。比特币与以太坊由于拥堵造成很多交易排队。EOS 则不同，拥有大量代币的"土豪"的交易永远不会堵塞，而拥有代币很少的"穷人"则可能要排队。但要使用资源，不论是"土豪"还是"穷人"都需要将 EOS 代币抵押，也就是冻结，不可流通。虽然这些资源是免费的，但需要 EOS 代币作为押金。这样一来，代币在 EOS 系统中又多了一种用途：它可以用来出租，租给需要带宽与 CPU 资源的用户。

EOS 在一片喧嚣争议中于 2018 年 6 月 15 日上线，在严重漏洞的威胁下，在主网分叉的纷争前，在 EOS 币值大跌的质疑中，在 BM 离开 EOS 的阴影里，

EOS 还是跌跌撞撞地上线了。这是一场与众不同的社会试验，比之比特币，它更猛烈地调动了参与者的激情，教育人们如何在非暴力的前提下组建社区，虽然这一切都伴随着理性与野心的对抗、公正与贪婪的较量、技术与人性的权衡，但我们相信人类总会在实验中成长，对个体自由、私有财产、共识社区的保护总是人类文明的探照灯。无论如何，期待 EOS 能够有所成就。

EOS 的技术特征如下：

共识算法：DPoS。

区块链类型：公链。

合约引擎：Wren、WASM、EVM。

合约语言：Wren、C、C + + 、Solidity。

隐私模型：隐私。

数据权限：基于账户强大的数据权限。

TPS：6000 – 8000（测试）在多链支持下目标百万。

开发语言：C + + 。

EOS 的应用特征如下：

应用：区块链操作系统。

当前节点数：21 个超级节点。

当前市值（2020 年 1 月 14 日）：31 亿美元。

最高市值（2018 年 4 月 29 日）：220 亿美元。

IPFS

"基于现代科学在各个学科最先进的理论和技术，根据大量的理论研究和实验的结果，通过对大量方案的综合分析和比较，他们已经得出了把信息保存一亿年左右的方法，他们强调这是目前已知的唯一可行的方法，那就是'把字刻在石头上'。"——《三体 3：死神永生》①

胡安·贝内特（Juan Benet）一心想要发明一种技术，希望未来的人类在

---

① 刘慈欣 . 三体 3：死神永生［M］. 重庆：重庆出版社，2010.

星际穿越旅行中还可以使用这种技术保存和传输信息。胡安为这种技术起了个名字，叫作"星际文件系统"（InterPlanetary File System，IPFS）。存储在这种协议下，文件将永久存在，无人能将其抹去。文件的内容被拆为碎片分布在无数的节点上，没有一个节点能够独霸数据。当访问文件的时候，协议自动从陌生的服务器上拉下文件碎片并准确组合成原文件。

未来有一天，当你穿越星际，移民去往银河末端的第一基地，并不需要随身携带装有1000部电影的硬盘，而可以直接从 IPFS 系统中读取。从 IPFS 系统中读到的文件也许来自荒凉的第一基地，也许来自银河中心川陀①。这就是胡安的理想。

1989年蒂姆·伯纳斯·李用超文本格式开发了 HTTP 协议，将位于不同计算机上的文件通过链接联系起来。这一革命性的发明被命名为"万维网"——将普天下的计算机文件联系在一起，构成了一张文件的大网。蒂姆·伯纳斯·李随之开发了世界上第一台 Web 服务器及第一个 Web 浏览器。计算机的网络从此成为人们可以阅读、可以理解的人类网络。HTTP 及 Web 造就了今天互联网的繁荣，网站、电商、社交、分享构成了人们生活中最重要的一部分。这个信息爆炸般的场景即便蒂姆·伯纳斯·李本人也未曾料到，他承认，最初设计"万维网"只是作为一种激发创意的工具。

HTTP 有着天生的弱点。它的内容分别存在各自的服务器上，一旦服务器宕机，则内容无法访问。由于内容存储在单一服务器，所以对互联网主干网依赖严重，也造成带宽浪费。现在各大网站苦于 DDoS 攻击，也是这种脆弱的中心化存储造成的。

IPFS 的最大野心是要成为星际旅行的文件访问协议。而当前的目标是要补充乃至替换 HTTP 协议。

HTTP 基于服务器寻址，而 IPFS 则不再关心中心服务器的位置，文件的名字和路径也不是 IPFS 访问的途径，IPFS 只关注文件内容，而用文件内容的哈希值对文件作出标示。现在，我们是在浏览器里输入 http：//www. bitcoin. org

————————

① 小说《银河帝国》中的首都。

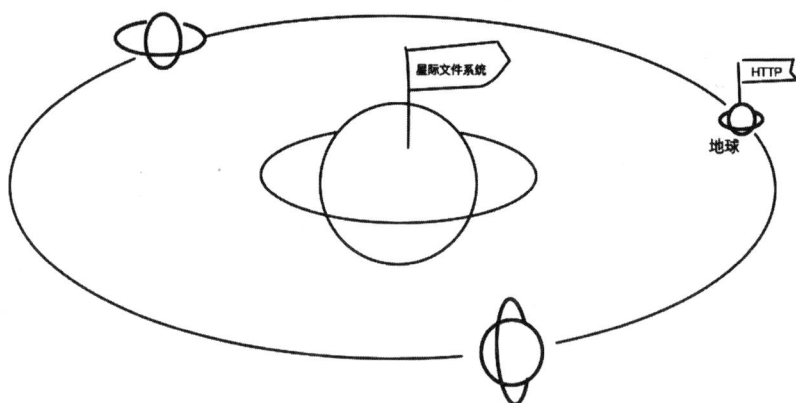

图 6 – 5　IPFS

访问网站的，而在 IPFS 体系下，是用这样的哈希值来访问内容的：

QmNbEoL4GnvwkyFQ6fEAvvzp1GQW7ASj1EmYcYDQVEXDzx

这串哈希值，在全宇宙的行星际唯一标示了一份比特币白皮书的副本。当人们用哈希值访问这个文件时，IPFS 从全宇宙的节点调用文件的碎片内容并下载、组装成完整的文件。当然，对于普通用户而言，使用这样的哈希值会很不方便。实际上，IPFS 上存储的文件依然可以通过浏览器访问，只需要架设一个 IPFS 与 HTTP 之间的网关。

IPFS 中应用的技术很多，在此简单介绍其中的三种：

1. 分布式哈希表（DHT）：所有的节点之间一律平等，使用分布式哈希表对节点进行管理和追踪。分布式哈希表有点像北京的地铁二号线，构成一个环状。无数的地铁就是数据，都静止停在环状的某一处。若要查询当前某列地铁在哪里，则该列地铁是这样回答的——在雍和宫至东直门一公里处。分布式哈希表实际的原理较为复杂，它让数据存储在多台机器节点上，能够方便地查询，而且某个节点失效并不影响数据的存储与查询。

2. P2P 内容分发协议（BitTorrent）：IPFS 系统中使用的文件系统乃是大名鼎鼎的 BitTorrent，在前文中我们曾经介绍过，BitTorrent 是互联网中应用最为广泛的点对点共享文件系统。

3. 版本控制系统（Git）：IPFS 中文件的管理借鉴了 Git 的模式，构造成

Merkle DAG 的数据结构。Merkle DAG 有点像玩乐高积木一样，让众多的小数据块严丝合缝地拼成一个完整的大数据，一个小渣渣也丢不掉，一点点的损坏、一点点的假冒都不行。

IPFS 是一套非常优秀的分布式文件系统，将其归入区块链似乎有些不妥。在 IPFS 白皮书中，建议使用其作为文件系统、版本管理系统、分布式数据库、CDN 系统，然而 IPFS 实质上也是区块链良好的底层支撑技术，比如 EOS 就将 IPFS 作为其区块数据的存储技术。当前区块链主流公链都以高价值的交易为处理目标，而对多媒体等大容量的非结构化数据避之不及，IPFS 则提供了很好的补位。从这个角度，将其归入区块链去中心化技术系列，未尝不可。

作为一个协议，也许 IPFS 协议将补充 HTTP 协议的不足之处。然而，区块链具有颠覆性的原因是区块链提供了去中心化的价值协议。蒂姆·伯纳斯·李发明了 HTTP，但他并未富甲天下，却使那些基于 HTTP 协议开发上层应用的公司挣得盆满钵满。在互联网时代，做底层协议是青灯古佛的苦行僧干的活。但自区块链一出生，就让搞底层协议的开发者、技术大牛们拥有了操控财富的能力。谁说做底层协议挣不到钱？IPFS 是一整套协议，若没看到其中价值，它依然会重蹈 HTTP 的命运。胡安是区块链时代的人物，他并未停步在 IPFS。他在 IPFS 上又开发了 FileCoin。IPFS 没有 ICO 融资，但 FileCoin 融了，还融得不少的资。

2017 年，胡安发起了 ICO，预售以太坊上的 FileCoin 代币，在 60 分钟内融资 1.35 亿美元，最终募集 2.57 亿美元，共计发行 20 亿 FileCoin 代币，70% 将在未来挖矿中产生。

FileCoin 基于 IPFS 搭建了一个关于存储的交易市场，参与的节点可以将自己的硬盘出租，提供存储服务，并获得以 FileCoin 计价的收入。云计算诞生于 Amazon，给开发者提供了便利的运算与存储服务；云盘与 Dropbox 的诞生给互联网用户提供了安全便捷的云存储。那时候，人们对于云计算的畅想便扩展到是否任意一台机器都能提供云服务？天下处处是云，将是多么酷？IPFS 结合 FileCoin 就实现了这个梦想。从此，每个家庭里空闲的硬盘都可以出租，在 FileCoin 系统中赚取存储租费。

在FileCoin中也有矿机的概念，但并不是打包交易并作哈希运算以保持共识。矿机在FileCoin体系中，可以存储文件、检索文件，并对外提供证明。证明有两种：一种叫复制证明，是证明本矿机确实复制并保存了某个数据文件；另一种是时空证明，证明数据文件在某个时间段上一直存在于本矿机上。

需要使用存储服务与检索服务的用户，在FileCoin上提交订单；而矿机则查询订单，并提交报价单，一旦匹配成功，则执行订单交易。FileCoin通过一个叫"订单簿"的共享账本保存交易信息。

FileCoin还在研发过程中，人们的评价莫衷一是。不过，从理论上说，FileCoin是真正的共享经济，节省带宽，充分利用存储空间。希望FileCoin的未来，不仅仅是专业矿机的天下，还是一个真正的P2P共享存储系统。未来我们可以通过FileCoin将"Hello World"发送到外星系，并支付一个FileCoin给外星人。

IPFS/FileCoin的技术特征如下：

共识算法：Proof of Replication、Proof of Spacetime。

区块链类型：公链。

合约引擎：NA。

合约语言：NA。

隐私模型：隐私。

数据权限：NA。

TPS：NA。

开发语言：Go、C＋＋。

IPFS/FileCoin的应用特征如下：

应用：分布式存储系统、区块链存储交易市场。

当前节点数：NA。

当前市值（2020年1月14日）：76亿美元。

最高市值（2018年1月10日）：560亿美元。

闪电网络

比特币每秒最高完成 7 笔交易，而 Visa、MasterCard 等传统中心化系统每秒高达 4 万~6 万笔交易。很多人对去中心化技术感到绝望，认为去中心化永远也替代不了中心化。人们普遍认为比特币的存在只能被定位成投资系统，只能支撑低频的交易，无法完成类似 Visa 这样大容量的支付任务。虽然中本聪为比特币有过很多辩护，虽然尼克·萨博说比特币牺牲了效率、提高了社会扩展性，但从技术角度，去中心化系统的效率低于中心化系统，已成定论。

然而并不是。

中本聪在与他人的邮件讨论中，就提及过关于用"微支付通道"的方法，实现"链下交易"缓解链上的压力，并在多方频繁小额交易的场景中达到更高的交易效率。

V 神在他的《去中心化的含义》（*The Meaning of Decentralization*）文章中，将去中心化分为三个层次：架构层、政治层、逻辑层。比特币在架构层是去中心化的，但在逻辑层则是中心化的。这个很好理解，比特币在逻辑上，有一条"链"需要所有节点一起去维护。这就是说，"法"的订立是由众多案例在分布式的情况下形成的，而"法"的执行则更是去中心化的。但"法"在逻辑上是中心化的。在逻辑上能去中心化的是语言，每个人所说的语言都可以不一致。

正因为所有节点都需要维护这样一条逻辑上的沉重的"链"，才出现了比特币的效率问题。那么是否可以从逻辑上就抛弃中心化？这么做效率是否可以提高呢？

如同在一个巨大的菜市场，人们之间的交易若是都要到市场办公室去交钱、验货、验证、交易，那么效率一定很低，这就是中心化。而正常的菜市场都是菜贩与顾客之间 P2P 交易，所以效率极高，我们甚至认为随着更多的菜贩与顾客加入，一个菜市场的 TPS 是无上限的。

交易系统也一样。若是区块链能够彻底实现 P2P，那么效率就应该能很高。

图 6-6　链下协议闪电网络

2016 年约瑟夫·普昂（Joseph Poon）与撒迪厄斯·德里亚（Thaddeus Dryja）发表的论文《比特币闪电网络：可扩展的链下快速支付》（*The Bitcoin Lightning Network：Scalable Off – Chain Instant Payments*）称：在比特币系统上开启了真正"去中心化"交易模式，让 TPS 从此无上限。

在此之前，由于比特币的拥堵，比特币社区已经因如何扩容而吵得鸡飞狗跳。比特币社区的三大势力——核心开发者、矿池、交易所，打成一团。中国的矿池居全球之首，以中国的矿池经营者为代表支持扩大区块容量，从当前的 1 MB 扩大到 2 MB，甚至更大，这样交易量大了，矿机的收入也多了。区块扩容一派不惜分裂比特币，推出了 Bitcoin Classic、Bitcoin Unlimited、Bitcoin Cash 等大区块的比特币分叉。

而核心开发者是中本聪一脉传承下来的御林军，他们都是技术大牛，考虑问题以技术为中心，对扩大区块这一问题不屑一顾，提出了隔离见证与闪电网络技术，以扩大比特币系统的容量。核心开发者的多位骨干在一家名为 Blockstream 的公司工作，所以 Blockstream 公司就近乎代表了核心开发者的意见。Blockstream 的创始人就是哈希现金的发明人亚当·贝克，他也是密码学宗师之一。

从技术角度来看，自然闪电网络更加美妙，这是用加密学解决问题，热爱技术的人会喜欢它。而闪电网络的论文被认为是继比特币白皮书之后排名第二的重要性论文。

要理解闪电网络，就要先了解支撑闪电网络的三个技术：微支付通道、可撤销顺序成熟合约（Revocable Sequence Maturity Contract）、哈希时间锁定合约（Hashed Time lock Contract）。闪电网络技术非常复杂，逻辑不易理解，但又非常精妙，不叙实在可惜。下面依然希望能借助故事将其原理讲解清楚。

采用王大锤在小区门口零售店购物作为例子。王大锤是消费者，张建国是零售店店主，两人交易频繁，日均 10 笔，月均 300 笔，总计约 3000 元。王大锤用网银支付，银行很苦恼，这些小额支付给银行系统构成了巨大压力。王大锤也苦恼，每笔交易都要付转账费。于是，银行在王大锤与零售店之间构建了"微支付通道"，便于他们日常的频繁小额交易。

第一步，王大锤与零售店在银行开设一个共同账户，要从这个账户转账，需要王大锤与张建国共同签字，银行才会认可。

第二步，王大锤写一个转账单，从自己的个人银行账户转账 3000 元到他与张建国的共同账户。转账单写完后，王大锤先不给银行转账单，而是留在手中。我们将这张转账单编号为 01。

第三步，王大锤写一个转账单，从共同账户中转账 3000 元到自己的账户（须知，此时共同账户中并无余额），因为共同账户转账单生效，需要二人共同签字，他让张建国签字，然后自己也签字。王大锤将此转账单留在手里，我们将这张转账单编号为 02。然后，王大锤将 01 号转账单交给银行执行，于是，二人共同账户中有了 3000 元。

这时，王大锤随时可将 02 号转账单交给银行执行，将 3000 元转回自己的账户。相反，张建国则无法调用共同账户中的 3000 元，因为要转账，需要二人共同签字，而王大锤是不会允许张建国随意挪用那 3000 元，即不会签字。此时，若是张建国消失，则王大锤随时可将 3000 元转回自己的账户。若是王大锤消失，张建国也并未损失什么。

第四步，王大锤要消费了，他到零售店购物，这是他在微支付通道的第一笔交易，他买了一瓶 10 元的酸奶。他并不通过银行转账，而是写一张新的转账单 03 号，从共同账户中转账 10 元到张建国的个人账户，转账 2990 元到自己的账户，王大锤在转账单上签字，交给张建国，张建国也签字，张建国与王大锤都保存一份签字转账单的副本，他们两人都可以随时将 03 号转账单交给银行执行转账。但两人约定并不将转账单交给银行执行。

第五步，王大锤第二笔交易购买了一瓶 10 元的啤酒。王大锤再写一张新的转账单 04 号，从共同账户中转账 20 元到张建国的个人账户，转账 2980 元到自己的账户，王大锤对转账单签字，交给张建国，张建国也签字，张建国与王大锤都保存一份签字转账单的副本，他们两人都可以随时将 04 号转账单交给银行执行转账。但两人约定，并不将转账单交给银行执行。

之后，每一笔消费发生，都重复第四步，于是，两人手里的转账单越来越多，一直到月底，王大锤共消费 300 笔，加上 01 号与 02 号转账单，一共有 302 笔转账单。第 302 号转账单，转账 3000 元到张建国的账户，0 元到王大锤自己的账户。两人签字后，由王大锤将 302 号转账单交予银行执行，于是，银行将共同账户的所有 3000 元转给张建国，随之关闭这个微支付通道。

以上逻辑的关键是，中间的 301 笔交易转账单都并不实际执行，而是作为二人彼此牵制的保障。如果在第四步，张建国拿到 03 号转账单后立刻交给银行，则银行会转账 10 元给他，并将 2990 元转给王大锤，然后提前关闭通道。如果王大锤将 03 号提交银行，则结果一样。

另一个关键是，如果在第四步，转账单 03 号已经双方签字，但张建国并未拿到 10 元钱，而王大锤将转账单 02 号提交银行，将 3000 元全数转给自己怎么办？张建国岂不是损失了 10 元钱？对于这些转账单，银行有一个约定，每张单据提交，并不立刻执行，而是延迟一定的时间执行，这叫作"锁定时间"。而且是按照编号顺序逆序执行，也就是编号小的锁定时间长，锁定时间最长的就是 02 号转账单，锁定最短的 302 号是立即执行的。所以，若是王大锤提交 02 号转账单，则张建国可立刻提交 03 号转账单，银行虽然先收到 02 号，后收到 03 号，但银行依然会先执行 03 号转账单。张建国不会损失自己的 10 元钱。

虽然二人通过微支付通道执行了 300 笔交易，但只对银行提交了 2 笔。实际上，不论多少笔，哪怕王大锤与张建国之间每月有 1 亿笔交易，也只在银行那里体现为 2 笔。任何两人之间都可以建立微支付通道，所以，理论上微支付通道的 TPS 是无上限的。这是真正的 P2P，真正的去中心化。

但微支付通道有一个弱点，它是单向的，只能用于从王大锤向张建国转账，无法用于两人之间的双向转账。还有一个弱点是因为存在锁定时间，若是张建国跑路，则王大锤提交 02 号转账单，需要等待很长的锁定时间，才能拿回自己的钱。

可撤销顺序成熟合约（Revocable Sequence Maturity Contract，RSMC）则在微支付通道基础上更进一步，它支持双向转账，也解决了锁定时间的问题，一旦一方反悔，则另一方立刻可以拿回自己的钱。

RSMC 更加复杂，其解决的主要问题是双向支付，以及无锁定时间。下面简单叙述其原理及步骤。

依然是王大锤与张建国，每月 300 笔共计 3000 元的交易，但这次 3000 元乃是双方之间双向交易的总额。于是构建一个王大锤与张建国的共同账户，称为共同账户 A1。王大锤与张建国各自写一个转账单 w01 和 z01，各自向该账户转账 1500 元；签字后，二人暂时保留转账单，并不交给银行执行。

王大锤再准备转账单 w02，从共同账户 A1 中转移 1500 元到张建国的个人账户，转移 1500 元到另一个共同账户 A2，此共同账户是王大锤与张建国的第二个共同账户，同样需要二人共同签字，方可执行账户转账操作。

王大锤准备第三个转账单 w03，从共同账户 A2 中转移 1500 元到自己的私人账户。该 w03 有个特殊约定，只有在 w02 转账单完成后 2 天方才执行。

王大锤将 w02 与 w03 都交给张建国，让张建国签字。张建国签完字后，王大锤将两张转账单保留在手中，并不交给银行。

完全对称的，张建国也准备两个转账单：z02 和 z03，交王大锤签字，签完字后，张建国将其留在手中，并不交给银行。

完成 w02，w03，z02，z03 的签字后，王大锤与张建国分别将转账单 w01 和 z01 交给银行执行。于是，共同账户 A1 中有了 3000 元。

此时，二人处在一个制衡的状态。一人 1500 元，保存在共同账户 A1 中。若是王大锤签名并提交 w02 与 w03，则银行先执行 w02，张建国立刻得到 1500 元，另外 1500 元转移到共同账户 A2。然后过了 2 天后，银行才执行 w03，从共同账号 A2 中转移 1500 元到王大锤的个人账号。若是张建国签名并提交 z02 与 z03，则情况相反，王大锤立刻得到 1500 元，而张建国需要 2 天才能从共同账户 A2 中得到另外的 1500 元。

这就解决了微支付通道的锁定时间问题。

当消费发生，例如，张建国需要向王大锤支付 10 元，则张建国构建 z04 与 z05 转账单。z04 转账单从共同账户 A1 中转移 1600 元到王大锤的个人账户，转移 1400 元到共同账户 A2。z05 转账单从共同账户 A2 中转移 1400 元到自己的私人账户。该 z05 有个特殊约定，只有在 z04 转账单完成后 2 天方才执行。

张建国将 w02 与 w03 都交给王大锤签字。王大锤签完字后，张建国将两张转账单保留在手中，并不交给银行。

完全对称地，王大锤也准备两个转账单——w04 和 w05，交给张建国签字，签完字后，王大锤将其留在手中，并不交给银行。

两人由此处在一个新的平衡状态，一旦张建国先向银行提交 z04 与 z05，则王大锤立刻得到 1600 元，而张建国的 1400 元要晚两天得到。反过来，王大锤先提交 w04 与 w05，则王大锤的 1600 元要晚两天得到。

问题的关键是，此时，张建国手里还有 z02 与 z03，这两个转账单中声明的金额分配是张建国 1500 元，而王大锤也是 1500 元，如何作废这两张转账单呢？这是 RSMC 的精髓，但解释起来，着实困难。

可以从两个角度来解释，一个角度是贴合当前的银行账户制，易于理解。从这个角度来说，张建国为了向王大锤声明自己有诚意作废 z02 与 z03，只须签字声明一个单据，将 A02 共同账户完全转移给王大锤。这样，万一张建国不作废 z02，则进入 A02 的 1500 元会转移到王大锤手中，因为该账户已为王大锤控制。这个角度解释起来虽然易于理解，但从算法上看并非如此。

另一个角度是从更靠近算法的原理去生硬地解释。张建国将 A02 共同账户的密码交给王大锤，王大锤有了密码，可以更改 z03 单据内容，将收款人改为自己的账户。这样，万一张建国不作废 z02，则进入 A02 的 1500 元会转移到王大锤手中。这个解释，从字面上实在讲不通，但算法上的道理就是如此。

当我们搞定了 RSMC 后，离闪电网络只有一步之遥了。RSMC 虽好，依然有一个缺陷，那就是要在两个交易对手方之间建立通道。随意的陌生人之间必须建立通道才能转账，这太不方便了。哈希时间锁定合约（Hashed Time Lock Contract，HTLC）就是解决这个问题的。

HTLC 原理较为简单，但实际应用时要结合 RSMC，这一结合恰似天雷勾地火，复杂程度瞬间暴涨百倍。这里只解释一下 HTLC 的基本原理。

HTLC 是在多个微支付通道之间"搭桥"的一种机制。例如，Alice 与 Bob 之间若是没有这个通道，但 Alice 与 Cave 之间有通道，Cave 与 Bob 之间有通道，那么就像过电一样，通过 Cave 在 Alice 与 Bob 之间建立微支付通道。甚至可以通过多人在中间架桥。但为了在保证中间人不会贪钱的同时让中间人有动力帮助传递，有必要为微支付通道设计一种机制，让通道中的每一位按约定密码转钱。

假设 Alice 要支付 1 个比特币给 Diana，在闪电网络中可用的通道是Alice→Bob→Carol→Diana→Eric。

首先，Eric 是最终收款方，他交一个密码给 Alice，假设这个密码为 R。

随之，Alice 与 Bob 签订合约，若 4 小时内 Bob 出示密码 R 给 Alice，则 Alice 支付 1.3 比特币给 Bob；若 4 小时内 Bob 无法出示密码 R，则 Alice 收回这笔钱。

Bob 并没有密码 R，但 Bob 与 Carol 签订合约，若 3 小时内 Carol 出示密码 R 给 Bob，则 Bob 支付 1.3 比特币给 Carol；若 3 小时内 Carol 无法出示密码 R，则 Bob 收回这笔钱。

Carol 并没有密码 R，但 Carol 与 Diana 签订合约，若 2 小时内 Diana 出示密码 R 给 Carol，则 Carol 支付 1.1 比特币给 Diana，若 2 小时内 Diana 无法出示密码 R，则 Carol 收回这笔钱。

Diana 并没有密码 R，但 Diana 与 Eric 签订合约，若 1 小时内 Eric 出示密码 R 给 Diana，则 Diana 支付 1.0 比特币到 Eric；若 1 小时内 Eric 无法出示密码 R，则 Diana 收回这笔钱。

这样层层传递密码与比特币，每个中间人都能赚到差价，最终比特币的交付顺序如下：

1. Diana 给 Eric 1 枚比特币，换得密码 R，Eric 最先获得 1 枚比特币，达到目的。

2. Carol 给 Diana 1.1 枚比特币，换得密码 R，Diana 赚 0.1 枚比特币。

3. Bob 给 Carol 1.2 枚比特币，换得密码 R，Carol 赚 0.1 枚比特币。

4. Alice 给 Bob 1.3 枚比特币，验证密码 R 正确，Bob 赚 0.1 枚比特币。

2018 年，致力于开发比特币闪电网络的公司 Blockstream 及 LightningLabs 陆续发布了闪电网络产品，并在实验中支持了几千个节点，建立了几千个通道，并承载了几十万美元的交易。

以太坊社区也相应推出了类似闪电网络的雷电网络（Raiden Network），并于 2018 年上线试用。

闪电网络的技术特征如下：

共识算法：基于比特币的 PoW。

区块链类型：链下支付通道。

合约引擎：NA。

合约语言：NA。

隐私模型：隐私。

数据权限：NA。

TPS：无上限。

开发语言：Go、C + + 。

闪电网络的应用特征如下：

应用：比特币链下快速交易。

当前节点数：6000。

当前市值：NA。

最高市值：NA。

侧链

2012 年，比特币社区开始就如何拓展比特币的容量及功能进行讨论。比特币就像一列高速运行的列车，任何对列车本身的升级与维修都是极其危险的。比特币的核心开发者在那时提出了侧链的方案。

当时，各种竞争币如雨后春笋般生长，比如号称"比特金，莱特银"的莱特币，还有用于付小费的狗狗币，这些竞争币多基于比特币代码改造，但都对比特币形成了一定的冲击。比特币核心开发者们有些忧虑比特币的市场地位，他们希望比特币能永远"独霸江湖"。既然比特币的容量与功能已经确定无法满足人们对区块链的所有需求，那么核心开发者们努力的方向就是区块链可以有很多，但币只有一个。他们希望所有的区块链都锚定比特币，成为比特币的侧链。

2014 年，亚当·贝克、马特·科拉罗（Matt Corallo）、卢克·达施（Luke Dashjr）等发表了题为《基于锚定式侧链的区块链创新》的论文，正式提出了完整的侧链技术。

亚当·贝克就是哈希现金的发明人，在密码学领域地位尊崇，哈尔·芬尼的 RPoW 以及中本聪的 PoW 都与他的哈希现金有着传承的关系。如今矿机消耗因电费而颇遭诟病，其始作俑者并非中本聪，而是亚当·贝克。中本聪有了比特币的主意后，联系过亚当·贝克，也是亚当·贝克将其推荐给戴维。但后来推测，亚当·贝克并未对中本聪的比特币思想产生兴趣，我们找不到亚当对其表态的文献。在比特币站住了脚之后，亚当才开始加入比特币的社区，并成立了 BlockSteam 公司，将众多比特币核心开发者纳入账下，并推出了"隔离见证""闪电网络""侧链"等改进比特币的技术。

亚当在锚定式侧链技术中，提出将比特币的区块链与比特币从概念上拆开，让更多其他区块链作为侧链，能够一样使用比特币，这就是所谓的价值上锚定（Pegged）比特币。基本的要求是，在比特币主链上锁定比特币，然后在侧链上释放锁定的比特币。侧链上也可锁定比特币，然后返回比特币主链。

亚当在文中介绍了两种锚定的思路：一种是 SPV 锚定，另一种是联盟锚定。

比特币的区块链仿佛是一条漫无边际的铁道，伸向遥远的未来。而其上承载价值的比特币就像是铁路上运输的货物。两条铁路上运行的火车之间若要交换货物，该怎么办？这就是比特币的侧链问题。

一种最简单的思路是建设火车站，让两条铁轨上的火车驶入火车站停靠，消消停停地搬运货物。这种方式，有点像今天的虚拟货币交易所，将币存到交易所再进行交易。这种方法的弊病就是中心化，一旦火车站出现问题，就全盘皆输。亚当的联盟锚定与火车站类似，只是为了安全，让火车站控制多方的力量，以防范信任上的风险。

另一种思路比较有挑战性，即在两列高速行驶的列车之间架设通道，打通两列火车，将货物从一列火车运到另一列火车。SPV 锚定就是这个思路。利用比特币的 SPV 验证，可以让侧链感知比特币主链上的币值锁定，主链也能够通过 SPV 验证感知侧链上比特币的锁定。

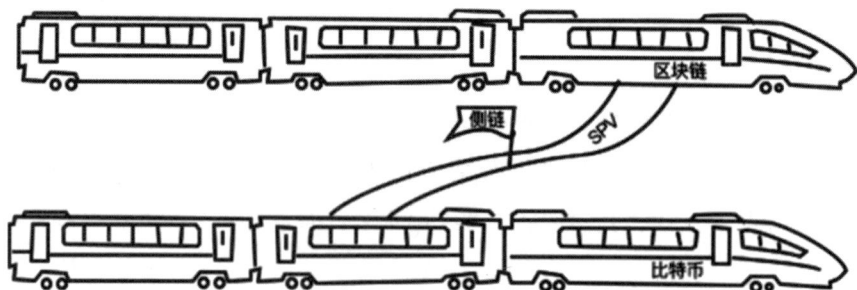

图 6-7　侧链 SPV 锚定

但 SPV 锚定对比特币脚本要求较高，当前的比特币脚本无法实现。

另外一种技术，BTC Relay，则沿着这个思路实现了比特币与以太坊之间的跨链。BTC Relay 是一家叫作"ConsenSys"的公司开发的，ConsenSys 在以太坊社区的地位，堪比比特币社区的 Blockstream。约瑟夫·鲁宾（Joseph Lubin）于 2015 年创建了 ConsenSys，目的是在以太坊平台上开发技术以及应用。BTC Relay 是 ConsenSys 用来连接比特币与以太坊的侧链技术。

前面叙述过，比特币的脚本太过简陋，无法进行跨链的 SPV 验证。而以太坊的智能合约则是图灵完备的，可执行任何想作的计算。那么在以太坊的虚拟机里，用智能合约执行比特币的 SPV 验证，岂不是顺理成章？

BTC Relay 本来是以太坊基金会下的项目，在开发者约瑟夫·周（Joseph Chow）加入 ConsenSys 后，也随之并入 ConsenSys。2016 年 BTC Relay 正式公布，打通了比特币与以太坊之间的价值流转。

BTC Relay 目的较为单纯：采用以太坊智能合约实现的 SPV 验证机制作为比特币与以太坊的中继站（Relay），实现比特币与以太币主网之间的锚定。

另一家公司叫作"Rootstock",国内称为"根链",采用了与 BTC Relay 一样的思路,但开发了更加复杂且全面的系统。Rootstock 的目的是提供快速便捷、高容量的支付服务,当然其价值依然锚定比特币,支付的还是比特币。

跨链

侧链的着眼点是为比特币这样的强势虚拟货币实现拓展性,让其价值可以支持其他区块链。所以侧链的技术目标是将币与区块链分离,让比特币可以在多种区块链上应用。但侧链在技术实现上需要区块链之间的通信,这就引起了人们对链条通信的极大热情。

区块链实现了 P2P 及去中心化环境下节点之间的通信共识。但每一条区块链则是一个逻辑上的中心化计算机,它有着有限的运算能力、存储空间和带宽。比特币和 Ripple 之类的区块链都是单一功能的去中心化应用。以太坊与 EOS 虽然野心勃勃地号称要成为"世界计算机",但依然有着各自不擅长的方向与领域。虽然对未来技术走向的预言是"愚蠢之母",但就现在的局势来看,区块链的未来世界不会只有一条链,甚至不会像计算机的操作系统那样,只有寥寥几个王者瓜分天下。我们宁愿用网站来比拟区块链:未来会有多链多币,由百花齐放的区块链生态来满足各种不同的应用需求。

但每条区块链就是一个小世界,一个孤独的岛屿,如何在区块链之间建立通信、让区块链联网就成了多区块链环境下的紧迫任务。

现在的虚拟货币交易所可以算是一种桥梁,让区块链所承载的价值可以进行转换。但当前的交易所是中心化的,其技术上的脆弱性招来了黑客的频繁攻击。交易的价值完全依赖交易所机构,这是一种倒退。今日交易所的繁荣,既有点像火车出现后用马匹去拉动火车,也有点像在互联网的原始时期人们要去网吧上网。要知道,互联网本来就是电脑互联互通的技术,但人们却要跑很远去一个专门营业的地方上网,这本身就是一种荒谬。区块链是去中心化的,是承载价值的网络,是价值流转的交易所,若其本身还要依赖中心化的传统交易所,这也是一种荒谬。

侧链出现后,开发者开始尝试跨链的通信,只是在这个阶段人们关注的是价值的跨链流转，目的是维持比特币的主流虚拟货币地位。但随之开发者便将目光放到真正的跨链技术上，要实现普遍的链间通信，构建区块链的互联网。

Cosmos 是第一个提出完整跨链思想的区块链产品，由 Tendermint 公司设计。Tendermint 的创始人是杰昆（Jae Kwon）和伊桑·布赫曼（Ethan Buchman）。这是两个年轻人，杰昆毕业于美国康奈尔大学，在 Yelp 公司工作过，于 2014 年创建 Tendermint。伊桑·布赫曼则是加拿大人，2013 年才毕业于加拿大圭尔夫大学。Tendermint 最知名的技术与其公司同名，即 Tendermint 算法。Tendermint 算法中有两个核心：一个是区块链共识引擎，另一个是通用的应用接口。在这种思路中，已经将共识算法与应用接口分离开来。Tendermint 区块链共识引擎，可用作区块链开发的通用引擎，事实上，众多区块链开发公司都以 Tendermint 为基础。以太坊将要推出的 Casper 共识算法，也大量参考了 Tendermint。

Tendermint 共识算法综合了 PoS 与 BFT 两种思想。从记账权的确定上来看，它是 PoS 共识的；从共识达成的算法来看，它则是 BFT 算法。杰昆在 2014 年才通过 Tendermint 算法将 BFT 算法推向实用。在此之前，算法因为只适用于在有限的已知节点之间达成共识，所以并不适合比特币这样的公有链。Tendermint 算法解决了这个问题，从而使 BFT 算法在区块链上大放异彩。在 Tendermint 算法下，持有数字币资产越多，则获得记账权的机会越大。

在拥有记账权的节点（在此称为验证者）之间达成共识，是以 BFT 的三步式实现的，经历的过程是："提议→预投票→预提交→提交"。

在预投票和预提交两个步骤，都需要超过 2/3 的验证人节点投票认可，方可进入下一步。这种两步投票的节奏让发明人布赫曼博士想起了波尔卡舞，便给预投票这个动作起了个名字叫波尔卡（Polka）。波尔卡舞是兴起于捷克农民之间的舞蹈，非常活泼，后在欧美流行。波尔卡的舞步是半步半步地跳，活跃且极富节奏感，与 BFT 算法中验证人投票很像。后来，盖文·伍德（Gavin Wood）在 Parity 以太坊客户端中给自己的跨链技术起名为"波尔卡链"（Polkadot），可以想见，BFT 的投票节奏与波尔卡舞是多么相像，此外也可看出这些技术"大牛"们都有着深厚的文艺素养。不过，Polkadot 的意思是布满圆点的花布，其来源是 Polka 音乐唱片的封套都是用圆点图案点缀的。

Tendermint 的 ABCI 是一组基于共识引擎的接口。开发者用 Tendermint 共识算法作为底层，可以随意用喜爱的语言开发区块链的业务逻辑，然后通过 ABCI 接口与 Tendermint 共识算法进行通信。只要开发者愿意，完全可以将比特币的 PoW 换掉，替换为 Tendermint。实际上，Tendermint 就用自己的共识算法，重新写了以太坊客户端，叫作"Ethermint"。

有了 ABCI 和 Tendermint 共识算法这两种神器，分离了共识与业务，就为区块链的互联网奠定了基础。Cosmos 跨链技术支持多条链，其中有一条核心链叫作"Cosmos Hub"，这是对多条链之间进行跨链管理的中心和信息交换的桥梁。其他的链在 Cosmos 中都称为"Zone"，Zone 可以是一条公链，也可以是一条联盟链，但要求都遵循 Tendermint 共识算法的区块链。Zone 之间交换信息要通过 Hub，而信息的格式则必须遵循 IBC 协议，这是 Cosmos 的第三个神器。

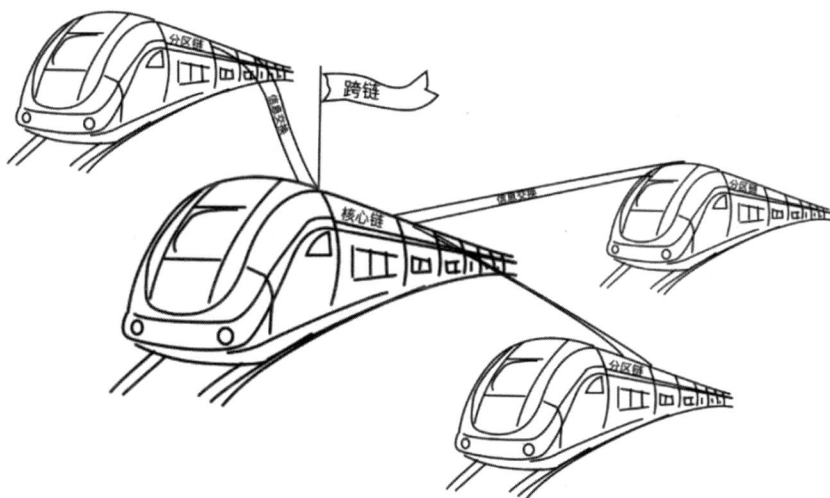

图 6-8　跨链

Tendermint 在其网站上这样描述自己："拜占庭容错的副本状态机，简单点说，就是区块链。"而 COSMOS 网站则简单地写道："区块链互联网。"但另有一行小字写道："我们团队正全力以赴投入 COSMOS 网络的发布中。"

如其所愿，则未来的区块链如道路一般，纵横交错、互联互通，价值和信任传遍世界的每一个角落。

Cosmos 的技术特征如下：

共识算法：Tendermint。

区块链类型：区块链基础架构/跨链。

合约引擎：任意。

合约语言：任意。

隐私模型：隐私。

数据权限：NA。

TPS：1000 每秒。

开发语言：Go。

Cosmos 的应用特征如下：

应用：区块链基础架构/跨链。

当前节点数：NA。

当前市值（2020 年 1 月 14 日）：8 亿美元。

最高市值（2019 年 3 月 16 日）：19 亿美元。

COSMOS 立志做区块链的互联网，但在现阶段，其跨链的协议只支持币的转移，延续的依然是侧链思想。而且 COSMOS 要求所有的 Zone 链必须基于 Tendermint 共识协议。

另一个跨链技术则试图克服这些限制，让跨链更加强大和顺畅。这种技术在前面已经提到，叫作"波尔卡链"（Polkadot），也是 PoS 的一种，其共识算法部分借鉴了 Tendermint 的思路，从其命名即能看出，其也是 BFT 的一个变种。

波尔卡链是由盖文·伍德博士创立的。盖文·伍德大神级的地位让人们对波尔卡链抱有更大的信心。盖文·伍德实质上是以太坊的最核心开发者，也许在技术上的贡献并不逊于 V 神。盖文·伍德主笔的以太坊黄皮书是绝对的经典，号称全球能看懂的人不会超过 100 个。这真是曲高和寡，弦断有谁听啊。他离开以太坊之后开发的 Parity（以太坊客户端），在技术上甩以太坊其他客户端几条街，撑起了以太坊社区，至今仍是最主流的客户端。由他主持跨链，那么区块链互联网也许真的不远了。

波尔卡链在技术上的追求是分离区块链的一致性与有效性。盖文认为，当前区块链的种种弊病全数植根于"一致性"与"有效性"的纠缠。以比特币系统举例，其交易的发起与交易共识达成的 PoW 机制混杂在一起，所以才缺乏扩展性与伸缩性。比特币的扩展性差无法做各种复杂的合约；比特币的伸缩性差所以 TPS 上不去。两者皆要归罪于"一致性"与"有效性"的捆绑缠绕。

波尔卡链旨在解决这个问题，提出将区块链分为平行链与中继链的理念。平行链是各种各样的区块链，甚至是传统的中心化系统，只做交易、做业务，负责有效性。而中继链则是 Polkadot 所研发的主链，也是波尔卡链发行主权益代币的链。中继链的作用有如下几种：

1. 验证平行链的区块。
2. 保存平行链的区块头与 SPV 默克尔树。
3. 路由跨链交易信息。
4. 未来完全承担起平行链的交易共识。

在波尔卡链构思的未来场景中，不论是区块链还是传统系统都不必关注达成一致性的共识算法，而是将此任务托付给中继链。

在波尔卡链构思的平行链中，设计了"收集人"这样的角色，基本上对应比特币系统的矿工，负责打包平行链上的区块，只是平行链的"收集人"还要承担转发交易区块头等验证信息给中继链上的"验证人"任务。所以，为了把比特币、以太坊这样的系统纳入成为平行链，波尔卡链正在改造比特币、以太坊客户端，以实现"收集人"的功能。

"钓鱼人"乃是波尔卡链的创新，这些节点角色在平行链上，对验证人进行监控，防范恶意的验证人。

"验证人"的角色则是中继链上的节点，是波尔卡链中继链上的矿工，除了验证与打包本链交易，还要对"收集人"转交的区块数据进行验证。

波尔卡链也是 PoS 算法的一种，所以也有提名人角色，该角色可以将权益委托给验证人。

2017 年 10 月，波尔卡链发起 ICO，共计 1000 万枚代币，对外发行 500 万枚，在短短的一天时间内，融资近 2 亿美元。

波尔卡链的技术特征如下：

共识算法：PoS。

区块链类型：区块链基础协议/跨链。

合约引擎：EVM，Web Assembly。

合约语言：NA。

隐私模型：隐私。

数据权限：NA。

TPS：NA。

开发语言：Rust。

Polkadot 的应用特征如下：

应用：区块链基础协议/跨链。

当前节点数：NA。

当前市值（2020 年 1 月 14 日）：10 亿美元。

最高市值（2019 年 7 月 23 日）：19 亿美元。

区块链分片

区块链分片是一种技术，为众多区块链所采用，旨在提高区块链的容量及效率。自比特币推出以来，效率就成了去中心化技术的软肋，不管懂还是不懂，大家都学会了一句话："区块链效率太差。"说的时候，或者伴随一声长叹，或者面有鄙夷。

尼克·萨博作为理论家，从社会可扩展性上为区块链辩护，区块链的哲学从根子上就不是为了效率。干嘛要求大象跑得像羚羊一样快呢？

但区块链开发者们就不大乐意，他们颠过来倒过去地研究大象，一心要让大象飞起来，羚羊算什么？

区块链提高效率有几种方法。其一是加大区块的容量，这个是中国矿机主们喜欢的，笨拙有效，却是"今朝有酒今朝醉，明日愁来明日愁"，按下不表。其二是链下交易，即侧链，闪电网络就是其中典型的技术。比特币、以太坊都推出了相应的方案。其三是改变共识算法，比如 EOS 的石墨烯，21 个节点记账，自然效率高。其四是多链或者子链，以太坊的 Plasma 就是个例子。其五是分片，将区块链拆分成多个分片，从而提高效率。

区块链分片技术的产生借鉴了数据库技术的分片，将记录横向拆分，分别存放在不同的表或者库中。但区块链的分片在技术实现上，比数据库分片要困难很多。

单个区块链，就仿佛全国的银行交易，都由央行承担。央行在全国共计1000 家网点。由于这个区块链央行实行 P2P 模式，所以对于发生的任何一笔交易，1000 家网点的每一家都要接受、记账、验证。若是用 PoW 模式，每家还要参与数据竞赛。可想而知，效率不可能高。央行经过思考发现，效率低下的原因是每家网点都要对所有交易进行处理。那么是否可以给网点"减负"？让每个网点只处理一部分业务，这样效率岂不就提高了？同时为了保留 P2P 公共账本的安全性，每个网点只处理一部分业务，但依然要将自己的交易报表在1000 家网点之间共享。

那么该如何分配网点来处理业务呢？涉及的分配思路有三种：第一种是网络分片；第二种是交易分片；第三种是状态分片。

网络分片面对的问题是如何将网点划分成组来处理不同的分片。最简单的方法是按照地域划分，各省分成组，但这样带来的问题是各个网点清楚知道自己所属的组，容易形成山头主义。所以，一般的思路是按照随机的方法形成组。

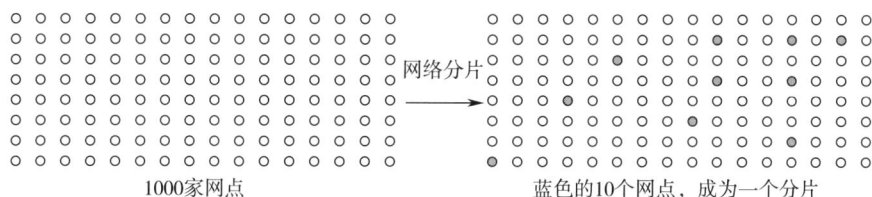

网络分片

1000家网点　　　　　　　　　　蓝色的10个网点，成为一个分片

图6-9　分片

这些网点形成了一个分片。那么当储户来存取钱或者汇款时，交易该由哪

个分片处理？这就是交易分片的问题。最简单的思路是，按照该交易的哈希值归入不同的分片，比如可以将哈希值最后一位是 0 的交易都存入蓝色的分片。但容易出现双花的问题。通常的思路是，按照发起交易的储户账户 ID 划分分片，若储户 ID 是 0 开头，则存入蓝色分片。

而状态分片则最复杂，即按照账户划分分片，但不同的账户的信息存在不同的分片。比如账户 A 的信息存在蓝色分片，而账户 B 的信息则存在红色分片，那么 A 到 B 的一笔汇款需要两个不同的分片处理，这就出现了跨分片通信。无论哪种分片，跨分片通信都是个大难题。这与跨链通信面临的难题类似。

以太坊的 V 神于 2017 年发表论文，提出了以太坊分片的技术思路及路线图。在分片技术的第一阶段，干脆避开了跨分片通信，留待以后解决。

以太坊的分片技术中，主链还是主链，协议不变，然后单开 100 条"分片链"，业务交易都放在"分片链"上处理。每条"分片链"是一个独立的空间，V 神将之称为"宇宙"。这样一来，所有"分片链"加在一起，TPS 与容量都能增加 100 倍。

"分片链"上的交易打包后，为了区别于主链，不再叫"区块"，而是叫"Collation"。"Collation"这个词，有人将之翻译为"顺序"，仔细琢磨的话，"Collation"与"Block"（区块）应该并无区别，都是指将收集来的交易数据进行验证、整理、排序、打包等操作。可以认为"Collation"就是分片链上的"Block"，所以，本书将之命名为"分片区块"。

负责分片区块的节点称为"Collator"，字面上的意思是"整理者"，实质上就是矿机。矿机负责在分片链上收集交易，验证数据，以及打包区块。

在主链上有一个特殊的合约，叫作"验证人管理员合约"，这是整个分片体系的核心。所有分片链上的矿机都由这个合约管理。要成为矿机，则要在此合约中注册，并注入押金。而本合约的一个重要功能是为分片链指定某一轮记账的记账人。为了安全，这种指定必须是随机的、无法提前预测的，所以此合约基于验证人列表生成随机数的算法，就异常重要。某一个矿机，能够成为记账人的概率与其缴纳的保证金成正比，但任何人都无法预测何时拥有记账权。

　　若是这个随机数的生成并不安全，那么攻击者就可以针对某一条分片链进行攻击，只需要全网 1% 的算力，攻击者便可以控制一条分片链。

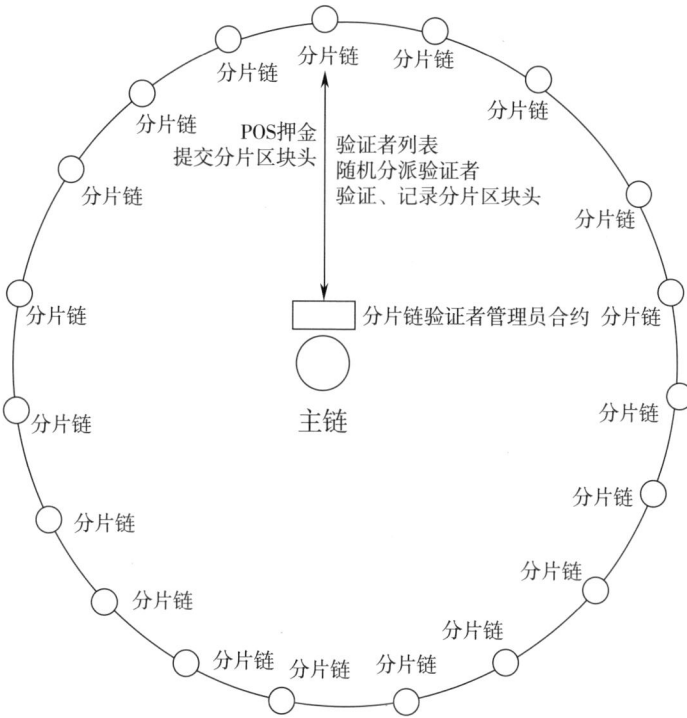

图 6-10　分片技术

　　分片链上的一个矿机节点，通常运行主链的全部节点，以及某一个或者某几个分片链节点，节点通过 RPC 接口在主链合约与分片链之间进行通信。

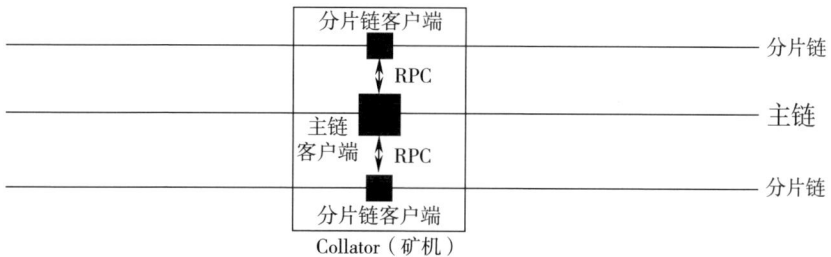

图 6-11　负责分片区块的节点——Collator（矿机）

这样，以太坊分片工程分成了四个步骤，上面介绍的只是其中的第一步。通常称本步为"二次方分片"。其含义是，在这种结构下，若以太坊区块链上节点的运算能力扩大，则主链的 VMC 能够管理的分片链随之同比扩大，而每一条分片链的容量也随之同比扩大。于是，整体系统的容量扩大就是单个节点运算能力扩大的二次方。

以太坊的分片需要依赖共识算法从 PoW 转向 PoS，也就是 Casper。所以这将是一个大工程，一旦成功，以太坊的效率和容量问题便可大大缓解。

DAG 字节雪球

2016 年的夏天前后，中国金融博物馆发起了一次网络征名活动，要给区块链改个名字。虽然那时候区块链热度还未起来，但仍是应征者云集。最终选中的名字是"公信链"。当然，此名无法替代区块链，并未普及开来。这一方面验证了 V 神的理论，语言是彻底的去中心化，无论是从组织上，还是从逻辑上，都绝对无中心。区块链既然已经口语化，则绝难改变。另一方面也确实说明了，区块链这个词，并没有道出它所代表的技术的宽度与广度。

我们今日提及的区块链，隐含的是基于密码学与共识算法的一系列去中心化技术。之所以名为"区块链"，仅仅因为最早的去中心化技术——比特币的数据组织形式是区块与链。

区块也好，链也好，都并非是去中心化技术必不可少的基石。

2018 年，基于 DAG 技术的区块链便抛弃了区块的概念。因为 DAG 区块链的效率高，有人称其为"区块链 3.0"，可见这种技术的重要性。

DAG 的全称是"有向无环图"（Directed Acyclic Graph），而"图"是一种复杂的数据结构，由定点和边构成的集合。DAG 这种数据结构在计算机中有着广泛的应用，版本控制系统（Git）使用 DAG 做版本管理，计算引擎 Spark 也使用 DAG 实现并行处理，而本书提及的 IPFS 也使用了 DAG 来实现文件的版本管理。

为了便于理解有向无环图，我们举一个人类繁衍与迁徙的例子。假设人类发源于非洲的一个小部落，之后，所有人都可以自由迁徙，一路繁衍，一路建设村庄部落。在迁徙中，人们坚守两个原则：

1. 不走回头路，任何人都绝不回到过去生活过的村落。

2. 迁移中不去本村中其他村民居住过的村庄。

两个原则可以理解为"不走已知的寻常路"。

那么几十个世纪过去后，人们回首繁衍迁徙的历史，在地图上用箭头画出自己、或者祖先所来自的村落，就能构成一张有向无环图。

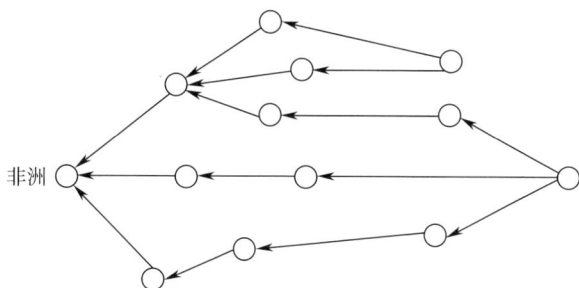

图 6 - 12　有向无环图

2013 年在 bitcointalik. org 论坛上，有一位网名为 avivz78 的人提交了一篇论文《加速比特币的交易处理》（*Accelerating Bitcoin's Transaction Processing*），它论述了用一种名为"greedy heaviest - observed sub - tree"的协议加速比特币的交易速度。这种协议后来被简称为"GHOST 协议"，以太坊借鉴这种协议，所以以太坊不同比特币，存在"叔区块"的概念。

avivz78 其实是一位以色列的学者，他在希伯来大学任教，真名为阿维夫·佐哈尔（Aviv Zohar）。佐哈尔教授在密码学与区块链领域成果丰硕，GHOST 协议论文是他与学生尤纳坦·索姆波林斯基（Yonatan Sompolinsky）共同研究的成果。GHOST 协议实际上就是 DAG 的思想，到 2017 年他提出了 SPECTRE 协议，就是一种 DAG 区块链。

佐哈尔教授所提的 GHOST 只是一种区块链选择方法，用来替代比特币的最长链法则。后来 NXT 社区正式采用 DAG 构造区块存储方式。但不论是 GHOST 还是 NXT 社区的 DAG 区块链都仍采用 DAG 的拓扑结构改造区块链，在塞尔吉奥·戴安·勒纳（Sergio Demian Lerner）出现之前，区块的概念一直存在。

塞尔吉奥·戴安·勒纳是阿根廷人，他是 RSK 实验室的创始人，致力于比特币的侧链开发，以提供智能合约平台。

勒纳于 2015 年发表了题为《DagCoin：无区块加密货币》（*DagCoin：a cryptocurrency without blocks*）的论文，在此文中，区块终于被抛弃，交易成为 DAG 网络的节点。他只是提出了思路，并未将之付诸实现。

2017 年 IOTA 面世，这是第一个 DAG 交易区块链。IOTA 的创始团队就是 NXT 的原班人马。之后，陆续出现 XRB、字节雪球、Spectre、Algorand、Trust-Note 等，DAG 技术一时成为区块链领域最领先的宠儿。

字节雪球（Byteball）在 DAG 家族的区块链技术中，有颇多创新；自 2016 年发布白皮书后，一直是 DAG 技术中的明星。

字节雪球将一笔交易称为"单元"（Unit），单元之间通过哈希链接构成有向无环图。每个加入网络的节点都可以自行构造交易单元，并对全网广播。每个交易单元的数据中，要包含一个到多个父单元的哈希值，构成前后相连的图。这就与比特币区块链形成了巨大的差异，在比特币区块上，只能链接一个父哈希，是单线的，而字节雪球的父子交易之间是多线的。每个单元被子单元包含，即经历了一次节点的验证，获得一次确认。如果要修改某一笔交易，则需要修改直接和间接链接该交易的所有后辈交易。这就如同乘坐时空机器回到秦代，修改刘邦的 DNA，那么为了历史的延续性，就必须修改之后刘姓所有子孙的 DNA，这会带来巨大的工作量。

字节雪球的交易结构与比特币相同，也是 UTXO 结构。

为了防范双花，在字节雪球中定义，从一个地址发出的所有交易必须连通。也就是说，从一个地址发出的任何一笔交易都必须链接该地址发出的其他交易。这样，一个地址发出的所有交易就构成了先后顺序，避免了双花。

字节雪球还有一个创新的概念，叫作"主链"，用来应对交易顺序难以确定的双花共计。主链仿佛是全国交通网中的主干道，当某一交易的顺序难以确定的时候，通过该交易映射在主链上的序号（称为"主链序号"）确定和判定该交易的顺序。字节雪球设计了一套选择策略，让交易可以映射到主链上并获得序号。

而主链的确定需要引入另一个创新概念——见证人。见证人是字节雪球网络中可信的节点，这些节点不停地向网络中发送交易构成一条"主链"。在原理上，这种机制与 PoW 的哈希竞赛中起的作用类似，都是在宇宙中提供唯一的计时时钟。当前的字节雪球网络中，共有 12 个见证人，都是由核心开发者安东·丘留莫夫（Anton Churyumoff）运营的。就仿佛在美国的社区中，为了确定去中心化交易的先后顺序，人们将自己的交易与比尔·盖茨的交易挂钩。而与比尔·盖茨的交易是可信的，这就给每个交易提供了可信性。

字节雪球网络中的代币叫"Bytes"，用作交易费、见证费及存储费。Bytes 共计发行了 1000 万亿，这也创造了代币发行的历史纪录。Bytes 总量永远不变。

2018 年，字节雪球测试网络上线，虽然当前的 TPS 并不高，但是随着网络的扩大，一旦代码成熟，字节雪球有望实现 DAG TPS 无上限的梦想。

字节雪球的技术特征如下：

共识算法：DAG。

区块链类型：区块链基础架构。

合约引擎：脚本。

合约语言：脚本。

隐私模型：隐私。

数据权限：NA。

TPS：理论上无限扩张，当前并未达到。

开发语言：C + +。

Byteball 的应用特征如下：

应用：区块链基础架构。

当前节点数：NA。

当前市值（2020 年 1 月 14 日）：3000 万美元。

最高市值（2018 年 1 月 14 日）：10 亿美元。

7

区块链应用

区块链的落地应用，也许是业务人员和投资者最感兴趣的。然而技术的应用，考验的往往并非技术本身，而是环境和习惯。本章介绍当前可看到的各种应用，包括货币、资产描述、保险、存证、供应链、证券交易所、游戏、内容和社区、投票与选举、物联网、可编程货币、ICO，共计12种。讲解中以案例为主，所选的应用产品多来自国外。

非对称加密诞生之初的应用仅限于通信，这是最直接、最无需想象力的应用方式。就像火药在发明之初被人们用来放烟火，欣赏那瞬间的绚烂迷离。而制作武器弹药、驱动推进火箭、工程爆破等用途，则需要人们多个世纪的摸索与实践。到了乔姆的 eCash，把非对称加密算法用来开发货币，则是巨大的突破，有着划时代的意义。

及至比特币的发明，非对称加密与 P2P 结合，去中心化的现金系统降临人间，拉开了一个新时代的巨大幕布。区块链、去中心化技术粉墨登场，成为互联网科技领域的宠儿。正如 V 神所说，比特币的协议虽然简陋，但在之后的 5 年中，它将支撑几百种虚拟货币的运行。

一项技术的发明及应用模式的诞生，一方面是创新，另一方面也将禁锢后人的想象。区块链是以运行虚拟货币为目的的，这仿佛已成为共识。然而 V 神打破了这个概念，他说，智能合约可以支持各种各样的应用，并不限于货币，以太坊要做世界的去中心化计算机，这又是一个突破。

随之，以太坊上出现了各种各样的应用，然而，最成功的依然还是代币，以太坊成为代币的母平台。人们的想象力依然还在中本聪的"魔咒"中，无法脱身。正如互联网诞生之初的应用是门户网站、网络论坛、电子邮件，当年的开发者肯定无从想象移动互联网蓬勃下的各种应用。对于区块链未来的应用会呈现怎样的形态，改变世界、改变人们生活方式的"杀手"应用会是什么，恐怕最有远见的预言家也不敢妄言。

"小荷才露尖尖角"，区块链的应用场景，看上去已经有了娇艳摇曳之姿。

货币

区块链因货币而来，在区块链概念因比特币而成形之前，已有 eCash、RPoW、BitGold、B－money 等基于加密学技术的虚拟货币或者支付方式出现。它们或者因应用场景狭窄，或者因技术上不成熟、难以实现，所以并未得到大范围推广，甚至未能开发出可运行的软件。早期的虚拟货币的目标或在于保护用户隐私，或在于构建一个乌托邦式的社区；不论是那些大师级的设计者，还是围观的技术大牛们，似乎都难以真的预料到虚拟货币的普及。甚至在中本聪发布了比特币后，其意义也并非马上为人所理解，即使那些最初的社群拥趸，也无不惊讶于比特币后来所达到的价值。而因比特币带来的区块链，其价值、对世界的影响更是难以预料。中本聪发明的比特币如同海上的冰山，而那无形的十分之九则是潜伏在水下的区块链，支撑着十分之一的比特币。

从历史发展的角度看，比特币是区块链之母；而从技术和应用的角度看，区块链是比特币之母。现在很多区块链平台，都可以开发出比特币。比特币是区块链上的一种应用。比特币出现后，在相当长的一段时间内，人们的想象力僵如咸鱼，区块链除了虚拟货币，再无用途，人们疯狂地模仿了无数的虚拟货币系统。

莱特币

莱特币（LTC）发布于 2011 年，是最早的比特币模仿者之一，当然也在比特币的基础上作了一些改动。主要的宣传点如下：第一，2.5 分钟产生一个区块，速度比比特币快；第二，8400 万的发行量；第三，挖矿采用独特的 scrypt 算法对普通计算机更加友好。这些改动难说有技术上的创新，基本上可以定义为比特币的分叉。

但莱特币是成功的，一方面其价值一度高达 350 美元，总市值近 200 亿美元，成为比特币之后的第二大虚拟货币。莱特币的口号"比特金，莱特银"确实很诱惑，另一方面也反映了虚拟货币市场早期人们对虚拟货币的热捧。

莱特币的创始人是 Charles Lee，中文名李启威，他曾是 Google 的员工。在比特币早期，他就投身数字货币开发，并设计了 Tenebrix，可惜并不成功，之后再创莱特币，一举翻身。比特币社区的各种新技术，总是得以在莱特币上获得验证。

万事达币

万事达币（Master Coin）发布于 2013 年，据称这是第一个 ICO 项目，在 Bitcointalk 论坛上发起了众筹，共计获得 5000 个比特币。

万事达币的设计不同于莱特币，并非简单地调调参数、克隆比特币协议。万事达币从技术角度来说，充满了想象力与创造力。它是基于比特币协议，并且运行在比特币主网之上的，仿佛一个寄生物，可以比拟为 HTTP 之于 TCP/

IP。每一笔万事达币的交易，都是基于一笔比特币交易，不过该笔比特币交易将发送到一个特殊地址——Exodus，地址的公钥是 1EXoDusjGwvnjZUyKkxZ4UHEf77z6A5S4P。发送到该地址的交易，遵循 Mastercoin 协议标准，交易中的每一条输出信息将被 Mastercoin 协议解析，并实现相应的 Mastercoin 交易功能。

Mastercoin 基于比特币的协议和脚本功能，以及在比特币协议层之上新增的协议特性，实现了众多的金融功能。基本功能依然是 Mastercoin 的交易，持有者可以支付 Mastercoin。Mastercoin 通过协议信息中的"储蓄/担保"模式，对用户的资产进行更强大的保护。即便钱包被黑，用户也可以从担保人处将丢失的 Mastercoin 找回。另外，对赌功能是 Mastercoin 的亮点之一，当然其目的并非赌局，而是提供一种稳定货币。基于这种对赌思想，Mastercoin 协议可以创建出币值稳定的货币。思路很简单，即为 X 货币创建一个挂钩美元的买卖合约，在 X 虚拟货币价值高的时候，卖出 X 货币，收回 Mastercoin；在虚拟货币价值低的时候，收回 X 货币，卖出 Mastercoin。

任何用户都可以基于 Mastercoin 协议创建自己的货币，并利用上面的特性，建立这种货币与美元、黄金，甚至是市场上鸡蛋的价格比价的联系。

点点币

点点币在虚拟货币的历史上有着独特的地位，它是第一个提出 PoS 概念的虚拟货币，一改之前所有虚拟货币跟从比特币 PoW 亦步亦趋的局势。2012 年斯科特·纳达尔（Scott Nadal）和苏尼·金（Sunny King）发布点点币白皮书，之后纳达尔离开，苏尼·金主持完成了点点币的开发。点点币中虽然也继承了很多比特币的代码，但其算法结合了 PoW 与 PoS，尤其在 PoS 上实属开创。从此 PoS 与 PoW 一样，成为江湖中并立的两大流派。点点币一样存在矿机，但挖矿的难度根据节点持有币龄而不同，币龄多的难度降低，记账的概率便大。

未来币

未来币（NXT）也是在 bitcointalk 论坛上发起众筹的项目，当时只有 73 人参与，共计募集了 21 枚比特币，便开始了未来币的研发。ICO 于 2013 年 9 月发起，同年 11 月创世区块便已上线。

未来币不同于其他山寨币和染色币，它的算法是自主设计的，是最早采用 PoS 概念的区块链之一。每个区块产生后，全部节点对该区块进行哈希运算以竞争下一轮区块的记账权，不同节点因所持有的币龄不同，哈希运算的难度也不一样，这样一来，记账次数从概率上按持有币龄多少分布。这种 PoS 共识算法，在每一区块生成后，便决定了下一区块的生成节点，于是其他交易节点便将交易信息直接发送到该节点，大大节省了网络流量。这种共识算法名为透明锻造，速度为每分钟一个区块，从效率上高于比特币很多。

未来币不仅是一种货币，也是一个资产的发布平台。用户可以在 NXT 平台上创建自己的货币，并与 NXT 交易。

同一时期知名的虚拟货币，还有狗狗币、域名币、比特股等，此处不再一一叙述。

Libra

2018 年，社交应用巨头 Facebook 透露正在研究和开发区块链。至 2019 年 7 月，Facebook 正式发布 Libra 白皮书，宣布进军虚拟货币领域。Libra 带来的影响，不仅仅在虚拟货币领域，对全球的政治和金融都震动极大。

Libra 的目标是一种全球化的货币，全球化是其重要使命，在全球化的基础上，为其 27 亿乃至未来更多的用户实现普惠金融，建设全球最大的金融基础设施，这让 Libra 的预期高于那些诞生于密码学社区的虚拟货币。Facebook 为此特意成立独立公司 Calibra 来发起这个项目，初期共有 27 家机构加入 Libra 委员会，参与 Libra 的运营。

Libra 基于区块链技术，这让 Libra 成为毫无疑问的虚拟货币。但 Libra 的区块链是一种"许可链"，只在 100 个委员会节点间运行。Calibra 解释这是因为当前的公链技术不足以支撑上亿用户的场景，但 Libra 会随着技术的发展，逐渐转移到非许可链技术。

Libra 基于资产储备发行，所以其具有内在价值。白皮书中说，资产储备包括各国的一揽子货币存款以及政府的短期债券。所以 Libra 声称，它不同于比特币，它与法币资产挂钩，具有内在实际价值，因此币值可以保持稳定。从这个角度看，Libra 类似于 eCash，eCash 是法币的数字化，而 Libra 是基于法币资产储备的价值数字化。可以认为，Libra 是介于稳定币与非稳定币之间的形态，这并非创新，与 2016 年加拿大银行所试验的 CADCoin 的经济模型是类似的。

Libra 由 Libra 委员会运营，发起时有 27 家机构加入 Libra 委员会，之后总数达到 100 家。而 Calibra 承诺在 2019 年底就会将领导权交给委员会，在组织结构上实现分布式管理，是 Facebook 自证信用的手法。

Libra 区块链的技术，有很多创新之处。第一，Libra 发明了新的智能合约语言 Move，Move 语言吸取了比特币、以太坊的一些教训和经验，设计了"资源类型"以保证资产的安全可靠。这是 Libra 在全球技术社区中最值得认可的亮点。第二，Libra 采用基于 Hotstuff 的 LibraBFT 共识算法，这是在 BFT 之上重新设计，结合了区块链思想的共识算法，能够达到更高的效率，让 BFT 在大规模的许可节点之间也可以工作。第三，Libra 采用了区块链的账本结构，但作了很大的修改，抛弃了区块数据结构，而是将所有的交易历史放到唯一的默克尔树中，以方便节点的验证。

由于目标瞄准几十亿用户，Libra 在技术上面临的挑战还很大。

Libra 的发行是以一篮子货币存款和短期政府债券作抵押，换取 Libra。所以在 Libra 生态中，Libra 委员会是管理机构，只有委员会才有权发行和销毁 Libra。所有抵押的资产储备，将由 Libra 委员会委托分布全球的资产管理机构进行管理，抵押资产的利息并不给予用户，而是用于支付生态中的成本和费用。生态中还有经销商，受委员会的委托经营 Libra 的买卖。

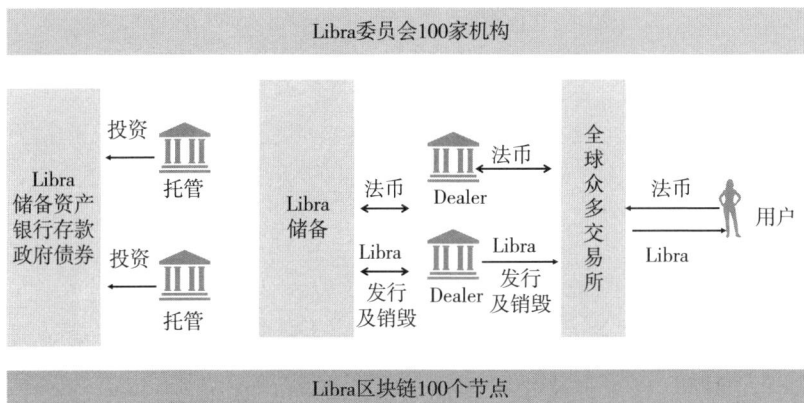

图 7 – 1　Libra 模型

由于 Facebook 拥有约 27 亿用户，所以 Libra 的出现，虽然在模式和技术上并无很大的突破和创新，但它的影响力，足以发起一场全球性的金融创新和变革的浪潮。如同 Libra 白皮书所说，Libra 最重要的工作是合规性，它将探索如何与监管机构合作，为虚拟货币的合规性铺就可行的道路。

资产

货币及支付系统通过区块链技术得以实现，再合适不过，相信未来的货币都会迁移到区块链上。

货币是一类特殊的资产，人们生活中的资产种类五花八门——房产、股权、股票、证券、黄金、珠宝、知识产权、版权等，我们的生活离不开资产的支撑。随着互联网时代的到来，资产的门类进一步扩大，我们还将拥有数据资产：各种应用的账号、个人产生的数据信息、游戏中的虚拟资产等。

在传统的方式下，我们并无选择，只能将这些资产委托予可信的第三方，古代官府维持的鱼鳞册和现代的房产登记中心、证券交易所等都是所谓的可信第三方。某些实物资产，比如黄金、艺术品，也许可以收藏在自家的保险柜中，但产生了另一个问题：这些实物资产在交易时，面临极大的欺诈与盗窃风险。

区块链的出现让人们可以不再需要第三方，而是在链上描述资产并进行资产的交易。

易葳录（Everledger）是伦敦的一家公司，成立于 2015 年，它致力于用区块链解决贵重商品的欺诈问题。创始人莉安·肯普（Leanne Kemp）心怀一个梦想，让奢饰品、贵重商品的认证与交易从此可信，她让易葳录从钻石开始做起。

每一颗钻石都会有序号，这是生产者给予的数字编号，每一颗钻石还有所谓的 4C 标准：颜色（Colour）、净度（Clarity）、切工（Cut）和克拉重量（Carat）。易葳录将这些数据都收集起来。但远不止这些易葳录从钻石上要读入约 40 种数据来精准地描述这颗钻石，包括 4C 以及生产厂家给予的序号，并将所有数据保存到区块链上，从此无法篡改。物联网（IoT）

技术支持下的设备可以自动读出钻石的参数，并经过运算，直接存储到区块链上。

易葳录的目标不仅限于钻石，还扩展到手表、名包、艺术品等领域。这些高价值的商品领域，过去依赖纸质的证书、收据，而这一切纸质证据是极易伪造的，且与商品实物无法比对。现在，已经有 100 万颗钻石记录到了 Everledger 区块链上，这个数字还在持续增长。

易葳录结合了物联网与区块链，把现实的物理世界与区块链的虚拟数字世界连成了一体。这是一个伟大的尝试，让区块链的数据防伪进入现实的世界中。

易葳录所用的区块链技术是超级账本（Hyperledger），易葳录公司是 Hyperledger 社区的成员。

2017 年 10 月，一笔乌克兰的房产交易达成。一个乌克兰的程序员马克·金斯堡（Mark Ginsburg）把自己的房子卖给了美国知名科技媒体 TechCrunch 的创始人迈克尔·阿灵顿（Michael Arrington），价格为 6 万美元。这笔交易非常特殊，具有划时代意义，因为房屋产权的转移是在区块链上进行的。

这笔交易发生在 Propy 公司的平台上，这家公司以房产租售为主营业务，当然，这是在区块链上买卖房子。公司位于硅谷，CEO 是娜塔莉亚·卡拉扬耶娃（Natalia Karayaneva），她期待用区块链让房产交易更加透明、高效和安全。之所以选择乌克兰进行第一笔区块链上的房产交易，是因为乌克兰的房产价格相对优惠，且 Propy 已与乌克兰政府对接，实现了区块链上的数据与政府共享。

Propy 基于以太坊开发了很多智能合约，以实现房产交易的全过程。合约包括房产登记合约、资金存管合约、用户信息合约、购买协议合约、房屋验收合约、电子签名合约、付款合约等。

房产交易需要通过区块链接口与政府的产权系统接口，未来的目标是让政府直接通过区块链节点获得信息。Propy 上的交易当前通过法币支付，需要连接银行接口，在下一步，将实现更加顺畅的虚拟货币支付流程。

保险

在以太坊的白皮书中，V 神举了一个保险的例子：爱荷华州的农民 Bob 可以用智能合约来立一个保险的合约，合约要从可信的渠道引入天气数据。若是根据数据，今年天气干旱，则智能合约自动赔付 Bob 1 万美元；若是雨水丰沛，五谷丰登，则 Bob 交给智能合约 1000 美元。这在传统的保险场景中，需要签订很厚的协议，而且支付保费与理赔皆是烦琐的；但用区块链与智能合约，则非常简单。

保险是天然适合由区块链实现的业务，因为保险的协议条款若可以多方存储，则可信度增加，且代码自动执行可加快其效率。但保险条款的复杂性，以及在执行过程中对外界数据的依赖，让保险业务向区块链的迁移比之货币和资产要困难许多。

图 7-2　保险

InsurChain 是一家面向保险行业的公链，由注册在新加坡的基金会发起，但实际的创业人员多是华人。2015 年团队便已开始进行行业调研，2017 年发布白皮书，2018 年其 Token 发行。InsurChain 的业务目标是将保险行业的门槛降低，去掉多余的中间人，用区块链与智能合约改造保险，令保险更加可信、个性化、自动化。在 InsurChain 上，人人都可以定制保险产品，专业的精算师可以设计并开发复杂的产品，普通人则可以利用模板发布简单的保险产品。有保险需求的用户，可以买进保险产品、加入保险计划，也可以发布自己的保险需求。专业的保险公司，则可以在后台对保险产品进行背书。之所以 Insur-Chain 对传统保险业务是巨大革新，实出于以下几点：

1. 基于区块链的智能合约，能够将保险的条款写为代码。用机器执行代码来保障信任，于是，诞生了人人可以发布保险产品的生态环境，这在过去是绝不可能的。

2. Token 的价值流转，让智能合约写就的保险合同中，可以嵌入自动执行支付的条款。这样一来，抵押、保费、理赔完全可以实现自动执行。代码提供了信任，且流程加速。

3. 结合预言机（Oracle）接入的外部可信数据，可以让保险的理赔环节自动化，节省了理赔的成本。

4. 社群的构建，通过治理的机制解决保险商业中的纠纷。

InsurChain 基于以太坊的技术，所用的共识算法为 DPoS，据称未来可以自由配置为 PoS、PoW、PBFT 等。其提供的虚拟机可支持 Java 与 Python。

2018 年 InsurChain 主网上线。

存证

不可篡改，成了区块链最受褒扬的特性之一，人们论及区块链，总要津津乐道于此。但若是较真分析，不可篡改并非区块链的目的，只是中本聪在设计比特币的时候，为了防止双花，通过 PoW 实现了不可篡改。不可篡改，是为了达到不可双花这个目的所采取的一种手段。假设我们身处的世界，人人诚信，都不会主动双花，那么不可篡改还有必要吗？Alice 发 1 枚比特币给 Bob，却发错了地址，造成比特币丢失，给她一个机会修改交易，找回比特币，又有何不可？

人们对不可篡改有着广泛的需求，不论是在司法领域，还是在商业领域，电子文件的不可篡改都是防范作弊、欺诈的必要手段。在过去几千年来，人们利用纸张材质、笔迹、印章、水印、印刷技术、IC 技术等实现信息的不可篡改。而对电子文件，现有的手段只有哈希运算与时间戳。

区块链也是依赖哈希运算实现不可篡改的。同时，区块链本身就是一个时间戳服务，这是所有在功能与原理上千差万别的区块链的共同特性。

Factom 公司成立于 2014 年，创始人保罗·斯诺（Paul Snow）是比特币的拥护者，一直在家乡得克萨斯州组织比特币聚会。2014 年 7 月发布白皮书，2015 年发行 Token，共计融资 2278 枚比特币。

Factom 的目标是要让世界上的软件系统都更加诚信，在各类组织之间建立信任。未来的世界应该是没有欺诈、腐败与造假的世界。保护隐私数据，保护人们的财富，隐私与私有财产乃是人的基本的权利。Factom 意在让人们生活的社会更加公平。

简单来说，Factom 存储用户文件的功能与 Dropbox 类似，但它通过区块链保证了这些文件是可信，且不可篡改的。Factom 可信的根源在于它将文件的哈希值存入比特币网络中，而文件一旦变更，则用户便可以通过哈希值的变更而发现。Factom 利用了比特币的 OP _ RETURN 脚本命令，将哈希值存入比特币，由此，比特币交易的不可篡改成就了 Factom 的不可篡改。

Factom 搭建了多层的数据结构，以扩大整个区块链系统的容量。每个接入的 APP 都有一条自己的"记录区块链"，拥有独立的 ID。APP 将文件传到 Factom 服务器，文件可以是任意类型，比如文本、音频、视频、代码等；对于私有文件，可以经过哈希运算后，只传入哈希值。数据与文件结合哈希值以及链 ID 成为一条"记录"。

Factom 服务器将每一条"记录"再进行哈希运算，得到的哈希值打包，构成区块，这个区块叫作"记录区块"，从而构成"记录区块链"。记录区块链专属于一个 APP。

"记录区块链"的区块进行哈希运算后，获得的哈希值成为交易条目，进入"目录区块"，构成"目录区块链"。

多个"目录区块"进行哈希运算，得到的哈希值存入到比特币的交易中。这称为一个"锚定"。

经过这样的分层架构的处理，Factom 能够对海量的数据进行存储与存证。

64 兆字节的"目录区块"可以管理约 500 万个"记录"文件，而这 500 万个文件对应在比特币上可能只是交易里的一个 40 字节的信息。

图 7 - 3　存证

Factom 的技术得到了美国国土安全部的资助，还受到了比尔及梅琳达·盖茨基金会的资助。"只要诚信，我们就能颠覆世界上的不公正"，这句话来自 Factom 创始人保罗·斯诺。

供应链

货币及价值的流转依赖于区块链的非对称加密和共识算法。这两者无疑是区块链的擎天之柱，撑起来的不仅是价值流转这片新天地，还带来了众多在中心化环境下难以实现的特性，种种应用随之发生。

Provenance 是一家伦敦的创业公司，其目标是用区块链技术改变供应链。这家公司无疑是科技型公司，但其宣传语则颇有文艺气质："每件产品都有一个故事。"不得不这样去猜测，科技与文艺的兼有与平衡来自 Provenance 的创始人杰茜·贝克（Jessi Baker）。杰茜·贝克是一位美丽的女士，她拥有剑桥大学的工程硕士文凭、皇家艺术学校的艺术硕士文凭，及区块链领域的博士文凭。她创建了 Provenance 后，自然就把所有的"珠子"串在一起，让 Provenance 建基础于科技，行路于社会理想的实现，审美上则颇具气质。正如他们的宣传语："透明是一种力量，要改变的是与物质世界的关系。"每一句都文艺范儿十足。

现在 Provenance 所支持的供应链上已有 2000 多家产品供应商驻扎，以更加透明的方式为消费者提供信息，用新的方法建立信任，更及时地满足法规及审计要求。

Provenance 成立于 2013 年，几年来，它基于区块链技术构建了完整的供应链模型。比特币、以太坊都在它所用的技术路线中，比特币用来存证，而以太坊则用来构建应用。

在 Provenance 的理念中，基于中心化组织以及中心化服务器的供应链，天然存在着难以避免的弱点。而区块链则刷新了可用的方法，带来了之前难以实现的优点：

1. 基于共识算法的全球化计算机，再也无须依赖任何本地部署的孤岛服务器。

2. 区块链的安全基于密码学的安全，一种可以面对开放访问环境下的安全。

3. 区块链的数据具备可追溯性，在监管和审计中可以对过程中的任意点进行数据查看，完全改变了中心化形式下只能对结果进行审计的情形。

在 Provenance 的供应链模型中，设计了 6 种角色，构成了完整的生态：

1. 生产者——原初产品的生产，诸如棉花种植、捕鱼。

2. 工厂——对原材料进行加工的企业，诸如鱼罐头加工厂。

3. 登记中心——对供应商上其他角色进行认证与登记的组织。

4. 标准组织——对供应链各个环节提供标准、规范、合规性要求的组织。

5. 验证者与审计者——基于标准，对各个环节、角色、产品进行验证与审计的组织。

6. 用户——消费者。

相应地，Provenance 上的模块也分为几种：

1. 注册应用——所有的角色都必须在 Provenance 上注册，可以匿名也可以实名，根据不同的信用与隐私要求而定，但都由区块链分配公私钥。

2. 标准应用——为供应链提供各种标准，比如无生物监测、有机标准、合法用工标准等。

3. 生产应用——管理生产记录，包括生产产量、产品描述、生产记录等。

4. 工厂应用——用来对加工工厂进行管理，包括原料进入、产品出厂、质量等。

5. 标签——建立实物商品与虚拟世界之间的关系，可用二维码、射频识别等。

6. 用户界面——消费者用来检索验证产品的应用。

在自由市场理论中，消费者的选择就是投票，从而实现"良币驱逐劣币"。但消费者的选择明智与否是建立在信息是否充分的基础上的，所以，为消费者提供透明的供应链信息至关重要。Provenance 文艺地说，"信息时代过去后，将是选择的时代"。

对于我国而言，供应链更是亟待整顿的领域，改善产品质量、提高厂家信誉、落实真正的合规标准，都是当务之急。

但愿区块链能够让我国的消费者在市场中作出正确的选择，但愿如 Provenance 所说，透明是一种力量。

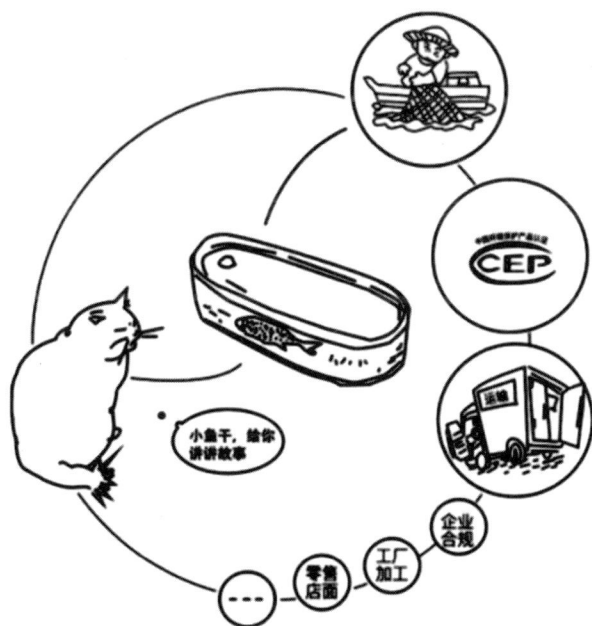

图 7-4 供应链

证券

纳斯达克是全球知名的股票交易所，科技公司以登陆纳斯达克为奋斗目标。然而，纳斯达克自称为一家科技公司，而且纳斯达克有一个单设的部门叫作"区块链创新"。早在 2016 年，纳斯达克便宣布，在区块链上成功进行了全球首笔企业股权交易。纳斯达克所用的区块链叫作"Linq"，它并非开源产品，所以难以了解其技术细节。有意思的是，在 Linq 上进行第一笔股权交易的公司是 Chain.com。而 Chain.com 就是一家做区块链技术的公司，其网站上写着纳斯达克是其投资人之一。而在 Linq 的介绍中也提及 Chain.com 是技术合作方。由此可知，Chain 可算是纳斯达克自己旗下的公司了，区块链技术用起来，交易的也是自家的股权，完完全全是概念验证型项目。

纳斯达克用区块链帮助私营公司管理股权、处理融资报表，这是可以猜测到的。要知道，纳斯达克这样级别的交易所，要求的 TPS 可不是 10 万笔每秒能满足的，这对于当前的区块链来说无异于天方夜谭。所以，纳斯达克并未考虑将 Linq 用在股票公开市场的交易上，而用于私有股权的登记和交易。另外，纳斯达克还将 Linq 用在了自己旗下爱沙尼亚的一个交易所。在那里，Linq 被用作持股人投票系统，这个倒是区块链极为擅长的领域，与 PoS 共识机制类似。持有股份的人被按照股份授予链上 Token，以 Token 为凭证进行投票。而且可以通过 Token 将自己的投票权委托予他人，这样投票委托就成为一个公开与透明的机制。

区块链技术在纳斯达克还被用在了交易后管理，当证券交易发生后，区块链进行资金清算和证券的交割。合规性与审计也是区块链的用武之地。纳斯达克在区块链上设置专门的节点，供合规监管部门使用，对于合规监管部门来说，监管审查从来没有如此快速与便捷，所有数据近乎同步地到达自己所运行的节点。

Chain 是一家很有意思的公司，它的战略投资者包括第一资本、花旗、纳斯达克、Visa 等，但其介绍资料中却并未提及区块链，似乎在有意回避区块链。Chain 说自己是一家研究密码学账本技术的公司。从 Chain 的白皮书中可

图 7-5 股票交易

以看出，其交易及区块的组织方式类似比特币的 UTXO，而其共识算法则参考了尼克·萨博"Secure Property Titles with Owner Authority"（"用所有权保护产权"的概念）。这种共识算法体系中有一个区块生成节点，从理论上说，这是一个中心化的节点，负责收集交易、验证交易并打包成块。每一个区块则要有多个验证者签名，需要多少验证者则由预先的策略确定。这种共识算法一点也没有中心化的弱点，但带来的好处则是效率高。传统的分布式集群技术，通过多个节点共同生成区块，一样可以提高可用性。

纳斯达克对区块链及分布式账本技术非常乐观，据其预测，到 2022 年，这些技术在跨境支付、证券交易、合规等领域将帮助金融机构节约 150 亿~200 亿美元的成本。

tZERO 是 Overstock 旗下的企业，Overstock 颇有名气，是纳斯达克上市公司，专注于互联网零售。2016 年 tZERO 宣布其基于区块链的证券发行平台开发成功，平台实现了证券的实时交易，突破了传统证券交易平台上的交割延迟。tZERO 平台的目标不仅在传统的股票交易，也用于数字资产，它区别于当前那些虚拟货币平台的地方是，它要实现彻底的合规。

2017 年 12 月，tZERO 发起了一次 ICO，在短短的 12 小时内，融资 1 亿美元。在白皮书中，tZERO 对以往的 ICO 进行了批评，认为 ICO 只有 3 个 W：

网站（Website）、白皮书（White Paper）、钱包地址（Wallet address）。而 tZE-RO 则具备 3 个 P：人（Person）、产品（Produce）、计划（Plan）。

无论是在区块链上交易股票，还是发行 Token 的 ICO，合法合规都是一件令人头疼的事。2017 年 7 月，美国证监会发布"The DAO 报告"，要求所有的 ICO 中代币需要进行豪威测试（Howey Test），以判定代币是否归属证券，是否要受州及联邦证券法的管辖。Howey Test 的内涵是"人们受推销人或第三方的劝导，投资一个常规的企业，并期待从中获利"。基于此标准，美国证监会裁定以太坊上的 The DAO 项目应当归属证券业务。而很多"功用型"代币，比如驱动智能合约的代币，应排除在证券之外。

tZERO 在白皮书中声称，自己所发行的代币是第一个符合美国证券法的代币，完全是区块链技术支撑下的证券。让 tZERO 更加与众不同的是，在 ICO 的时候，他们已经有了多款运行成熟的产品：

1. SpeedRoute 将大量的代理人纳入网络，用智能订单路由方案执行证券交易订单。

2. Blue Ocean 是为美国证券设计的夜间交易平台，交易员们可以使用 ATS 系统在传统市场时间以外进行证券交易。

3. Digital Locate Receipt（DLR）系统用来处理证券卖空及出借业务。

4. 交易平台及代币交易系统。早在 2016 年，tZERO 便已经开始在区块链上交易 Overstock 的 OSTKP 证券。下一步，平台将支持交易符合证券法的证券型代币。

5. 端到端的交易生态系统。tZERO 运行着可扩展的端到端交易生态系统，包括 SpeedRoute 风险合规管理工具、基于 Web 和桌面的订单输入机制及各种监控工具。

游戏

2017 年一种叫作"迷恋猫"的游戏风靡一时，尤其在虚拟货币及区块链社区，更是成为最大的网红。这款人们称为"区块链养猫"的游戏，其原意就是为了推动普通人接受区块链，扩大区块链在社会中的影响。

迷恋猫的英文叫作"Crypto Kitties"，直译过来就是"密码学猫咪"。这种猫咪确实不同于传统互联网游戏中的角色，每一只猫咪都是独特的，其基因控制着诸如眼睛的形状、毛的颜色、花纹、嘴巴形状等 7~8 种特性，而每一种特性具有 256 种变化可能性，这样一来，几乎不可能重复。猫咪之间可以繁育，通过算法将父母猫咪的基因杂糅一起，而这算法是不公开的。

猫咪的价格根据代际、花色、形状和繁殖速度等确定。所谓代际，就是在谱系中的位置，代际越高则价格越贵。现在市场上最贵的猫已经达到了 120 万元人民币，而原始排名前五的猫咪不出售，根本无价。

2017 年 11 月，Crypto Kitties 上线以太坊后，引爆了一波热潮，养猫的流量甚至堵塞了以太坊。养猫背后所用的技术代表了以太坊中另一种应用的潮流。以太坊成为代币之母后，众多代币发行在以太坊的智能合约上，符合 ERC 20 标准。在 ERC 20 标准下，所有代币都是同质的，每个地址只保存代币的余额。2017 年迪特·雪莉（Dieter Shirley）在以太坊社区中提出 ERC 721 的标准，在这种标准下，每个 Token 都是独特的，所以，地址中要管理每一个 Token，这里的 Token 类似于商业中的单品管理。而迪特·雪莉本人就是养猫游戏的技术负责人，所以，他提出的标准也是在他主导下做出了第一个符合 ERC 721 标准的应用。

图 7-6　游戏

ERC 721 标准是一个重要的里程碑，未来众多资产描述（如房地产、艺术品、古董、贵重设备等）都可以用 ERC 721 标准。ERC 20 引发了 ICO 的热潮，ERC 721 的应用也许还将引发资产上链的热潮。

游戏从来是软件及互联网业的重头应用，所有的新技术都会在游戏上最先得以应用，这似乎已成惯例。截至 2019 年底，以太坊上游戏占据 40% 以上的比例。

内容与社交

区块链的起点乃是货币，之后以价值流转上网为目标，所以内容未必是区块链技术的热门应用方向。不过，依然有种种应用建设在区块链之上。

IPFS 技术逐步成熟，很多内容网站（如门户、音频、视频等）将基于 IPFS 构建。IPFS 将成为内容应用的底层支撑技术。

Steemit 是用区块链技术构建内容与社交应用的最经典案例。不过其应用区块链的着眼点乃是内容付费，Steemit 构建的社区拥有三种 Token，设计了复杂的社区价值逻辑。发帖的人、点赞的人、评论的人都可以依照规则，赚取收入。Steemit 的创始人乃是 BM，这是他第二次创业，之后他便开始了第三次 EOS 的创设。Steemit 也应用石墨烯技术。

Status 是一款基于以太坊的社交通信工具，同时也是一个数字钱包。Status 基于以太坊的 Whisper 协议，现有的测试版功能是聊天，但其未来的野心是成为一个去中心化的移动操作系统。使用 Status 的用户可以方便地与以太坊上的 Dapp 通信。

物联网

物联网是互联网发展的下一阶段，万物互联是人们对未来的猜想，但这已近乎是必然到来的结果。电视机、冰箱、摄像头、空气净化器、吸尘器……不经意间，家庭中的设备已渐次智能化。今天的设备智能化，只是为物联网的发展作着最原初的准备，未来万物互联会带来什么样的场景，人们难以尽知。据预测，在未来的 10 年中，全球的智能设备将达到 500 亿件。

人们该如何管理这 500 亿件设备？怎么保证 500 亿件设备的安全？设备间的数据通信如何进行？设备间的价值如何交换？

用场景来说，家里的智能灯泡坏了，怎样通知电商系统并直接下单呢？要知道，物联网不同于互联网需要在人的操作下运行，物联网是物的自动化运行。人们需要让设备可以自行运转，具体到每一个智能设备的数据、控制程序部署、运行的方式。

早在 20 年前，尼克·萨博在论述智能合约的论文中便提及了物联网。案例中，若是贷款买车的人没有付清本月的贷款，则智能合约将自动把车钥匙的所有权转移到银行。这里，车钥匙便是物联网的一个设备。而智能合约则运行着车钥匙的程序逻辑。

区块链有两大特征：其一是 P2P 账本，以及由此带来的去中心化管理模式；其二是基于加密学的价值流转实现的自动支付程序。区块链的出现恰逢其时，它为 500 亿乃至更多物联网设备的治理提供了可靠、可信赖的模式。

图 7-7　物联网

波尔卡链是一种跨链技术方案，其瞄准的市场之一便是物联网协议与区块链协议的集成。波尔卡链的设计颇具野心，一句话可以总结其理想："万物互联，万链互联。"所以其设计有桥接器，将所有互联网、物联网中的其他协议信号接入波尔卡链；体系中还有中继链，用来对需要转发的信息进行转发、传递。波尔卡链所搭建的模型为这世间所有联网协议和价值协议提供了互联互通的机制，并提供了用来进行治理的链。

不仅是波尔卡链，业内还出现了众多以"区块链＋物联网"为核心技术的创业公司。

Flowchain 是一家注册在美国特拉华州的公司，其创始人乔伦·陈（Jollen Chen）疑似华人，公司在中国台湾地区及深圳设有分支机构。Flowchain 提出了一整套针对物联网（LoT）设计的区块链体系。Flowchain 设计了名为"虚拟区块"的新型区块数据结构，以提高区块链的容量及效率，实现实时交易。每一个设备在 Flowchain 中都有一个自己的链条分支，在该分支上记录的区块，即为虚拟区块。在 Flowchain 的整体 P2P 网络上，通过 PoS 共识机制，在众多设备节点间传递和存储信息。信息传递、存储与检索的算法基于分布式哈希表结构。Flowchain 的共识工作机制也不同于比特币的"交易—挖矿—验证"，而是"挖矿—交易—审核—校验"。

Chain of Things（CoT）是我国香港特别行政区的一家公司，专注于"区块链＋物联网"领域，它们提供三个解决方案：物联安全链、太阳能链、运输物流链。CoT 中的区块链将对物联网提供以下功能。

1. 设备固件哈希：将设备固件的哈希值存入区块链，使设备的状态得以验证，任何对设备的篡改与攻击得以受到防范。

2. 指令认证：当设备之间需要通信时，为了保证安全、保证指令信息未被窃取和篡改，设备需要将指令先提交区块链，以作存证。而执行指令的设备要将接收到的指令与区块链上指令对比，确保一致，方才执行。

3. 设备身份协议：每个设备都拥有区块链上的公私钥对，设备之间传递消息，利用非对称加密的加密和签名技术保证信息的传递安全与来源无误。

4. 设备商誉：区块链上的认证代理可对设备进行审核与验证，并赋予设备商誉身份。

5. IoT 数据管理：用区块链去中心化的模式管理 IoT 数据的存储、传输与查询检索。

在区块链的支持下，邻家的电灯泡对你家电灯泡的恶意攻击会被无情地粉碎。在区块链的支持下，未来你的家庭机器人可以用一个 Token 自动充电，而无须像机器猫一样，从口袋中掏出纸钞来付款。

可编程货币

物联网是智能设备的网络，实现了万物互联。智能设备是可编程的设备，比之非智能设备，有如古老的拨号电话机与手机之比。在 20 世纪 80 年代，人们难以理解智能的手机可以做如此多的事情，一个通信工具可用来导航、付款、购物、社交、看视频。而物联网则让世间的所有设备都具备可编程的特性。万物有"灵"，其不远矣。

可编程货币并非在美元的纸钞上印刷代码。随着网上银行、电子支付的普及，货币的概念早已虚拟化。那么货币作为一种虚拟的概念，并不是一个实体的设备，是否可以实现编程？

实际上，比特币就是一种可编程货币，只是其可编程的能力较弱。比特币的支付实现本身便是一段程序：如果 Bob 可用自己的私钥签名证实自己是这笔钱上所记载公钥的主人，那么 Bob 就有权使用这笔钱。

而利用比特币的"多签"脚本功能，将一笔钱的支付权力赋予多人，则更鲜明地体现了比特币的可编程特性。

在以太坊的智能合约中开发出来的 ERC 20，其可编程特性更强。以太坊上发行的 Token 可以约定锁定期，可以约定在什么条件下返还、返还至哪个地址，若是需要，还可以在 ERC 20 规范之外，约定 Token 未来支付的目标地址。

我们在淘宝上购物，对双方诚信的约定建立在淘宝的信用上。若是商品达不到要求，则淘宝可以帮助追回款项。未来，通过可编程货币，买卖双方可以约定款项的支付条件。例如，买卖一台二手车，买方可以对自己支付出去的 Token 进行约定，只有当该车通过了尾气排放标准时，才将该款交到卖方账户。

人们可以约定，对慈善项目的捐款必须用于何种用途，从而彻底杜绝慈善中的腐败。甚至可以对可编程货币写出一段代码，让这笔钱根据一个风险评估模型自动寻找市场上最好的借款人，自行出借。这也许才是真正的"钱能生钱"。

即使用最狂野的想象力也难以想象出未来可编程货币的场景会是怎样，将会给人们带来怎样的世界、怎样的生活。目前还很难找到专门从事可编程货币技术的公司，但可以说大部分的区块链公司都在做可编程货币，每一个 Token 都是一个可编程货币。只是，人们还要等待，等待可编程货币走进日常生活。

ICO

在区块链的应用中，最后提一下 ICO。ICO 并非一种应用软件，而算是一种商业模式或者应用模式，但 ICO 确实是区块链当前最重要的应用。

区块链技术不同于其他技术，它在一开始还没有商业模式之前，便已为自己找到了盈利模式。这也让区块链在与人工智能技术竞争市场关注中大获全胜。只要有技术可以做公链，那么通过 ICO 很快便可以筹集到足够的资金，例如，EOS 获得 42 亿美元融资，位列科技公司上市融资的第四名。

人们对 ICO 的性质归属至今还在争论。有人说，ICO 是证券融资；也有人说，ICO 是产品众筹；有人干脆说，这是庞氏骗局。

可以说，以上情况都存在。实际上，由于 Token 的可编程性，虽然 Token 是价值的，但可编程让它具有了极大的灵活性。这与现实世界中的各种有价证券、资产截然不同，现有的这些证券都在确定的法律框架之下。而 Token 可在代码中随意地约定，它早已突破了当前那些固有的法律。所以，各国的法律制定者都需要面对这种新技术，重新审视自己的法律。

最早的 ICO 发起于比特币论坛，据说第一个 ICO 是万事达币。故事通常是这样的：

张三在论坛上发了个帖子，他有一个很好的技术思路，可以做出一个区块链，性能非常强大。张三可以组建团队开发出这个区块链来。但是，张三腼腆地说："人吃马嚼，团队缺钱。论坛中的兄弟们要是看好这个技术，能不能慷慨解囊，支援一下？"

张三给出一个比特币地址，要支援的兄弟们把比特币打到这个地址，张三会公开所有款项信息。其实也不用他公开，比特币地址上的钱都是透明的。

然后张三承诺，未来自己的区块链起来了，链上的代币，按照一个比特币换 1000 个代币。就是说，给了一个比特币，则将来可以获得 1000 个张三的币。

以太坊上线后，在以太坊的智能合约中开发代币非常容易，于是，大家都转战以太坊社区，故事是这样的：

李四写了一份白皮书，告知天下，自己有一个很好的技术思路，可以做出一个区块链来，性能非常强大。李四可以组建团队开发出这个区块链来。但是，李四腼腆地说："人吃马嚼，团队缺钱。币圈的兄弟们要是看好这个技术，能不能慷慨解囊，支援一下？"

在李四的白皮书中，除了写明技术外，还要写明未来的链上共计有多少个"李四币"，这些币按照什么样的规则发行。然后，李四在以太坊上写一个智能合约，在这个智能合约中，定义名为"ERC 20"的代币，这个代币与未来的"李四币"是一一对应的。

李四先找很多有钱的大佬们看白皮书，兜售以太坊上的 ERC 20 代币，这个时候，可以称为"李四币"。愿意掏钱的大佬们就把以太币打到李四的那个智能合约中，相应地，大佬们获得一定量的以太坊"李四币"。这个步骤叫作"私募"。

下一步，李四找到一家虚拟货币交易所，求着交易所将自己的"李四币"挂牌，这样就可以在交易所中交易"李四币"。通常，大的交易所要求很高的费用。"李四币"在交易所挂牌后，众多散户可能就会蜂拥而至购买，这种购买通常也是以以太币为货币。李四和大佬们就可以笑着点钱了。

李四有了一大笔以太币，团队可以安心工作。他们若是不工作，直接跑路，那么"李四币"就是一种空气币。若是团队安心工作，2 年后，开发出了"李四链"，那么就不是空气币。

"李四链"上线后，选择一个时点，将以太坊上"李四币"的智能合约冻结，所有数据制作一个"快照"，将所有的"李四币"对应迁移到"李四链"上。这样，全过程就算完成，人们一边用"李四链"，一边可以在交易所中交易"李四币"。

所以，对于大部分国家和地区来说，ICO 以及虚拟货币所代表的商业行为依然没有妥帖的法律进行管辖。我国目前对 ICO 是严令禁止的，这代表了稳妥和防患于未然的态度。相信未来有一天，各国都会出台合用的法律对 ICO 进行监管。

8

区块链经济

中本聪当是自由市场的拥护者，尼克·萨博则常常引用哈耶克的文章；所以区块链虽然是一种技术，技术本身并无价值上的偏好与站位，但这些发明区块链的人，却有着鲜明的立场。说奥地利经济学派是区块链的思想指引，也许并不是乱说。本章介绍区块链与经济学、社会学那千丝万缕、若隐若现的关系。

货币

非对称加密技术出现后，人们首先用其发送加密信息，这是无需任何想象力的。每种技术出现时，都会有一个初始的应用形式，这种初始从技术到应用的映射，无需太多想象力，就像人类会制作石器后，定会做上一把用来敲击的石斧，但用石头制作出切割器或者研磨器，就需要一点创新的想象了。密码朋克们用非对称加密技术保护自己的通信隐私，这真是一种小胡同赶猪的直线思维。

当乔姆于 1982 年突发奇想，用非对称加密技术发明可防追踪的虚拟货币时，人类的想象力闪烁出好看的光芒。纸币的防伪利用印刷技术、水印技术，那么非对称加密带来的数字签名技术，不就可以用作虚拟货币的防伪吗？

于是非对称加密技术的第二个"杀手"应用出来了——虚拟货币。及至中本聪出世，区块链的技术将虚拟货币推到一个更高的层面。这种 P2P 环境中的加密货币，颠覆了银行的中央账本机制，将货币的流通形式，从中心银行记账制，复古回到了现钞的 P2P 流转模式。

用非对称加密与区块链技术开发虚拟货币，从技术角度是理所当然、顺理成章的。

货币是经济学的核心，关于货币的起源、历史以及理论解释，各种书籍汗牛充栋。各派经济学家，都要在货币领域呈一番聪明与睿智，也就给货币这个小孩子都懂、都会用的事物，带来了无数的争议。

常见的理论认为，货币是从以物易物之后，人们在商品交换过程中寻找到的一般等价物。据历史记载，中国历朝历代用过的货币形式包括贝、龟（甲骨，西周），铅（五代、楚），珠玉、金（商、西汉），白金（银锡合金，西汉），白鹿皮（西汉），银（明清），铜（西周后），铁（南唐、宋），谷帛（曹魏），盐（唐，四川），丝麻（唐，关中），绫罗绢（唐）。一直到纸钞出现，才终于归于一统。

但是，戴维·欧瑞尔（David Orrell）在他的著作《人类货币史》中，认为历史上压根就不存在"以物易物"这个阶段，最早的贸易交换中便有货币的存在。欧瑞尔的书中，总结了对货币认识的三个流派：第一个是材质流派，认为货币的本质是稀缺的金属；第二个是名目流派，认为货币的本质在于为其盖章的机构，比如政府背书发行；第三个流派认为，货币由其扮演的角色定义，它如芯片一般只是集成电路，至于其上运行的程序可以是五花八门的。

欧瑞尔并未附和以上三派，他给货币的定义是，"一种给现实世界中模糊的价值观念，赋予精确数值的方法"。

人们常常惊叹比特币那高昂的价格，一币一房成了都市传说。传统、保守、善良，并且没有早早持有比特币的人们，便要斥责，比特币是代码，有何价值？这不是庞氏骗局吗？这种对比特币的诘责，彰显出传统、保守、善良的人们，乃是材质流派，追求所用货币必须本身具有价值。当被用"纸钞本身也没有价值"反驳后，传统保守善良人就会摇身一变，成为名目流派："纸钞背后有国家背书。"总之，在他们眼中现存的货币，都有其合理性，他们又成为存在即合理的一派。总之，他们坚决抵制比特币，即便比特币已经存在，且彰显了价值。

然而，比特币确实没有价值。根据欧瑞尔的理论，比特币只是一种数字方法，用来描述财产价值。例如，你用 10000 枚比特币购买了 2 个比萨，那么这2 个比萨对你而言的价值，用比特币的数字化记载便是 10000。正如你的身高用厘米描述是 "170 厘米"，用英尺和英寸描述则为 "5 英尺 5 英寸"。你若是强调，厘米是没有高度的，或者说 "卷尺" 是没有高度的，那么你是正确的。从这种角度分析，则纸钞与黄金一样，都是描述价值的数字化方法。

在比特币的系统设计中，这一点体现得淋漓尽致，比特币甚至没有数字实体，它只是记账的账本而已。

但是，货币的发行权，是这个星球上最强大的权力，历朝历代各国政府都能够意识到这一点。最初，货币依赖重金属，如金银铜之类；在那个时代，就因为货币的重金属含量高低而争论不休。后来终于走到了纸币时代，政府印刷纸币发行民间。纸币的初期也经历了银本位、金本位、金银复本位等纸币发行模式，在最初的观念中，纸币依然代表背后的金银，政府每发行一张纸币，必须以金库中的金银储备为根据。在这种金本位的纸钞发行机制下，少有通货膨胀，政府也不会滥发货币。第一次世界大战之后，金本位体制破灭，古典政府所有的那点自我约束，终于消失。

1944 年，在美国布雷顿森林召开了一次国际金融会议。当时，第二次世界大战正在走向尾声，美国的国际地位不可动摇，可以说，是美国将欧洲乃至世界从法西斯的手中拯救了出来。这次金融会议，签订了世人称为"布雷顿森林协定"的文件。44 个国家约定，美元与黄金挂钩，其他国家货币与美元挂钩，与美元保持固定的汇率。从此，美元在战后的国际货币体系中，成为绝对的中心，也成了国际清算中唯一的清算货币。

之后的几十年中，由于美元走弱，且美国停止了向世界各国兑现黄金，在20 世纪 70 年代，布雷顿森林体系崩溃瓦解。世界各国的货币发行政策，也不再采用金本位制度，在决定发行货币数量这件事上，政府终于拥有了彻底的自由与权力。

各国政府为了应对经济和财政危机，不断印发货币。哈耶克曾经论述，只要政府掌握了发行货币的权力，则天生具有滥发货币的倾向。滥发货币营造了虚假繁荣，实质上是对民间财富的掠夺，造成的通货膨胀问题一直困扰着各国经济。

我国宋朝的交子就曾经因为滥发而出现通货膨胀。1948 年国民政府发行的金圆券，在短短一年间，贬值达几百万倍。2018 年，发生在委内瑞拉的恶性通货膨胀达到了 1000000%，人们要推着一车钞票去买菜。

这些，还都是局面失控情况下发生的恶性通货膨胀，哈耶克在《货币的非国家化》一书的附录中，详细统计了众多国家几十年来的通货膨胀比率，从中可以看到，各国政府在制造通货膨胀这场竞赛上，都很拼命。

2008 年，经历了 20 世纪之初几年的金融创新、房地产快速增长、科技爆发，在繁荣的喧闹中，一场剧烈的次贷危机悄然袭来。之后，从美国金融界的倒闭潮开始，全球经济下滑、世界各国物价上涨、股市暴跌，世界笼罩在一片恐慌与萧条之中，人们普遍对各国政府的经济政策失去了信任。

在这样的经济背景下，2008 年中本聪写出了比特币的论文，2009 年比特币软件出世，在其创世区块中，那句来自泰晤士报新闻的警句——"2009 年 1

月 3 日，财政大臣正处于实施第二轮银行紧急援助的边缘"，从此作为对现有政治秩序下货币发行政策的嘲讽，永久镌刻在无数的计算机节点之中。该期报纸如图 8 – 1 所示：

图 8 – 1　因比特币而闻名的一张报纸

比特币实现了完美的虚拟货币特性，能够在非对称加密技术对产权的保护下，在网上自由流转；能够在 PoW 机制保障下，实现全球的共享账本，防范双花攻击。

在货币理念上，中本聪剑锋直指当前的货币发行机制，比特币作为一种通缩货币的试验，以永远限量的模式，向滥发货币造成的通货膨胀宣战。是中本聪，第一次在计算机上实现了数字的"稀缺性"，比特币如黄金一般储量有限。可以认为，这是在技术支撑下，向传统的金本位的一次伟大回归。回归金本位，也是以米塞斯（Ludwig Von Mises）、哈耶克为代表的奥地利学派，一直向美国政府呼吁的建议。

在另一更为激进的理念上，比特币是首个践行者。哈耶克在《货币的非国家化》中，提出要防范国家滥发货币，需要引入货币竞争市场，让货币人人皆可发行。哈耶克依然从现有秩序出发，建议政府放开货币发行权，他并未料到，他的理想这么快便得以实现，他更未料到的是，比特币并未向现有秩序乞求，而是在自由的 CPU 和自由的网络中，开辟了一条全新的自由之路。比特币这样的自由货币，为区块链经济奠定了最初的基础。

Token

以太坊的出现让 Token 成为区块链上的主角。之前的比特币以及以太币都可称为"原生币"，原生币是基于区块链的协议，而 Token 则是基于区块链之上的智能合约，所以称为"代币"。然而，我们大可不必如此谨慎地定义，若放开胸怀，将比特币视为 Token 也未为不可。

名词无非是指代的发音和字形，深究起来并无太大意义。Token 实质上无非是指基于加密学和共识协议实现的权益或者价值证明。若宽泛点，将共识协议排除在外，那么第一个 Token 应该是乔姆的 eCash。

以太坊的智能合约让初级程序员也能够快速写出一个符合 ERC 20 规范的 Token。而这种 Token 基于非对称加密技术而确认所有权，且可在 P2P 网络中流转无碍，这两种基本特性就意味着 Token 彻底与传统的信息化技术分道扬镳。

只要你愿意，你可以自由自在地定义任何含义的 Token，甚至把宇宙中的每一个原子都定义成 Token 也未尝不可。生活中的积分、点卡、礼券、学分都可以用 Token 描述。

Token 最大的特点乃是转移的便利，并不需任何第三方的审批，转移可以随时随地执行，而且可以根据编程逻辑自动执行。不同于传统支付，Token 的转移可以是任意大小，转移数量的核算可以极其精准。这样一来，Token 的这些特性让过去很难实现的场景得以成为现实。比如，共享出你的 PC 的硬盘，每秒钟可以收获 0.00001 个 Token，这种核算在传统的支付手段下几乎是不可能的。

Token 的机制让每个人都可以拥有自己的股票交易所，每个人都可以发行自己的无数只股票。

以太币这样的原生 Token 存在的意义是驱动此区块链的生态，让使用区块链的用户支付使用成本，让维持区块链生态的矿机获得收入。以太坊这样的一条链也就构成了一个经济生态，而以太币则是支撑这个生态的价值 Token。

基于以太币可以开发出众多不同类型的 Token，这些 Token 则代表了各种不同的权益与价值，从而构成了更加巨大的价值生态。例如，写一个智能合约定义一个 Token，让这个 Token 代表航空公司的积分，那么这个积分生态的价值可能高达几十亿元。

信息化对世界的描述如火如荼，而用 Token 对权益与价值的数字化描述，则是更重要的一个环节。这个浪潮代表着我们能够将经济中很大的一部分都运行在区块链上。

产权

1998 年尼克·萨博发表了一篇名为《以所有者的权威声明产权》（*Secure Property Titles with Owner Authority*）的论文，文中他评价了当前纸质产权证明体系，认为在电子时代，这种形式已经落后，他所建议的一种"副本数据库"，可以形成一种"产权俱乐部"，人们自行声明自己所拥有的产权。

在文中，尼克·萨博说了这样一句话："虽然暴徒还是可以抢夺现实世界中的财物，但永存的所有权记录，依然会是强盗的眼中钉。"他的这句话颇有力量，仿佛一句带煽动性的口号，其潜在的含义却道出了一个道理：产权记录与产权是两件事。人们通过合法的产权记录，宣示对财物产权的拥有。在中国古代，人们通过鱼鳞册记录本地地产的所有权，鱼鳞册由官府指定的低级官员持有并维护。

在众多经济学家和政治、法律学者的眼中，私有产权的出现对人类文明的发展具有极为重要的作用。哈耶克认为财产的分立是人类社会在进化过程中经过自然选择而确立的制度。在洛克（John Locke）的理论中，他将私有财产视为个人自由的根基。拥护私有产权的学者们的普遍观点是私有产权制度下资源配置的效率是最高的。经济学家张五常的产权理论中，便将私有制看作最有效的产权制度；而经济学家诺斯（Douglass C. North）则从历史的角度分析，西方经济发展的缘由在于欧洲封建契约制度下对私有产权严格的保护。

大多数经济学派的理论有一个普遍的共识，即私有产权制度是自由市场的必需条件，没有私有产权，也就没有自由市场；私有产权得不到保护，那么自由市场就岌岌可危，根本无法正常发挥作用。

在纸质的时代，鱼鳞册、地契之类的证明文书由纸张、墨迹、印章的防伪性保证产权的无法篡改。虽然也有中心登记所的概念，但由于时代的变迁及动荡，通常那种登记所并不可靠，人们依赖各种纸质文书确认产权。电子化和网络时代来临后，人们结合了计算机的数据库技术与纸质防伪技术，各种中心化的产权登记所从政府处得到公信力，维持着产权的电子记录，对于重大财产则还会发放纸质打印的证明。其核心乃是中心化的权威数据库及实名制，纸质的证书只是一个没有效力的证明工具。人们的房产记录在房管所、股票在交易所、汽车在车管所……人们的一切重要财产悉数交由第三方机构。当人们去往某个国家或地区投资，首要的事就是核查该地产权管理是否有保障。

依赖第三方登记机构、交易所维持产权记录，在近几十年来看似运转良好，人们已经接受并习惯了这种机制。然而，中心化数据库系统有其固有的脆弱，一个数据库管理员便可盗取所有的信息记录；第三方机构的低效，导致产权的登记与交易速度非常缓慢。

区块链在尼克·萨博所提的副本数据库基础上，发展得更加完善，完全可以构建一个不依赖第三方信任的产权登记交易所。现代社会中各种各样的资产，包括房地产、股权、黄金钻石、艺术品、数字资产等都可以用区块链来描述，并实现链上登记和交易。

不依赖第三方是其最基础的特性，是数学及算法在保护人们的产权，几乎无法作假与伪造。同时，产权的交易将非常便捷，成本极度低廉，产权的交易将会如同信息的传递一般顺畅。举一个有些夸张的例子，在普及了区块链交易的未来，人们出差住酒店的概念也许会极大改变，不再是租用一个房间三天，而是直接购买下该房间三天的产权，在这三天中拥有这个房间的所有权，第三天再将此房间交易出去。也许这个比喻有些夸张，但产权交易的便捷性却是在未来区块链技术支撑下一定会实现的场景。

与纸质产权证明及中心化数据库相比，区块链上的产权是彻底数字化的，因而也是可编程的，这对于复杂的产权实现是一个福音。

　　复杂产权的定义在纸质及中心化数据库中都可以实现，但围绕产权定义，产生的种种经济行为，则只有在区块链的可编程产权中才可以实现。这种产权可以借用尼克·萨博的智能合约的概念，称为"智能产权"。例如，在传统模式下，达利的名画《时间的轮廓》只能由某一位富豪拥有，但在区块链的产权机制下，则可以由一万名爱好者共同拥有；而且还可以细分定义出，该画作在 2019 年 10 月的国际巡展中门票收益的所有权。这在传统的技术及商业模式下都是无法实现的。

　　近些年来一直非常热门的共享经济催生了众多产业和大公司，如 Airbnb、Uber 等。当前的这些共享经济从本质上并非真正的共享，只是传统租用业务的一种泛化而已，因为不论 Airbnb 还是 Uber 都没有对产权进行任何变革。房子依然属于房东的，只是出租给游客两天；车依然还是车主的，不过是出售运输服务罢了。

　　在未来的区块链上，可以定义一台轿车的产权属于四个人，他们四人在区块链上清楚地定义了彼此的产权与责任。比如张三拥有该轿车未来售卖转让价格的 40%，而张三只拥有该轿车在每个星期三工作时间的使用权，且该使用权在四人中优先级排名第二。任何一件经济物品或者财产的产权都可以进行个性化编程定义，这才是真正的共享经济。

图 8 - 2　产权的变革

区块链不仅是保护私有产权的技术，更重要的是，它将产权的概念升级到了一个全新的智能时代。产权从此摆脱了简单、粗暴、笨拙、固化于模板、条款僵化的老旧模式，进入了可编程的时代。可以说，人们对产权的认识面临巨大化的变革。产权的新变革也必将给经济带来巨大的推动力。

合约

在戴维的 B－money 一文中，他为一个没有暴力的乌托邦社区准备了两个东西：一个是虚拟货币，也就是 B－money；另一个是合约，即基于 B－money 执行的可信合约。戴维认为，货币与合约，是一个乌托邦社区的基础。在中本聪设计比特币的时候，他并未提及合约一事，只是曾经在论坛中说过，对于某些复杂类型的交易，他准备用脚本语言实现。而所谓复杂的交易，已经有一些合约的影子了。尼克·萨博是法律学者，他研究的方向便是民法、合同法，所以他早早论述了用计算机如何实现商业承诺，也就是智能合约的概念。直至以太坊出现，合约成为一种广为接受的概念，人们甚至以智能合约代指所有运行在区块链上的程序。这种理解倒也不错，程序原本就是人与人之间的约定、人与机器之间的约定，程序比之口头与纸面承诺，会被更严格地执行。

合同在现代社会中，尽人皆知，即便不是经商的人，每年也会签几次合同，比如劳动合同、租房合同。人们视合同为一个法律工具，习以为常，并不新鲜。大众所不了解的是，合同、合约，或曰契约，乃是西方市场经济最重要的基石，也是西方法律精神最早的构件。早到亚里士多德，这位贤者便阐述过契约的精神，他称之为"交换正义"。后代经院哲学家、神学家阿奎纳（Thomas Aquinas），他的伟大难以简单概述，是他将基督教的神学与世俗的法治二者之间的关系厘清，为西方基督社会走向现代法治文明铺就了道路。阿奎纳的社会契约理论，为人们在社会中的自由与平等，提供了一条现实可行的道路。被统治者与统治者之间，乃是为了一个共同的目标——公共的幸福，而形成的契约关系。统治者并不对人民拥有绝对的权力，一切都要依据法律与契约而行。当统治者所行违约，那么人民当然可以拒绝服从，所谓"恶法非法"。

法律史学家梅因（Henry Sumner Maine），在其著作《古代法》中断言，所有的社会进步，皆是"从身份到契约"这个大潮流中的一部分。人民与国家公权力缔约，人民之间缔约进行商品生产与交换，社会契约理论，近乎涵盖了国家与法律的一切。

契约精神，在一些习俗认识与法律理论中，甚至超过成文法。"双方合意则优先于法律"意味着人们之间拥有缔约的自由，在自愿的基础上，实现了私法自治。实际上，所谓人的权力也只有两个来源：一个是法律，另一个是当事人双方合意，也就是契约。

对契约精神的尊重，极大地促进了商品交易与市场经济，为法治奠定了基石，是人民之间实现自治、建立良好秩序的支柱。

在现代社会中，契约的技术手段，一方面是基于纸质合同、签字、盖章等方法，实现对双方意愿的确认，且防止篡改与反悔；另一方面合同法等法律框架、律师、仲裁、诉讼等方法，保证了契约能够得以执行。

在中国古代，法律尚未健全，人们为了契约的有效执行，设计了很多仪式性的行为，比如歃血、对天发誓等。

在任何时候，合约的执行都存在巨大的成本，所以有一种观点认为，政府最重要的职责就是保证契约的执行。

执行环节的瓶颈，让基于纸质流程、法律保障的合约，只能实现很少的功能。正如尼克·萨博所举的例子，分期付款购买汽车，当断供后，如何回收汽车就成了巨大的麻烦。购买及贷款合约中，也只能约定，一旦断供，那么4S店有权收回汽车，至于如何收回，就不知道了。

区块链及智能合约时代的到来，让合约全然可以用代码写就，在区块链上执行合约。这是对基于纸质流程的合约，一次巨大的变革。不仅从形式上改变了合约的起草方式，而且合约的执行实现了自动化，最重要的是，人们的合约精神，又要有一次革命性的变化。契约是基于自愿主义的，但文字语义的模糊性，让人们只有依赖律师、法官这样的法律工作者，基于法律条款、法律精神对契约进行解释。这种以现有法律为模板的方法，实则干扰了自愿主义。而基于代码的智能合约，则将人们之间的自愿，建立在代码的运行逻辑上，并没有留下太多空间去解释，机器的执行，便是结果。

所以区块链给经济带来了更高效、功能更多的合约工具。人们的契约精神，机器的契约精准度和效率，定然会给未来的经济与社会带来新的面貌。

自由市场

EOS 创始人 BM 于 2018 年 6 月发表过一篇文章，名为《去中心化区块链的治理模式》（*Decentralized Blockchain Governance*）。文中有一句话，对区块链作了很好的诠释："区块链创造了一个更加高效的自由市场，在这个市场里，所有人都是自由的，没有人因暴力、强迫而使用某种货币。"今天，区块链的爱好者们，口口声声宣扬区块链的无法篡改、可追溯、价值流转等属性，却少有人关心最早的密码朋克们最关注的点。BM 的这句话又将癫狂迷失在区块链闪烁外表的人们，拉回到区块链本质的世界，警醒人们不要买椟还珠。

区块链是关于自由的。密码朋克们对隐私的保护，中本聪的去第三方信任，戴维的 B－money 所追求的乌托邦，其目的皆在于自由。戴维在 B－money 里如此论述：在 B－money 的社区中，并不采用实名制，也就无法找到肉身的真人，所以暴力无可实施。

关于自由，有诸多定义，而奥地利学派的穆瑞·罗斯巴德（Murray Rothbard）在《自由的道德》一书中认为，自由就是不受暴力侵犯。如此简单的道理，人类在几千年中却蒙昧不清。在区块链这个交易网络上，一旦自由得以保障，一个人类历史上从未有过的自由市场，便出现了。

2018 年贸易战是国际局势的热点，在铺天盖地的关于贸易战的讨论中，一国市场经济地位的话题，一再被人们提及。我国加入世界贸易组织（WTO），是最近二十年来经济大发展的重要原因，而 WTO 中要求认定成员国的市场经济地位。以欧盟为例，其对市场经济地位的认定有五个条件：

1. 企业一切关于价格、成本和投入的决定，完全依赖市场上供需关系的信号作为指引，且没有显著国家干预，其主要投入的成本在本质上反映了市场价值。

2. 企业有符合国际会计标准的记账准则和独立审计机制。

3. 生产成本和企业财务状况不受非市场经济体制遗留的影响所扭曲。

4. 企业有破产法及产权法可循，保证企业法律经营上的确定性和稳定性。

5. 汇率市场化。

美国也有五条关于市场经济地位的认定：

1. 该国货币可自由兑换。

2. 劳工与雇主之间，就工资议定的自由程度。

3. 对外国公司和投资的开放程度。

4. 政府对生产的拥有与控制程度。

5. 政府对资源配置，诸如价格、产量的控制程度。

虽然欧盟与美国的条件有所区别，但其核心并无二致，都限于企业经营的自由度，政府的干预程度。美国的五个条件几乎全在阐述这一点，而欧盟的条件只是多了要求合适的法规。

市场经济，是人们在经济体系中为保障公平与正义的唯一方法，除此之外，并无其他可行办法。

如果我们把区块链当成一个虚拟国家，去匹配欧盟的市场经济认定条件，便会发现，它完全符合这些条件：

1. 现存的区块链上并无国家干预，不论是原生币、Token 还是智能合约中的业务，都是自由经济（也许未来会有受国家政权直接管控的区块链存在，但现在尚未出现）。

2. 区块链上的记账规则也许并不符合国际会计准则的格式，但它是账目透明、可追溯的，完全可以满足审计要求。

3. 并无非市场经济的遗留因素影响。

4. 在法律管辖一事上，区块链不同于现实世界，它以代码作为法律，用代码来定义自己的产权及破产逻辑。EOS 则在社区中，采用"民主市场化"的管辖手段进行类似立法与司法管理。

5. 汇率市场化，完全符合。

BM 在文中论述了区块链如何用"自由市场力量"实现社区治理，其核心理念是人们的自由选择权，也就是通常所说的"用脚投票"，人们一旦发现此区块链社区存在腐败或者欺诈，那么就会在市场上出售该区块链的 Token，转

而投入其他区块链的阵营。这是市场化的机制。区块链的自由市场如图 8 - 3
所示。

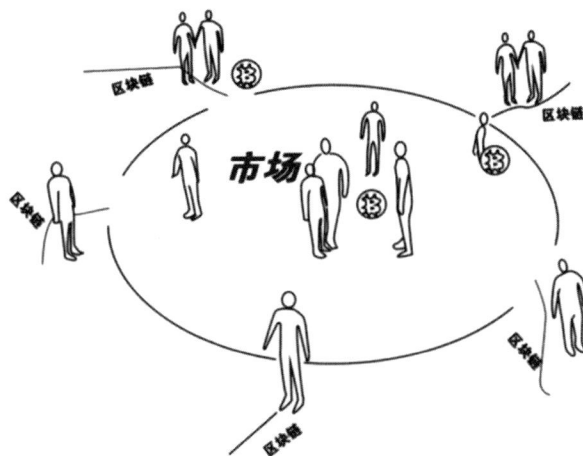

图 8 - 3 区块链的自由市场

奥地利学派的大师米塞斯（Ludwig Heinnch Edler ron Mises）在论及市场
时，认为市场的根本特征是其选择过程永远不会停止。在区块链的世界中，有
两个层次的选择：其一是对区块链的选择，人们可以根据自己的判断，选择使
用哪一个公链，持有哪一个 Token；其二在区块链之上，人们可以进行治理上
的民主选择，比如在比特币上选择跟踪 PoW 的最长链，在 EOS 上投票选举节
点和参与议事，也可以选择使用某一种应用。

米塞斯的理论中，市场经济也有几个必需的条件。其一是产权必须明晰，
在这一点上，区块链的优势无与伦比，用非对称加密来保障，比之用纸张、中
心数据库以及法律来保障，可靠程度有天壤之别。其二市场价值是主观的，要
通过价格来体现，必须以货币为媒介计算价格，维持市场经济的平稳运行。区
块链再一次正中红心，Token 的天然属性，让区块链可以极其方便地衡量任何
链上资产，极其迅捷地反映人们主观意愿变化对价格的影响。其三市场要能够
刺激企业追求利润，改进商品与服务，以满足消费者需求。区块链上 Token 的
自由流转机制，方便了使用 Token 对链上商品与服务行为的激励，这是传统市
场环境和技术所难以实现的。

BM 在文中，还说了一句"区块链上再也没有地理的限制，人们不必和邻居使用同样的货币"。实际上，互联网既然已经实现了信息自由流转，地理上的限制，也只是强权的限制。而区块链，不论其历史发源，还是技术特征，都可见其冲破强权及地理限制的意图。

区块链是构建自由市场的技术，如同非对称加密是保护隐私的技术。

区块链与经济学

虽然人们并不清楚中本聪的真实姓名，但可以推测他是一个密码学者，还熟悉 C＋＋编程。同时，他应当还精通经济学，在论坛上，他对 20 世纪 90 年代的金融与经济政策了如指掌，比特币系统就是他对当前银行体系的一次反抗，甚至曾有人推举他为诺贝尔经济学奖候选人。

尼克·萨博更不用说，他精通法律与货币历史，对哈耶克理论研究颇深。而到了 V 神与 BM，他们将自己冠名为密码经济学家，直接将密码学与经济学合二为一，开宗立派。

从来就没有一种技术，自诞生之日起，就与经济学、政治学、社会学关系如此密切。通常的技术游戏是这样玩的：物理学家、数学家这样的基础科学研究者们，发现一种技术或者算法；发明家或工程师用技术做出应用产品；产品提高了生产力、推动了经济发展，乃至改变了经济中的生产关系；经济学家们出现，总结经济现象，写出论文来。

然而区块链的出现，打破了这种游戏的固有模式。基础科学家、工程师、经济学家们在区块链领域合体了，成为一个人。以上的游戏流程也变了，几乎是颠倒过来了，先写论文，要改变经济中的生产关系，要改变经济运行的场景，然后描述要做的产品以及其中独创的算法。

基于加密学的虚拟货币，以及后来的区块链，都是发明人意图改变当前经济规则，才去发明的技术。这些发明人，身兼算法科学家、工程师及经济学家多重身份。

经济学流派众多，但区块链领域的大师们，颇受奥地利学派的影响。

中本聪并未提及过任何经济学家及思想，但他的人人皆可发行货币理论、货币通缩理论，无疑有着哈耶克的影子。

尼克·萨博常常提及哈耶克，他的智能合约思想之于"自由契约论"、社会可扩展性之于"社会扩展秩序"，都能在哈耶克的理论中找到根源。

戴维的非暴力乌托邦，代表了蒂姆·梅等一干密码朋克们的理想，这与罗斯巴德的自由伦理暗合。

V 神与 BM 都曾经自称研究过奥地利学派的理论。

实际上，非对称加密技术对公民的个人隐私的保护，以及区块链上对个人身份的保护、对产权的保护，这些尊重自由的理念，都可以在奥地利学派那里找到理论的源泉。

奥地利经济学派出现于 19 世纪 70 年代，创始人是卡尔·门格尔（Carl Menger），1871 年他的《国民经济学原理》出版，标志着奥地利学派的诞生。之所以称为奥地利学派，仅因为门格尔及其继承者维塞尔（Friedrich Freiherr von Wieser）、欧根·冯·庞巴维克（Eugen Bohm－Bawerk）都是奥地利人罢了。奥地利学派的哲学思想传承于亚里士多德，延续了大卫·休谟（David Hume）、亚当·斯密（Adam Smith）、大卫·李嘉图（David Ricardo）、弗雷德里克·巴斯夏（Frēdéric Bastiat）等哲学家与经济学家。其后该学派的知名经济学者还包括米塞斯、哈耶克、罗斯巴德和霍普（Hans－Hermann Hoppe）等。

虽然奥地利学派没有权杖、令牌之类的圣物用于传承，但米塞斯当之无愧是奥地利学派的第三代掌门人，可以说在他的影响之下，奥地利学派开始发扬光大。他是奥地利人，1906 年获得维也纳大学法律与经济学博士。作为犹太人，作为坚定的古典自由主义者，他在第二次世界大战爆发之前，便早早感受到了家乡那异样的气息，于是远走他乡，来到了纽约。由于奥地利学派并非主流，所以他在纽约大学的工作并不被人认可，他一直是挂着虚衔的教授。但米塞斯从未停止对经济学的研究，而且他是一个热衷"建群"的人，不论走到哪里，都在身边聚集了一群学者，谈学论道、指点江山。必须得说，他的这个组织能力，对于奥地利学派的推广，颇有助益。米塞斯最重要的著作是《人类行为》，这是奥地利学派在方法论上的奠基之作。

奥地利学派之所以为大众关注，并渐为主流经济学家接受，要得益于哈耶克，他于 1974 年获得诺贝尔经济学奖。哈耶克也是奥地利人，后于 1931 年移民英国并定居。他年轻时思想偏向社会主义，听了米塞斯的课后，转向奥地利学派。他与米塞斯一生都是半师半友的关系。哈耶克的几部经典著作颇为流行，近乎成为畅销书，其中有《通向奴役之路》《致命的自负》，以及《自由宪章》。哈耶克研究的领域并不仅限于经济学，他广泛涉猎政治、法律、伦理、哲学等领域。哈耶克将货币、市场贸易、法律、习俗视为社会的扩展秩序，这些秩序并非来自聪明人的理性设计，而是人类在无意识的社会交互中，自发形成的。所以，他强烈反对人类社会中用理性设计和建构制度及秩序，因此有人质疑他是保守主义者，为此他专门写了文章反驳，坚持自己是自由主义者，而非保守主义。在二十世纪六七十年代，计划与干预主义的风潮也影响了英国，哈耶克坚持对集体与计划干预主义的批判。他的思想与理论深刻影响了英国的撒切尔首相和美国的里根总统，撒切尔首相堪称他的信徒。《货币的非国家化》是哈耶克最后一本经济学著作，虽无证据显示中本聪受此书影响，但比特币无疑是哈耶克思想的一次伟大实践，也证明了哈耶克思想的正确性。

经济学最早肇始于古代的两个思想流派，一派是重商主义，一派是重农主义，其后两派由亚当·斯密合二为一，开创出真正的经济学，而亚当·斯密的理论"看不见的手"，将自由市场的竞争机制看作支配社会活动的根源。基于亚当·斯密的思想，说经济学的根源，便是扎根于自由主义的，这应该不会有什么大错。自亚当·斯密之后，继承其思想发展新学说的经济学者日益增多，衍生出复杂而庞大的众多经济学流派，不去一一介绍了。仅从谱系上看，最靠左的一端乃是马克思主义经济学，最靠右的一端就是奥地利经济学派。虽然同样发源于亚当·斯密，但左右差别巨大：马克思主义主张公有制以及国家干预经济，即所谓计划经济派；而奥地利学派则主张保护私有产权，最小化国家干预，让自由市场发挥作用。

奥地利经济学派开天辟地的首要理论，便是经济价值的主观论。在古典经济学中，人们以为价值乃是财货内在属性的客观衡量，时至今日，大众依然迷惑于此。对于比特币，人们的质疑常常在于，它没有价值，而黄金是有价值的。门格尔是第一位学者指出如下理论：不论是黄金也好，面包也好，其价值在于人们从使用这种商品中获得的满足，这种满足完全是主观的。比特币虽然只是机器上存储的二进制数字，但它与黄金、面包一样满足了人们的欲望，人们从主观上可以衡量出自己满足的程度。

另外，奥地利一派把时间的重要性引入经济研究。庞巴维克认为，在条件一致的情况下，人们对现有财货的估值，高于未来财货的估值。于是，资本是已有的财富，当其被投入生产后，未来产出回报的财富必须高于当前的资本，这就是利息的来源。这种解释，扩展了主观价值理论，与马克思的剩余价值剥削理论是针锋相对的。

奥地利学派从人的行为学出发研究经济，对于用数学方法对历史数据的建模非常排斥，认为那是在故弄玄虚。又对德国传统的历史学派，展开了论战，在奥地利学派眼中，过往历史中的经济现象的环境早已变化，用物理学家做实验的方法去观察历史、推测未来，是绝对不可靠的。奥地利学派以方法论著称于世，坚持定性研究的方法，以人的行为学为核心研究经济对象。

奥地利学派是个人主义的，在研究经济现象的时候，必须将目光专注于个人，而不是群体社会。奥地利学派将人性及人的情感、动机作为分析的材料。比特币在解决共识问题时，多数节点会选择最长链的假设，便是出于对人性的分析。

米塞斯与哈耶克提出，价格机制是让个体经济主体充分利用分散的知识，对可支配的资源作出安排。分立的财产制度、自由的个体决策、竞争的自由市场是奥地利学派所主张的经济政策，他们相信市场，相信企业家精神。奥地利学派强烈反对计划经济，反对由政府控制所有资源，反对政府干预经济。这么多与区块链理念相似之处，若将奥地利经济学派称为"去中心化经济学派"，或者将区块链称为"奥地利学派技术"，也未为不可。

对于经济周期与经济危机，米塞斯和哈耶克都有过深入的分析，认为这是政府过多干预，政府货币及信用政策扩张带来的恶果。米塞斯建议美国回归金本位，而哈耶克则提出，人人皆可发行货币，构成竞争性的货币市场。

奥地利经济学思想虽然与自由主义不是一回事，但无疑奥地利学派的拥护者，也都是坚定的自由主义者。奥地利学派的思想传承来源于伟大的古典自由主义思潮。在这一点上，奥地利学派的经济学与区块链的技术，颇有类似之处，其创始人的动机、历史发展的渊源都与自由主义有着千丝万缕的联系。区块链与奥地利学派之关系如图 8 - 4 所示：

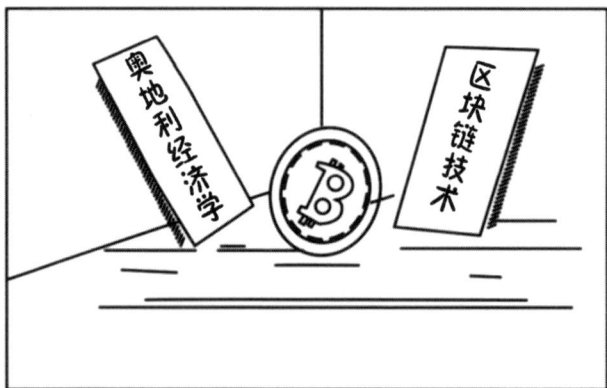

图 8 - 4　区块链技术与经济学

赛菲登·阿莫斯（Saifedean Ammous）是黎巴嫩大学的经济学教授，也是哥伦比亚大学资本主义与社会研究中心的学者，当然他还是坚定的奥地利学派。2017 年他出版了一本书，名为《比特币标准：取代中心银行体系的去中心化方式》（*The Bitcoin Standard：The Decentralized Alternative to Central Banking*）（注：《比特币标准：数字时代的良币》是该书曾用名），在书中他用奥地利经济学的理论，详尽分析了比特币系统。书中他大量引用了哈耶克、米塞斯等人的观点，对"什么是好的货币"进行了解释，并论断比特币符合哪些良币特征。

《比特币标准》一书中，多次出现哈耶克的一句话："失业并不是资本主义的错，而是由于政府严禁企业发行良币。"而区块链最伟大之处在于，它从技术角度论证了，在发行货币、保护隐私和产权、捍卫自由和市场等问题上，人们可以依赖的，并非只有暴力和强权。

社群

社群的建设与运行，在区块链领域，有着非常重要的意义。从比特币到

EOS，莫不把社群视为实现理想的根据地和目的地，技术乃是建设与运转社群的工具。早在 1998 年，戴维所提出的 B – money 中便已提及，B – money 的设计目标，是为一个乌托邦社群提供加密货币与合约。

全球最大的社交网站，或者说最大的网站 Facebook，多年来的使命一直是"赋予人分享的能力，让世界更开放互联"。2017 年，扎克伯格改变公司使命为"赋予人建设社群的能力，让世界融合在一起"。这个使命中，关于社群的概念，是近些年来最流行的词之一，众多的互联网及科技公司，都开始关注围绕产品构建社群。

社群对于中国人而言，是较为陌生的。因为中国人更关注宗族、亲戚、同学、朋友等所谓的圈子。这些圈子，宽泛来说也可属于社群，只是社群关系的精神是基于自愿，而宗族之类的圈子，其核心是不可选择的血脉与传统，所以通常所说社群的概念，更注重自由、自治与自愿，注重契约与共识。

最早的社群概念，源自哲学家亚里士多德，这位先贤在公元前 300 多年前所撰写的《政治学》中就定义了社群的概念。他说社群是"为达到某种共同善的目的而组成的关系或团体"。在这种理论下，一个城邦、一个村镇、一个现代的国家，乃至一个公司，都可称为社群。

在人类近几千年的发展历史中，有两种政治理念一直在作斗争，一种是集体主义，另一种是个人主义。集体主义认为集体的利益高于个人，而个人主义认为个人权利高于集体利益。个人主义从边沁（Jeremy Bentham）的功利主义，发展到康德（Immanvel Kant）的"人是目的"，赋予了个人自由以至高无上的意义。现代学者罗尔斯（John Bordley Rawls）的《正义论》则将个人主义推到最高峰。之后，一种新的主义出现，那就是社群主义。社群主义认为，任何人都存在于一个具体的社会，个人的权利不可高于社群对善的追求。

区块链从技术角度，天然便是为社群而生，为了摆脱一个中心化的信任，在点对点的用户环境中，构建信任，进行可信的交易。

社群的建设，在技术领域并非自区块链而始。开源软件运动，从 1985 年，就已经探索和发展出了成熟的社群模式。

理查德·斯托曼（Richard Stallman）是自由软件基金会的创始人和领导

者，提倡"自由软件"。在这里自由的概念，一方面是免费之意，另一方面有自由表达、自由传播的理念。1983 年理查德·斯托曼创建 GNU 项目，1989 年他发布的第一个自由软件协议 GPL，是自由软件的里程碑。1998 年，开源软件高峰论坛上，埃里克·雷蒙德（Eric Raymond）正式提出开源软件的概念，从此开源成为软件世界中最主流的开发及应用模式。

开源软件，也将社群的理念及实践发展到了一个新的高度。

以 Apache 开源社区为例，该社区中存在的法人实体是 Apache 软件基金会，基金会为旗下的系列开源项目提供法律及财政支持。基金会是非营利组织，社区中所有软件的著作权、专利等资产属于基金会。

基金会的管理组织为 Apache 软件基金会理事会，负责基金会的决策与日常事务。理事会成员由基金会成员选举并任命。

基金会下有多个软件项目，每个项目有一个项目管理委员会，委员会的成员负责该项目的管理事宜。委员会成员由参与该项目，并具备提交人（Committer）资格的成员选举产生。

提交人（Committer）是项目的骨干，开发项目、审核社区其他成员对项目修改的代码，并提交到代码库。提交人来自开发社区，他们贡献较大，由项目管理委员会认可并签署协议而成为提交人。对于某些重大的软件修改，需要通过全体提交人投票决定。

开发者是社区的主要贡献者，他们写代码、写文档、作测试、提漏洞（bug）。社区成熟与否，主要看聚集的开发者数量及活跃度。

用户是使用软件的社区人群，他们应用软件，也会参与提交漏洞，给出建议反馈。

可以看到，Apache 开源社区与商业公司不一样，它并不存在一个最高领袖，而是通过自治的理念，由自愿参与的开发者形成管理组织。

比特币最初由中本聪写的代码版本为 Bitcoin – Core，便是开源软件，遵循 MIT 协议，这是最为宽松的开源协议。在 bitcoin. org 网站上，写明比特币客户端是一个自由软件。比特币虽然有一个基金会，但该基金会并不持有 Bitcoin – Core 的著作权，实际上 Bitcoin – Core 是社区驱动，著作权属于社区。而且比特币的协议，像邮件一样，是完全开放的，任何人都可以基于该协议，用任意语言写出客户端接入该网络。比特币核心小组，则从社区的开发者中选举而出，当前约有 400 名核心开发者。

所以，比特币从用户角度是开放的，任何人皆可使用，软件的使用也是免费的（交易费另算，那是给予矿工的酬劳）。比特币从技术角度也是开放的，任何人都可以开发软件接入该网络。

以太坊则存在一个基金会，即注册在瑞士的以太坊基金会，该组织拥有以太坊的著作权，基金会当前的控制人就是 V 神。以太坊遵循的开源协议是GNU 3.0，该协议比起 MIT 协议要严格得多。

EOS 则有所不同，并未成立基金会，而是通过一个商业公司 Block One 管理筹集的资金，并管理开发社区。

9

中心化与去中心化

2017 年区块链热潮，使"区块链"三个字广为人知，"去中心化"这四个字也随之流行。到底何为去中心化，去中心化到底要干什么？到底中心化与去中心化之争，与我们的社会、与我们的生活有何干系？本章解答这些问题，让读者思考之余，不再困惑于中心化与去中心化的争论。

中心帝国

殿堂巍峨，群臣森然而立，秦始皇嬴政端坐皇位之上，这是秦王朝的一次朝堂议事。一位黑袍长袖的大臣，正在奏事，他进言道："依周朝正例，当分封诸皇子到各地，各领其土。"

这进言之臣乃是丞相王绾，秦朝刚刚扫清六国，统一宇内，这是无数次关于国家制度的会议之一。多年征伐，终得一统天下，如何治理这广袤帝国、四方万民，始皇帝召集近臣已经思虑多时。毕竟，始皇帝嬴政所面临的局面，在之前的春秋战国，乃至再早的周朝，从未有过，他开创了一个崭新的局面。

始皇帝嬴政，公元前259年出生在赵国都城邯郸，乃秦庄襄王之子。他13岁少年之际，便临王位，22岁青春尚在，便早已经过加冕仪式，亲理朝政，之后励精图治、征战四方，至39岁扫平六国，一统海内。嬴政自诩功劳胜过三皇五帝，因此从三皇五帝之中选取"皇帝"二字作为称号，是为"始皇帝"。

仅以帝王霸业之尺规衡量，秦始皇的成就着实称得上伟大，堪称中国历史上的千古一帝。他及他的秦王朝有着划时代的意义，他是中国历史上首个大一统王朝——秦王朝的开国皇帝，是他把中国推向大一统的局面，彻底废除分封制，创立郡县制，经他之设计，从此皇权高度集中，实现了中央的强集权，一举奠定了中国两千余年政治制度格局，甚至说他的王朝从此塑造了中国人的精神面貌，也并不过分。

在嬴政之前，并无一统之天下，周王朝虽为天子，但诸侯封建在四方，各辖属国，是为封建制。及至秦王朝扫平六国，嬴政本具雄才大略，天下归于股掌之间，自然要施展才能，规划整理一番。这便有了众臣这加班加点的国是商议。

对于王绾的提议，嬴政不置可否，只是叫众臣继续讨论。

诸臣都赞同王丞相的提议，认为再合适不过了，诸王子取代过去的诸侯，分封到距离王城较远的地方主政，亲密的血缘关系可以使他们与中央政府的联系更加紧密，不是顺理成章的事吗？为何嬴政不置可否呢？

只有大臣李斯并未桎梏于传统，独辟蹊径，提出了开创性的思路。他认为，既然周朝的分立诸王，封建天下，土地与权力的分散化治理，结果并不好，最终各国自恃强大、纷争四起，以致分崩离析、群雄逐鹿，才有了秦帝国的天下。那么帝国何必要率由旧章呢？

李斯的建议是反封建而行之，压根就不给各国分裂的机会，干脆不设诸国。功臣也好，皇子也好，一律老老实实地待在帝国都城中心，治理四方的权力，由皇帝派遣臣子承担，由官僚取代诸王。要知道诸王都是皇亲，且常为世袭，才会尾大不掉，乃至群雄逐鹿。而官僚则由中央耳提面命，定任期、定职责，随时可撤换。天下只尊始皇帝，只服从中央。

虽然李斯的建议新奇，且令众人惊心动魄，但始皇帝心里暗喜，从此皇位无忧矣。

因此，在李斯的大力主张下，秦共设三十六郡，每郡有守（即省长）、尉（即军事司令）和监（即监察专员）各一。郡下辖县，郡（守）与县（令），由皇帝直接任命。秦代由此成为中国历史上最早在全境推行郡县制的朝代。由此形成了皇权的高度中央集权化。

中心化的管理体制使得权力归由皇帝一人，权力自上而下，层次严明。人类的组织形式，至今也多以中心化方式展开。以现代的公司为例，也都是先有董事长，再有 CEO，再有各层级的经理，而权力则层层下放，构成典型的中心化组织。

分散的雅典城邦

"地缘政治学"由瑞典政治地理学家契伦（Johan Rudolf Kjellen）提出，从地理这个自然环境的角度，解释政治制度形成的原因及运行机制。"地缘政治学"认为集权制的产生，通常由该国家或地区所处地理上的条件决定。通常，形成集权制的国家，其所处地区存在强大的中心地理板块。中心板块常为开放的广阔地理区域，依托中心板块的影响力，才逐渐形成具有内聚力的文明体系。

中华历代王朝，便以黄河—长江流域这一片地球上罕见的开放地理区域为中心，形成了举世闻名的中华文明。

然而在秦代之前的古希腊，对于政治制度有着截然不同的选择，而其后的原因，也可用地缘政治学解答。

古希腊的自然条件，让其无法形成集权化的中心帝国，看下地图便可以发现，希腊半岛的陆地支离破碎，且多为山地，少量的平原零散地分布在山间或沿海，它们规模有限，难以找到一个可以依托的中心板块，也就无法形成大一统的中央集权。古希腊的政治势力，以各自独立的形态存在，也就是所谓的城邦，一个独立、自主的城镇为中心的国家。

数目众多、地理分散的城邦之间，各自相对独立，所以城邦也就形成了千奇百怪、各自不同的政治制度。有些城邦，如斯巴达，奉行君主制，将统治权集中在国王手中，实现中央集权；有些城邦，如雅典，则实行民主政治。

人类的文明形态，并非遵循统一的路线图，并无内在的一致规律，而是各自发展、彼此影响。东亚的地理条件让中心化的帝王统治成为历史常态，集权制深入骨髓。但雅典则不同，他们以民主制为起点。

雅典城邦的民主性体现在全体公民作为统治者参与政治，集体掌握国家最高权力；公民内部相对平等；法律至上。

公民大会是雅典城邦民主制度的最主要形式，其作为城邦的最高权力机关，历史起源于公元前 11 世纪至公元前 9 世纪的荷马时代。发展后期的雅典城邦中，20 岁以上男性公民均可参加，由 500 人会议中一专门委员会召集，每年分为 10 期，每期召开 1 次（后增为 4 次），讨论、解决国家重大问题，如战争与媾和、城邦粮食供应、高级官吏选举、终审法庭诉讼等。公民大会作出的决议由 500 人会议执行。

雅典城邦的民主制度使得中央集权不复存在，是古代人类对直接民主制度最早的尝试之一，迈出了国家管理中权力"去中心化"的第一步。但其局限性也很大，民主的范围有限，虽然全体公民可以参加投票，但实质上雅典所谓的全体公民只包括成年男性，是由部分人当家做主的民主制度，民主对于女性、外邦人和诸多奴隶而言是不存在的，并非是完全的民主。

希腊的地理形态，决定了该区域的政治格局，乃是分散式的去中心化城邦体制，没有形成中心化的大一统帝国。而雅典城邦中权力的分配，也不是自上而下的中心化，而是分散的去中心化，由众多公民以民主形式享有权力，形成了权力的去中心化。

分布式共识算法的鼻祖兰伯特，在经典分布式算法 Paxos 中，便以古希腊的一个小岛 Paxos 的议会为背景，描述议员们如何在权力发散、议员流动的情况下，就立法事宜达成一致。

可以观察到，在去中心化形式的组织下，例如在雅典民主制下，要在分散的权力环境中达成一致的决议，就需要非常高明的组织形式和管理技术。例如雅典的公民大会、500 人会议制度，以及投票制度。

所以，人类的组织形式，是以中心化，还是去中心化来布局，从历史的角度来看，并不存在唯一的方法，也没有统一的路线图，而是由地理条件、自然环境、文化传承等因素决定，自然而然地形成了各自的模式。

联邦制——既分散，也存在中心

美国的政治历史上，有一本书至关重要，是研究美国政治律法的必读书目。该书名为《联邦党人文集》，是由纽约报纸上发表的一系列政论文章汇集而成。文章作者乃是三位美国建国国父，他们是亚历山大·汉密尔顿（Alexander Hamilton）、约翰·杰伊（John Jay）、詹姆斯·麦迪逊（James Madison）。汉密尔顿是美国第一任财政部长，约翰·杰伊后任美国首席大法官，詹姆斯·麦迪逊则成为美国第四任总统。这三位，并称为美国"宪法之父"，而在撰写《联邦党人文集》的时候，他们的意见一致，都渴望推动美国建立统一的国家。

他们自称联邦党人，意图建立一个联邦国家，而在此之前，美洲大陆的 13 个殖民地，只有一个松散的"邦联"，两字先后排列之差，却有天壤之别。邦联是 13 个主权国家的松散联合，而联邦，则构成了主权国家。

在此之前，13 个殖民地都以英国为祖国，承认英王的统治，英王授权贵族或者公司治理殖民地。后各自独立，形成平等自治的州，虽然在战争中形成了一个大陆会议，后为邦联，以协调抗英事业，但彼此独立的地位并未动摇。

而 13 个独立的州，对于建立统一的国家，反对颇多，担心一个中心化的国家会造成集权、影响各州自治、破坏人民的自由、形成极权暴政等。从民意上，13 个州，都倾向于当前的去中心化模式。

美国之所以形成这种政治局面，并非人为的设计，而是美洲独特历史发展造成的。1492 年到 1502 年，哥伦布在西班牙国王支持下，先后 4 次出海远航，发现了美洲大陆，并开辟了横渡大西洋到美洲的航路。

之后，欧洲各国的探险者与流亡者，陆续来到美洲，开始了漫长的美洲殖民历史。其中，北美以英国的移民居多，文化上以清教徒文化为主流，渐次在北美东海岸形成了 13 个殖民地，这就是美国的发端。但这 13 个殖民地，受英国国王授权的贵族或公司治理，依然是英国的子民，接受英国的律法。但英国尊重自由权力的政治传统、清教徒自律和自尊的特质，以及移民普遍具有的反抗精神，混杂一起，注定让这一片蛮荒大陆成为世界上独特的"称雄称霸之国"。自 18 世纪中叶，13 个殖民地与英国统治者之间裂痕逐渐加深，殖民地人民萌生独立的念头。

随后 20 多年间，美洲人民与宗主国英国之间的矛盾不断激化，各殖民地代表联合起来开始抗英斗争。1775 年 5 月，各殖民地代表召开第二次大陆会议，坚定了战争与独立的决心，并由托马斯·杰斐逊（Thomas Jefferson）起草了著名的《独立宣言》。1776 年 7 月 4 日，由乔治·华盛顿在费城发表《独立宣言》，宣告美国独立。1776 年 8 月，独立战争开始，历时 8 年，于 1783 年签订《巴黎条约》为终点，美国正式独立。

就是在独立战争过程中，为了形成统一的抗英战线，13 个殖民地组成了邦联。邦联实质上是一种国家联合，州之间相对独立。

之后，建立统一的国家，与保持 13 个殖民地独立，两种声音斗争了很久，《联邦党人文集》，便是为了说服人们去建立统一的国家，而撰写的社论。这些文章，成为后世宪法学、政治学、美国历史的重要理论来源和重要学术文献。

联邦党人的努力没有白费，1787 年在费城召开的制宪会议上，制定并通过了美国联邦宪法（世界上最早成文宪法），各州均需遵守国家宪法，从而为统一建国奠定了基础。

1789 年，美国联邦政府成立，同年 4 月，华盛顿成为美国首届总统。对于国内的政治体系，财政部部长汉密尔顿派组织了联邦党，主张中央集权，控制了联邦政府的权利；国务卿杰斐逊派组织了民主共和党，主张维护国内人民民主权利。对于内政方面，两派达成统一，即由联邦政府制定关税等各项条例，建立银行，稳定经济。

根据美国宪法，美国为立法、行政、司法三权分立，相互制衡的联邦制国家，国家宪法适用于任何生活在美国境内的人，但美国各州的法律只适用于该州居民，没有州能够僭越行使只有国家政府才能行使的权力。宪法规定，美国政府在管理州际和对外贸易、造币、移民归化、维持陆军部队或海军部队等事务上，拥有绝对的权力，在这些领域的国家利益超越各州利益。在一些影响公民日常生活的重大问题上，如教育、医疗与安全、罪行量刑等，由各州通过各州宪法决定。

美国政府并不是单纯的中心化或去中心化政府，它属于去中心化，但走向中心化的典型案例。由此可见，在人类的组织形式上，中心化与去中心化是可以互补的，两者并不是敌对和冲突的。中心化与去中心化示例如图 9 - 1 所示。

秦代	中心化道路	
雅典	去中心化道路	
美利坚	去中心化道路	去中心化与中心化

图 9 - 1 中心化与去中心化

在美国建国国父的眼中，中心化与去中心化，都是手段，并非最终目的。最终的目的，是保障人民的权力，那权力就是生存、自由和对幸福的追求。

纸质印刷——传播的中心化与去中心化

人们用语言、文字、数学公式以及今天的视频多媒体等形式传递信息。在通常的观念里，语言及文字被视为媒介，其作用只是为了传达信息，是作为一种渠道存在的。但有人反驳这种观念，认为媒介就是信息的本质，并非简单的传输载体。这是一种非常惊世骇俗，或者违背人们常识的观念，据此形成的学说便是媒介环境学。其通俗的解释为，人类对世界的认知，实质上由语言和文字这样的媒介所定义。

媒介环境学按照媒介类型，将人类文明划分为四个阶段，分别是语言、文字、印刷与电子媒介，最后的电子媒介则最终到达了今天的网络时代。人们享受着互联网，会庆幸自己生在如此伟大的变革时代，见证并体验了互联网对世界的改变。然而，对历史稍作了解便可知晓，印刷术对人类世界的变革，从剧烈程度上，一点也不输互联网。美国历史学家伊丽莎白·爱森斯坦（Elizabeth L. Eisenstein）在自己的著作《作为变革动因的印刷机：早期近代欧洲的传播与文化变革》中对印刷术的成就与影响，推崇备至。人们很早便已认识到印刷术对于宗教与科学的巨大作用，爱森斯坦将其称为"传播革命"，这与互联网所引发的革命如出一辙，导火索都是传播。

雕版印刷术与活字印刷术肇始于中国，大约在 9 世纪，但机器印刷却始于 1455 年，由约翰·谷登堡（Johannes Gensfleisch zur Laden zum Gutenberg）印制出第一本圣经为标志。机器印刷大大降低了书籍的成本，比之手抄本成本降低了近千倍、效率也提高了上千倍。从此，机器印刷传遍了欧洲，知识的传播，呈现出爆炸式的增长。在第一本机印圣经之后的几十年内，欧洲印刷了八百万册的书籍。其中，最知名的是《九十五条论纲》，由宗教改革之祖马丁·路德（Martin Luther）撰写，印刷了几十万册。可以说，是印刷术引发了宗教改革。

同时，较之容易错漏的手抄书，印刷还代表着一种"格式化""标准化"的传播方式，人们建立起对印刷书的信任。

在此之前，手抄本的圣经由教会的圣职人员垄断，也只能由神父对其进行诵读与解释，大众信徒没有机会阅读圣经，由此将信仰的权力畸形地聚集在教会的掌握中。而印刷术，降低了书籍的成本，代表了可信的知识，由此宗教知识来到民间。几乎就在同时，路德的宗教改革开始传播，幸运地遇到了印刷术，两股力量都在摧毁与解构教会的权力。路德曾经不解，为何自己的书能够传播如此之广，但他后来评价说："印刷术是上帝至上的神恩。"

印刷术冲击的另外一个领域，则是行会。中世纪，信仰由教会控制，而生产则把握在行会手中。行会对于城市的生产起到了非常重要的作用，规范了行业的经营，保证了产品质量，传承了宝贵的职业精神。然而，行会的垄断性，也极大地阻碍着知识的传播。行业的技术与工艺，只能在行会内部，由师傅亲授予弟子，这是极其低效的方式。印刷术的出现，则让生产的知识与技术，得以快速传播。

根据媒介环境学的观点，我们仔细观察语言、文字、印刷，与电子媒介这几个阶段的文明，便可以发现其中的规律。语言的传播，是一种实时同步的模式，只有面对面方可进行。而文字，则实现了异步的传播，知识的交付与接收，可以在不同的时间发生。一个人，可以在木板上刻上字句，而另一个人会在第二天，乃至一个月后读取。及至印刷的出现，知识传播实现了标准化和低成本，自此，它引发了宗教改革，推动了近代科学的兴起，催生了资本主义精神的萌芽。电子时代的到来，一方面媒介呈现多样化，出现了多媒体传播，另一方面传播的速度再次大幅提升，人们在网络上可以获得近乎这个世界上所有的知识，随时随地、自由自在。

若将知识与信息的传播，分为交付端与接收端，交付即给予知识与信息的一端，而接收则是获取知识与信息的一端。我们可以对几个阶段的文明，分别就交付与接收的中心化进行分析。

在文字出现之前，我们难以猜想那时候传播方式的细节。但其传播的低效是无疑的，人们只能在足迹所及之处与面见之人交流，信息与知识都是些简单与基本的内容。不论是知识的交付，还是知识的接收，都是中心化的。但交付与接收是对等的，规模相差不大，彼此构成对方的中心。

在印刷术出现之前，人们依赖教会与行会获得信息与知识，教会与行会构

成了强中心，人们只能信任它们，要获得知识，也只能亲临教会与行会，教会
和行会皆以垄断知识与信息为手段。虽然手写本的出现让知识可以异步传播，
让接收一端的中心化降低，人们可以凭一本手抄本书籍随时接受教育，但是由
于手抄本的成本高昂，加上垄断的存在，所以依然难以对中心化的交付与接收
构成威胁。

机器印刷出现后，以印刷厂与出版社为中心，构成了相对较弱的中心，无
论出版社还是印刷厂，都为了盈利而努力推动知识的传播，并不以知识的垄断
为目的。人们有很多途径可以获得书籍，无须亲临印刷厂与出版社。知识的接
收，已经开始去中心化，而知识的交付，以出版社与印刷厂为中心，构成了很
多个中心。人们不再依赖单一中心、别无选择，而是拥有自由选择的权力。但
从另一个维度上看，此时，知识与信息的交付中心开始膨胀，一个大型的出版
社，可以影响千百万人。

电子媒介出现后，知识的复制成本已经接近为零，网络让传播的成本也接
近为零，传播的效率与速度近乎达到无限大。人们访问知识与信息，彻底实现
去中心化，随时随地从任何设备都可以访问。只是，在互联网时代，信息的存
储依然依赖背后那巨大的中心化服务器。而且，大型的中心化服务器所影响的
受众，可达数十亿计。至此，接受端的去中心化与交付端的中心化之间，形成
巨大的不对称。

从传播的趋势来看，知识接收端的去中心化是一个渐进的过程，同时也是
一个知识平民化的过程，知识不再垄断于社会的精英手中。

但从知识的交付端看，则是一个弱中心化的，但中心化规模膨胀的过程，
从教会到出版社，从出版社到大型服务器中心，其规模急剧增大，所服务的接
收端人群数目迅速上升。

互联网时代

中国的算盘、1642 年帕斯卡发明的加法器、巴贝奇设计的差分分析机等
原初的计算设备，只能算是计算机的史前形态，正如古猿之于人有传承关系，
但却不能算是人。

电子数字积分计算机（ENIAC），这台 1946 年诞生于宾夕法尼亚大学的庞然大物，才是这个世界上第一台电子计算机。之后，人类所掌握的运算与存储能力呈现出巨幅的跳跃，而且其后保持的增长速度也是惊人的。

在 IBM 手中，大型机成了大型机构的宠儿，大型机无疑是巨大的运算中心，IBM 的创始人沃森（Thomas J. Watson）甚至认为，全球只需要 5 个这样的运算中心就足够了。由此可见，沃森对中心化的热爱及对 IBM 大型机的自信，地球上的计算机只需要比太阳的数量多 4 个，令人叹服。

不要说沃森是笑话，要知道，就地球和太阳谁是中心这个问题，人类还争论了几千年。那么在计算机这么高科技的事物上，谁又能有超过十年的洞察力呢？IBM 在随后的 PC 浪潮中，用实际行动打了沃森老板的脸，千百万台 IBM PC 在全球遍地开花，像是满天的繁星。这些 PC 有中心吗？并没有！

在大型机的应用模式中，程序员们围绕着这个庞然大物穿孔打带，拉线关闸，忙得像是纺织厂的工人。这幅场景活生生地如同中世纪人们在教堂中围绕着神父，而且人们对待计算机的敬畏程度也相差无几。

PC 盛行后，操作系统、编程语言、开发工具都从"云端"走向了"地面"，程序员成了这世间最快活的职业，在自己的车库里就能写代码挣钱。软件系统的应用结构除了单机程序外，开始出现客户机—服务器（C/S）结构，也就是通过 PC 客户端登录到大型机或者 PC 服务器，去访问程序和数据。这就意味着，人们无须拜神一般地跑到大型机或者服务器的殿堂，而是通过网络用 PC 连接到大型机和服务器上。是的，这时候的情景便如出版社与印刷厂的时代，PC 如同那一本本的书。

网络的发明让这一切成为现实，只有计算机可以互联，方能实现 C/S，然而 C/S 麻烦的是，每个接收端，即计算机术语所谓的客户端，必须安装专用的软件。这从接收端来看就是一种中心化，只有安装了专用软件的客户端，才能访问某个程序。于是随着互联网的兴起，浏览器—服务器（B/S）出现，从本质上说，B/S 与 C/S 并无区别，只是在接收端实现了去中心化，通过通用的浏览器便可访问服务器，人们随时随地都可应用，效率大大提升。但是，从交付端也就是服务器端来看，中心化气息依然浓重，而且其规模越来越大。到了云计算时代，你真的可以认为沃森的预言短暂地实现了，全球只有亚马逊、Google、Facebook、苹果、微软这5个"太阳"，也许还多一些，但大概就是这个规模。

一端在拼命地去中心化，另一端却莫名其妙地更加中心化，去中心化与中心化像是一个跷跷板，此起彼伏。绝大多数的用户并不忧虑，只要拥有了方便与乐趣，中心化又如何？虽然太阳只有一个，但它每天按时从东方爬出来，去中心化又如何？没听说有人思虑太阳的中心化。但是数学家、密码学家、计算机学家觉得，服务器端过于中心化也不太好。单节点宕机风险、大节点侵犯隐私、巨头的数据霸权等问题，都把去中心化推向舞台，那些满天繁星般的 PC，为何不能是一个个的太阳？

再说，火堆与电灯，岂不就是对太阳的去中心化的尝试吗？对于太阳的中心化，人们未必没有思虑过。

P2P——运算及信息的去中心化

互联网的发明者受何种激情的驱使，要在两台"孤独"的计算机之间强行拉上一根线，已难以查证。但从流传下来的资料与文献看，这些科学家们倒是很喜欢平等，让计算机之间在沟通这件事上实现平等，似乎是他们乐意遵循的一个原则。是否今天的互联网结构是历史发展的一个必然？若是设计互联网的科学家喜欢的是传统的中心化层级结构，设计出一个雄霸全球的"中心节点"，然后按层级管理下级节点，难道一定是不可能的吗？

幸运的是，那些科学家们是平等的爱好者，他们让互联网中的计算机在网络中拥有平等的交流圈，并不分出层级与三六九等，也不因计算能力大小而区分其在网络中享有的带宽。

互联网从网络通信角度及信息传播角度看，的确是去中心化的。然而，从运算能力分布及信息的存储角度看，依然并非去中心化。现在大节点诸如Google、Facebook，似乎即将垄断运算与存储。而在互联网早期，人们访问一个网页，也是从中心化的那台服务器上获得内容的。

人们并非不想去中心化，而是在去中心化的环境中，不易保证内容的准确性。正如手抄书的时代，错谬百出是难免的，这是技术本身的局限。

直到 P2P 技术出现，一丝曙光才出现在互联网上，告诉人们去中心化并非妄想。1991 年肖恩·范宁写出了第一个 P2P 软件 Napster，在当年成为互联网中的传奇。其后，P2P 软件如雨后春笋，层出不穷，电骡（eMule）、BitTorrent 将应用和技术都推向更高的层面。

在 P2P 网络中，所有的计算机节点完全平等，不仅从通信角度，还是在内容的存储与访问上，也是平等的。用户访问一个文件并不依赖某个固定的节点，而是从不同的节点获取。每个节点既是内容的访问者，也是内容的提供者。

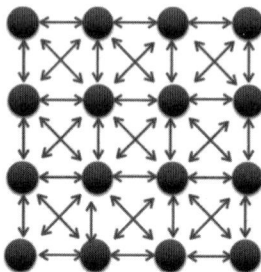

图 9 - 2　P2P 协议

似乎 P2P 已经完成了计算机领域的去中心化，所有节点之间就完全平等了吗？错了，P2P 只是一个开始，去中心化的征程是星辰与大海，还在那遥远的天边。P2P 只是一个关于存储与通信的协议，仅能保证在去中心化环境下访问正确的内容，但对于内容的生产环节，也就是计算机的运算行为，并未实现去中心化。如同印刷机能够保证每本书都一致，但不能保证多位作者合作写的一本书不会出现内容冲突。

将相同的任务在分散的计算机节点间执行，且达成结果的一致，这是横亘在 100% 去中心化目标之前的巨大障碍，它如山峰般高耸入云、难以翻越。

拜占庭将军问题

在战争影片中，时常会出现这样的场景：一个团长带着一群连长，布置完战斗任务后，最后要做的一件事并非深情拥抱，或者众人将手握在一起大喊一声嗨，而是——对表。

虽然前面已经叙及，人们在组织团队时偏向中心化的方式，但往往事与愿违，无法贯彻完美的中心化管理。当军队散布各处时，即使军官贵为将军，甚至是国王，也无法将自己中心化的命令准确地传达到各方。

有时候，战争电影中会用信号弹作为发起进攻的信号，以便在部队分散的去中心化态势下，达成进攻行动的一致。可惜，虽然信号弹对于小规模的区域还算有效，但是对于覆盖几十平方公里的大型战役就未必有用了。而且，敌人也可能发出信号弹，造成混乱。

对表，保证各位军官的时间达成一致是可行的。但将严酷的现实环境放大一点，便有了新的问题。首先，10 位军官的手表不可能长期保持一致，若其中一位的手表被子弹击中，那这位军官就无法与他人保持一致行动。其次，各位军官只能按照约定的计划行动，进攻便进攻，撤退便撤退，分散之后，再无协商的可能。

人们即便再热爱中心化，也无法在严酷的现实环境中实现完美的中心化组织。而到了计算机领域，因为计算速度极快，硅基的计算环境比人类的现实环境更加可怕。军官的表快或慢 10 秒钟，造成手榴弹或者火炮早发或迟发 10 秒，也许并不影响战局。但在 CPU 或者计算网络上，10 秒钟意味着发射几十亿次的运算炮火，晚 10 秒钟？估计己方早已灰飞烟灭了。

在计算机领域，科学家们早早开始关注分布式问题。最早的课题是两军问题，主要针对网络通信的不可靠问题。故事中，两支部队分散在两处，只能通过传令兵送信，才能约定进攻的时间，但是，也许传令兵中途会被敌军俘虏，无法完成消息的递送。怎么办呢？

红军通过传令兵，告诉蓝军"明天上午 10：00 开打"，蓝军必须回答"同意，上午 10：00 开打"。问题是，蓝军的"同意"必须通过传令兵送回红军，然后蓝军就要等待传令兵回来确认红军已收到"同意"。这是一个没完没了的过程。

1975 年，阿克云鲁（E. A. Akkoyunlu）等人在论文中证明了，两伙匪徒问题无解。1978 年，吉姆·格雷（Jim Gray）的论文中，再次论证了这个问题，同时，将两伙匪徒问题改为两军问题。

今天网络通信的基础协议，TCP 便是基于两军问题，只是 TCP 只做三次消息传递，所谓的三次握手，然后就不管传令兵的死活了。当然，TCP 还是可靠的，靠的是概率。

两军问题拉开了分布式战争的序幕，科学家们在两军问题上稍一停留，便奔向更复杂的拜占庭将军问题。1982 年，兰伯特发表论文，提出了拜占庭将军问题。

拜占庭将军问题中将军可以有很多位，并不只有两位，另外，将军中可能有奸细，故意释放假信息，将军们如何就进攻达成一致？

莱斯利·兰伯特可是分布式领域的大神，早在 1978 年，他的论文《分布式系统中的时间、时钟和事件顺序》，便定义了逻辑时钟，这为后来的 CPU 架构、分布式系统的架构打下了基础。

到了拜占庭将军问题，兰伯特在 1982 年的论文《拜占庭将军问题》（*The Byzantine Generals Problem*）中，提出了两种解决思路：一种是将军们通过"口头协议"达成一致，口头协议是可以篡改的；另一种是通过"书面协议"达成一致。在书面协议中所有的消息必须签名，所以无法篡改。拜占庭将军的两种算法，理解起来并不难，认真跟着逻辑步骤走一遍即可。

为了快速地理解其原理，我们将拜占庭将军问题化为"公司开会地点问题"。公司的 CEO 临时决定，明天开会，他安排秘书一一通知参会的 5 名高管，时间是上午 10 点。然而，秘书可能是坏蛋，告知错误的时间；5 名高管中也可能存在坏蛋，彼此撒谎。那么这个会还能开成么？在口头协议的解决方法中，只要每名高管在收到秘书的信息后，再彼此进行多轮沟通，互相告知自己所接收到的开会时间，便可以根据算法达成一致的时间，也许不是 10 点，但不撒谎的那些高管总能在同一时间到达会议室。前提是，坏蛋的比例，不可高于三分之一。拜占庭将军围城的场景如图 9 - 3 所示。

若是使用"书面协议"则容忍坏蛋的比例要更高，只是在"书面协议"中，秘书与高管都必须手写消息进行沟通并盖章签名，这样就无法篡改信息，也无法伪造信息。在"书面协议"算法下，不管坏蛋有多少个，只要知道确

分布式环境下达不成一致，后果很严重

图 9 – 3　拜占庭将军问题

切数量，那么忠诚的高管，就都能达成一致时间。

兰伯特的拜占庭算法，由于需要多轮的消息沟通，随着节点增加，算法复杂度呈指数级别增长。对于云计算的大规模服务器环境，工程上的应用并不现实。所以，很多研究者开始想方设法简化拜占庭算法。

其中芭芭拉·利斯科夫（Barbara Liskov）于 1999 年提出的实用拜占庭算法（PBFT）是其中最受欢迎的一种，至今在区块链领域也应用广泛，IBM 的 Fabric 便参考了 PBFT。芭芭拉·利斯科夫是非常传奇的"女神"，她是美国第一位获得计算机博士的女性，也是 2008 年图灵奖的获得者，而且她还是面向对象编程的发明人之一。她的导师，便是人工智能的鼻祖，约翰·麦卡锡（John McCarthy）。

PBFT 基于两个假设：其一，系统中不超过三分之一的节点是"奸细"；其二，系统基于选举达成共识。

Paxos

莱斯利·兰伯特老先生一生都在研究分布式系统问题，他对于达成一致这件事有着浓厚的兴趣。他看到时钟便想到了逻辑时间；他去面包店会操心客人的排队顺序；他去希腊就思考古代城邦议会如何投票；总之，他要把这个世界变得明明白白。

2013 年，国际计算机协会（ACM）将图灵奖颁给了兰伯特，以表彰他在分布式计算中所作出的贡献。兰伯特从 2001 年加入微软在硅谷的研究院，一直工作到 2014 年。兰伯特的成就在计算机科学领域，但他是真正的数学家，他的本科、硕士、博士都是数学专业。他写过一篇小文，批评当前的计算机科学工作者不精通数学。虽然他是如此"纯血"的数学家，但是他的论文，却总用故事的形式来写，不喜用数学公式。看看他发现的算法：面包店算法、拜占庭将军算法、兼职议会算法。兰伯特的这个倾向，在计算机历史上已成一段佳话，尤其是兼职议会算法的发明颇为传奇。

兰伯特于 1982 年提出了拜占庭将军问题，1998 年他再次发表论文《兼职议会》（*The Part - Time Parliament*），将拜占庭将军问题简化，排除其中的奸细因素，设计了一套完整的可工程化的算法，命名为 Paxos。Paxos 是希腊的一个小岛，古代岛上通过议会制定法律，而议员们是兼职的，所以议会大厅中人来人往，且并没有一个永久的书记员，议员们该如何就法律议案达成共识？

兰伯特根据他的"考古发现"，认定每位议员都有一个律簿，所有的律簿内容必须完全一致。这不就是共享账本么？实际上，Paxos 算法就是在有限范围内，实现分布式文件内容一致性的算法。

Paxos 算法所应对的场景并不包含奸细，就是说所有参与一致性运算的节点，不会恶意篡改信息。Paxos 算法约定所有的节点都按照规则行事，并不会发出错误的信息。当然在 Paxos 环境下，允许节点出现延迟，甚至无法响应。所以，Paxos 并非针对拜占庭将军问题的解决方案，上文提到的 PBFT 算法，虽然也受到 Paxos 启发，但 PBFT 解决了拜占庭将军问题。

在 Paxos 算法中，节点分为提议节点（Proposer）、接受节点（Acceptor）和学习节点（Learner）。提议节点负责提出一个提案，提案中包含需要达成一致的值。接受节点负责对提案进行批准，只有经过半数以上的接受节点批准的提案方可生效。

Paxos 设计了非常复杂的机制，能够保证所有的接受节点能够就提案达成一致，算法读起来有些烧脑。大致的原理是将达成一致的过程分为两个阶段。第一个阶段为准备阶段，提议节点提出准备请求，根据接受节点的反馈，摸清楚接受节点现有提案的情况，要知道，也许之前已有其他提议节点做出了提案。提议节点要根据反馈的情况，调整自己的提案。第二阶段为接受请求，提议节点将上一阶段制订的最终提案，提交接受节点审批。

这有些类似你去老板处申请加薪，你并不会直截了当提出，因为万一老板对你并不满意，那就鸡飞蛋打且彼此尴尬了。所以，你会分两步走，第一步先找老板闲谈，询问老板对自己是否满意、其他同事的薪资情况、公司经营如何等以探询老板的态度。摸清了情况后，再发起第二步，告诉老板希望加薪。这个类比用在此处，有些不贴切，但是能够让非技术专业的读者大概理解分为两个阶段对于达成一致的重要作用。

Paxos 算法的公布于世颇为曲折，这是传奇中的重要部分。1989 年兰伯特写出此论文后，提交给了 ACM，却被审稿人拒绝了。在 Paxos 算法论文《兼职议会》中，兰伯特将算法放到了 Paxos 岛的议会环境下讲述，整篇论文约 20 页，大部分都在讲述 Paxos 岛上开会的事，只有很少的数学推导。所以，审稿人认为此文虽然有些意思，但最好将那些考古故事删掉。兰伯特傲然拒绝，就此该论文被雪藏了 10 年。

然而，总有"英雄惜英雄"，另一位同属微软的图灵奖获得者巴特勒·W. 兰普森（Butler W. Lampson）对 Paxos 算法一见钟情，在自己的论文中引用了 Paxos 算法。随后，有更多的研究者开始发现 Paxos 算法的价值，于是 ACM 的编辑在 10 年后再次挖掘出《兼职会议》这篇论文，计划发表，但又给兰伯特提了个要求，问其是否可以添加一些数学表达，兰伯特再次拒绝，这一次编辑没有坚持己见，论文得以发表。

及至 Google 发展壮大，于 2006 年发表的两篇论文，一篇关于 Big Table，另一篇关于 Chubby，两篇论文皆声明，Google 的所有异步共识算法的核心都是 Paxos。更夸张的是，Chubby 的作者 Mike Burrows 声称：世界上只有一种一致性算法，那就是 Paxos。Paxos 在云计算时代，得以广泛的应用。

区块链

BFT 算法太过复杂，无法在现实环境中应用。Paxos 算法则假设没有奸细，于是成为第一个可工程化应用的一致性算法，得以广泛应用。PBFT 则容许存在不多于三分之一的奸细，且将 BFT 的复杂度降低成多项式级别，于是也成为可实际应用的算法。

Paxos 可用于云计算以及私有链，PBFT 则可以用于联盟链，对于少量的奸细可以容忍。所有针对拜占庭将军问题的解决方案几乎都只能用在小范围内，也就是节点数有限的情况下。一旦节点数大幅增加，都会出现运算与网络通信剧增的现象。

可以认为，Paxos、PBFT 这些算法都是一种"温室"算法，精致完美，数学上圆满，但只能在"温室"内运行。

直到中本聪的 PoW 问世，去中心化的一致性问题才在广阔的天地中、广袤无限的空间里得到彻底解决。不论这个网络中有多少节点，哪怕千万台计算机，哪怕分散在太阳系的各处，PoW 机制都能解决一致性问题。当然，严格来说，PoW 并非数学上的一致性算法，它更多利用了经济学与心理学的理论，帮助参与的节点形成一致。但 51% 攻击，则是 PoW 无法解决的阿喀琉斯之踵。

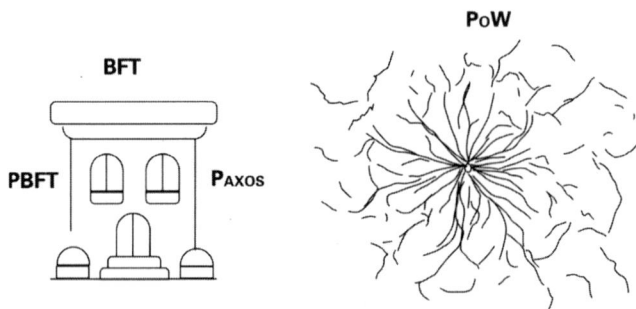

图 9-4　PoW 的革命

在计算机的世界里，从中心化渐渐走向分布式、多中心化、去中心化。早期的大型机是典型的中心化，单个的 CPU 不断增加算力，那时候人们甚至认为全世界只需要 5 台大型机。随着 PC 的兴盛，运算模式开始走向 C/S 与 B/S，在这种微观结构中，依然以服务器为中心，但以全球的运算分布来看，则逐渐呈现分布式、多中心化。及至云计算的出现，宏观上看，算力聚拢形成中心化。但在云计算的机房中，分布式与去中心化则大行其道，没有分布式就不会存在云计算。在过往的历史中，中心化与去中心化并非势如水火的不可共存关系，而是互补的关系。

及至区块链的诞生，彻底的去中心化成为可能，计算机技术迈出了巨大的一步。然而，这并不意味着去中心化就要替代中心化，更不是说中心化从此消失。在区块链中的每台节点计算机依然是一个小中心，执行着中心化的运算。而且，区块链的去中心化，通常针对要与他人达成共识的场景，而并不适用于所有的场景。正如对于公共事务的处理，人们需要投票，但对于自己个人的事，比如喝哪一种咖啡，又有何必要投票呢？

中心化与去中心化是人们在计算机上可用的两种运算模式，是两种手段，该如何应用，那全然取决于人。中心化与去中心化并无高下之分，也无先进落后之分。

依然要切记，中本聪之所以要去中心化，是因为中心化的第三方不值得信任。为了去中心化而去中心化没有意义，只要信任达成，天下再无欺诈、再无强迫、再无盗抢，那就再无必要纠结于这个问题。

第三编

区块链的愿景：范式革命与未来监管

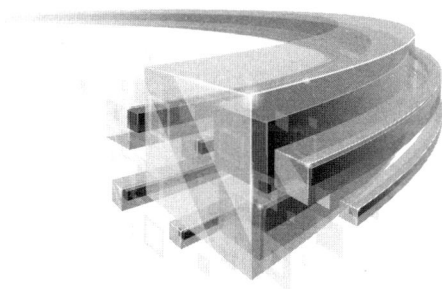

10

范式的革命：区块链的意义

互联网给我们带来了什么？互联网完美吗？区块链、人工智能将给我们带来什么？科技是生产力，但科技只是生产力吗？当互联网、物联网、人工智能、区块链构成的世界把未来拉近，人们该怎样去理解这一切？人在机器面前，该怎么去理解自己？苏格拉底说"认识你自己"，也许机器时代的降临，给了我们认识自己的终极线索。

互联网发展的反思

蒂姆·伯纳斯·李发明了万维网，可以说他是互联网之父，1989 年他设计 HTTP 的时候，目的是发明一个人们协作和交换思想的平台。40 年过后，情况的发展，并不如他所愿，还在牛津大学继续做科研的老人家，甚至有点黯然。

蒂姆·伯纳斯·李在 2017 年的一次媒体采访中，声称互联网这个系统正在"堕落"。因为疯狂的商业广告、谣言与虚假信息，以及对公众态度的操控，充斥着互联网，一切都如噩梦一般可怕。

让蒂姆·伯纳斯·李老人家最不满意的，乃是两点。

其一，大公司诸如 Facebook、Twitter，用广告及人工智能算法，可以精准地操纵人民的意志，以达到政治和经济目的。

其二，互联网设计之初坚持的原则——网络平等，正在被打破。互联网设计之初，希望所有的节点一律平等，发出的信息被一视同仁地在网络上传输。2015 年，美国联邦通信委员会（FCC）废除了关于"网络平等"的法律。这意味着，大公司如 Facebook 等可以用钱买到流量优先权，控制信息在网络上的传播。

在 2017 年蒂姆·伯纳斯·李以万维网基金会名义发出的一封信中，他还表达对当前互联网的忧虑。他认为现在的互联网已经形成了新的霸权与歧视。互联网提高了生产率，但也造成了失业与工资两极化；给予了人们权力，也剥夺了人们的隐私；连接了人们，却因为信息过滤，让人们更孤独；在传播忍耐与理性的同时，也放大了恐惧与仇恨。

蒂姆·伯纳斯·李的失望是有原因的，人们感到互联网是自由的，但不知不觉间，已经陷入了互联网的陷阱。据统计，在英国，三分之一的年轻人获取信息的唯一渠道就是 Facebook，而在美国这个数字达到了 50%。

最初互联网的设计，是完全免费的，这就让 Facebook 这样的互联网公司，只能通过广告盈利，由此为今天的恶果埋下了伏笔。

安德鲁·肯（Andrew Keen）毕业于加利福尼亚大学伯克利分校，不过，不同于他的那些科学家、极客校友们，他学的是政治学，而且，他处处与互联网、新科技作对。毕业后，他成了一名畅销书作者、专栏作家，他不惜余力地对互联网进行口诛笔伐。

他的成名作，是《网民的狂欢》一书，在此书中，他责骂了一通互联网后提醒人们，不要因为互联网的平等与民主，而毁掉了传统经营媒体。

安德鲁·肯批评《失控》的作者凯文·凯利，认为凯文是彻头彻尾的空想家。而互联网行业的领袖们，则对安德鲁·肯不屑一顾，指责他只是想出名，作品完全没有实质性的内容。双方都有些情绪化，对彼此的苛责来自不同的角度，全都有些过火。

安德鲁·肯对互联网的批评，与蒂姆·伯纳斯·李爵士的批评，着眼点并不相同，虽然安德鲁·肯也提到了对隐私的侵犯，假信息、色情暴力内容对孩子的侵犯，但安德鲁·肯最痛恨的乃是"业余者"，即所谓的网民。他认为网民只要有网线和键盘，就成了"键盘侠"，在网上随意说话，享有与专业记者、专业媒体，乃至专业作家同样的传播效果，这是非常错误的。

这与蒂姆·伯纳斯·李的观点几乎是冲突的。蒂姆·伯纳斯·李捍卫的，是人人皆可发声的互联网，是众生在互联网上的平权。

安德鲁·肯是典型的精英主义，对普罗大众持有戒心，他在文中说："在这个崇尚平等的环境中，任何知识分子——无论是萧伯纳、拉尔夫·沃尔多·爱默生，或是哈贝马斯——都只能拥有与普通民众一样的发言权。"这让他感到沮丧与愤怒。

而知识分子，如同安德鲁·肯所说，"曾经在读者与信息之间起到沟通桥梁作用的知识分子，在这样的社会中逐渐失去了创造焦点的权力"，这一对于知识分子而言有些难看的局面，已然形成。在15年前，人们对纸媒是尊敬的，网文及网文作者是不入流的，简历中列出所做网文是一件值得嘲笑的事。仅仅15年后，10万以上阅读量的网文已经成为一个"金标准"，不论内容优劣，10万阅读量是唯一的评判。知识分子作为精英的缺位，一方面导致社会中文化相对性扩大，生态更加繁荣，另一方面确实导致审美标准的丧失。

安德鲁·肯认为，互联网这样发展下去，结果堪忧："最后，生存下来的只有像德拉吉一样的业余作家及其撰写的业余文章，诸如陀思妥耶夫斯基这样的大文豪则被淘汰了。"

当然，安德鲁·肯并非彻底地反对技术，他只是崇尚精英主义，他关心的是互联网上所承载的内容本身，他关注互联网上声音的高明与浅薄、优雅与丑陋、专业与业余。虽然他对凯文·凯利有些鄙薄，但还是赞同凯文·凯利所说的："你可以减缓技术发展的速度，但是你不可能阻挡它的进程。"

针对当前互联网的批评还有很多，顺着这些声音，反思在互联网使用中的体验，就会发现今天的互联网之弊病在以下几点，如图 10 – 1 所示。

图 10 – 1　互联网的反思

1. 信息的泛滥。全球信息量已经达到约 3 万亿 GB，信息丰富的另一面就是信息泛滥。无用、重复、低劣的信息充斥着网络。在信息上网带来最初的便利之后，人们开始陷入选择的麻烦中。而搜索技术的智能程度还做不到理解人们的信息需求，做不到精准检索信息。

2. 谣言与虚假信息。网络传播的特性让互联网成为谣言的温床。互联网上再无权威，人们被猎奇的心理所控制，这就让造谣与伪造信息大行其道。

3. 影响力的陷阱。一方面，传统的权威被互联网消解，电视台、报纸、书籍等传统的影响力媒介在互联网的浪潮中渐渐式微。另一方面，各种"草根"及转投互联网的传统精英们，由于精通网络传播，在互联网上获得了巨大的影响力。以"大V现象"为代表的影响力经济由此而来。然而，这种影响力一方面良莠不齐，另一方面并不需负责，互联网上的影响力粗暴有力却又千疮百孔。

4. 水军的江湖。早期互联网有着原初生态的简陋与质朴，即便在完全匿名的情况下，互联网的"初民"们也能建立起一片崇尚荣誉的江湖。而今互联网大为繁荣，商业如瀑，冲刷着网络。为了盈利，水军成为了互联网中最有力的"麻匪"，他们冲州撞府、洗劫四方，只要有利益的地方就有他们恐怖而猥琐的身影。互联网已经不再值得信任。

5. 平等的软肋。网络之父、互联网之父最初的理想都是将网络和互联网设计为一个平等的世界。人们平等地共享网络，每个人发出的字节都自由平等地在网线中流动。互联网上的平等，是美好和值得追求的，但它需要受到共同伦理和责任的约束，不能让平等的蛮暴伤及自由、伤及公正。

6. 死掉的商誉。当前互联网上的信息已经难以信任，人们还是需要自我判断、辨认信息的真伪，而这种辨认比在现实生活中还难。在传统的商业环境中，人们依靠口碑、现场的审查、专家及权威媒体判断商家与商品的可信程度。在互联网上，不可信的内容、水军、大节点的商业利益这些因素伙同在一起，几乎埋葬了企业商誉。

7. 数据的霸权。以平等为理念建设的互联网，最终却成就了Google、Facebook这些互联网企业的帝国。这似乎是人类无可避免的宿命，为了一个美好的理想，创建了一个新的世界，却最终走回旧路，沦入周而复始的循环，无可逃脱。"侠客与龙"的故事一再重演：侠客为了正义进入洞穴屠龙，那恶龙看守着无尽的财宝，侠客杀死了龙，却化身为新的龙，留在洞穴看守财宝。今天，大的数据节点不仅掌握着人们的隐私数据，大肆发布广告盈利，甚至可以用数据操纵人们的意志。

罗尔夫·H.韦伯是瑞士苏黎世大学的教授，他的研究方向是民法、商法及欧盟法，他曾经在香港大学做过访问学者。他的主要研究领域是互联网及信息技术相关法律、国际商法以及电信法。他多年来致力于互联网治理模式的研究及如何在互联网上建设人类社会的伦理观。

罗尔夫教授认为，互联网的技术体系缺乏信任机制，互联网应该引入信任。信任在伦理体系中至关重要，人类社会的合作及互惠关系的建立全依赖信任。通用货币的发明便是一种信任机制；贸易、分工这些人类最伟大的演进成果都伴随着信任的建立。人们在互联网的世界中，应该关注数据安全、隐私、问责机制的建设，这些对于信任的达成非常重要。

有了信任机制，在虚拟的世界中才能进一步建设信誉体系。在信任与信誉的构建过程中，虚拟世界的问责问题必须解决。人们必须在约定的范围内，承认并承担自身行为、决定、决策所带来的后果与责任。

今天，互联网已经给了个人极大的自由，虽然蒂姆·伯纳斯·李爵士对此并不满意，但必须承认，自由发言、个体崛起是互联网带来的美丽果实。在这一点上，人们收获甚丰。

但在构建承担行事后果的机制上，互联网还并未准备好。人们对待互联网并不严肃，互联网的技术也无法重构现实世界中关于法律、伦理、价值的严肃性。不论是信任，还是问责，都需要新的技术，互联网当前的技术架构并不支持这样的需求。

区块链的出现恰逢其时，它正是为此而来的。

生产关系的改变

"科技是第一生产力"，这句耳熟能详的口号在科技与生产力之间画上了等号。所有的技术似乎都是为提升生产速度、效率和降低单位成本。蒸汽机、电气工程的发明与使用都大幅地提高了产品的生产效率，比之手工工人的速度，提高的倍数不可计数。

1845 年，马克思与恩格斯在《德意志意识形态》一书中提出，生产关系的概念指的是人们在生产过程中所形成的社会关系。简单说，就是人与人之间的关系。

科技实际上也影响着生产关系，比如铁器与青铜器的发明，让很多人成为奴隶；蒸汽机的出现，帮助人们建设了工厂和城市，农民依附贵族的关系成为历史；航海技术的成熟，使股份公司出现。这些都是科技对生产关系影响的历史，只是每一次，都是历时悠久，恨不得以世纪计算，在人们的直觉中，很难建立这两者之间直接的关系。而且，蒸汽机等技术的应用，并非直接改变生产关系，而是提高生产力后，间接影响了生产关系。

互联网作为 20 世纪最伟大的发明，在改变生产关系上，本该大有作为。在互联网初创期，众人来势汹汹，但 30 年下来，连远程办公、家居办公都没实现。那些号称要去中介、去中间商的网站，无非是抢了现有中间商的生意，将中间商的店铺搬到了网站上。房产中介、猎头、批发商、零售商几乎一个都没少。若看一部 1980 年的电影，你会发现，与现在相比，所有的组织和机构都一样，时代的差异只体现在设备上：现在人们有了手机。在这一点上，互联网是失败的。

区块链不同于之前的那些技术，中本聪的论文明确指出，现在中心化的系统在电商中工作良好，而比特币并不是为了效率，也不是为了降低成本，其目的是不再依赖第三方的信任。换而言之，区块链这种技术压根就不是为生产力而生，直接就是为了改变生产关系而来的。所以区块链是一种为了革新生产关系而发明的技术。

区块链技术来自比特币，而比特币这个系统的研发、运行及生态运转，给出了一个崭新的生产关系模型。2010 年，创始人中本聪将代码账户的审批权交给了盖文，将 bitcointalk. org 网站交给了马尔蒂，从此销声匿迹。而比特币系统就这样顺利运转至今，并无一人或者一个组织可以控制它。

比特币的代码是开源的，最初是贴在 SourceForge. net 网站上的，后转移至 GitHub，任何人都可以下载，任何人也都可以提交对代码的修改。现在有一个所谓的 Bitcoin Core 开发组，这是由志愿者组成的松散组织，他们维护着中本聪留下的 Bitcoin Core 客户端。但还有很多开发者自行开发了自己的客户端，只要遵循共识的协议，任何人都可以接入比特币的网络中。如果开发者愿意，则可以在比特币的基础上改动协议，分叉出自己的虚拟货币来。

矿场是专职经营矿机，通过为比特币网络维持算力，挖矿得到比特币而获利的商业组织。交易所则是中心化的网站，人们在这里用法币买卖比特币。

整个体系并没有某个机构在领导和主持。虽然有比特币基金会，而且比特币开发组的一些核心开发者在基金会领有薪水，但这并未影响比特币社区的独立性。

在这里并没有人们所习惯的商业公司在操控。当然，比特币的模式并非必然之选。以太坊就有一个控制着开发者团队的基金会，不过，代码也一样是开源的。而 EOS 则不存在基金会，而是由名为 Block One 的商业公司管理开发者。在区块链的开发中，人们可以按照自己的意志设计商业关系。

比特币不需要依赖第三方的信任。因为，支付的规则已经由代码来执行，人们相信比特币的代码机制即可。

区块链能够改变生产关系，是因为这种技术体系将一部分的"人与人"之间的关系委托给了代码、算法和数学。在公司制的经营模式下，所有制的衡量是通过投入资金额实现的，每一个公司、每一件商品都能够清楚地划清其所有权。而到了区块链时代，人们甚至无法用传统所有制的概念清楚地解释一条区块链的产权究竟属于谁。每一条区块链都构建了一个生态，其中有持币者、用户、开发者、矿机，他们都是所有者，也都不是所有者。如同一个自然生态，如一片草原，其中有各种动物和植物，构成食物链，这些生物都是所有者，也都不是所有者，真正的生态不该有主人。区块链的一切都在代码中。

区块链没有主人，没有清晰的产权，它变革了传统的生产关系，但它的目的却是保护产权。区块链是用代码和算法构造的可信世界，在这里，人们可以随意约定生产关系，厘清各自的私有产权，制定可自动执行的交易与契约，定义各自的责权。可以说，区块链是生产关系的工厂，人们可以在其中设计、制造各种各样的生产关系。从这个角度来说，区块链可以称为"生产关系链"。

当区块链得以普及之后，这种生产关系的变革将随处可见：

1. 去中介的任务将由区块链完成，这是互联网的未竟事业。

2. 各种资产的所有权无须再依赖中心化的强力机构，而是在区块链上记录，由算法和代码保护私有产权。

3. 交易与合约的制定与执行将空前自由。人们按照各自的意向达成合约，并交由区块链执行。

4. 有一种组织/社群叫作"链"，很多人在链的社群中工作。链将承担一部分政府与公司的权力。

5. 生产关系的创新将成为常态，人们在链上自由地构建生产关系。不仅于此，互联网的价值、价值观、伦理也将借区块链之力得以实现。

失控的智慧

诺伯特·维纳（Norbert Wiener）博士，是控制论的创始人，不论是工厂中的机器人，还是电脑中的硬盘，乃至空中的卫星，都是控制论这门学科的产物。维纳1894年出生在美国密苏里州，自小便是神童，他的父亲是知名的历史学家和语言学家。维纳曾在哈佛、剑桥以及康奈尔等大学学习，后成为麻省理工学院的教授。他在数学、哲学、物理学、工程学、生物学上都有丰硕的成果，他甚至还是个成功的散文家，当然，他最为人所知的学问乃是控制论。全世界那些学习自动化和机械的学生，都被他那本厚厚的《控制论》折磨过。

第二次世界大战期间，维纳博士帮助美国军方研究火炮的控制系统，此项研究的结果宣告了控制论的诞生。维纳博士提出用Cybernetics这个词代表控制论。而控制论，指的是感觉和机器方面的控制和通信。在他的理论中，信息论是控制论的基础。

维纳在控制论中，引入了反馈的机制，从受控对象的输出中提取一部分信息作为下一步输入，影响下一步再输出。在维纳的理论中，一个自动控制系统要根据环境的变化，调整自己，以扩大灵活性与适应性。一个高级的反馈系统中，系统能够根据信息反馈，改变自己的操作机制和模式，这就可以称为"学习"了。

维纳博士的控制论学说，是一个巨大的变革，极大地改变了人们的科学思维方式，甚至是哲学理念。

以工厂轧钢为例，要轧制出1厘米厚的钢板，人们根据材料、轧机、温度，甚至厂房环境诸般因素，经过复杂的运算后，调整所有可以控制的参数，以期轧制出厚度精准的钢板。然而，总是很难达到效果，机械控制的精度限制、各种因素的复杂作用、环境因素的不可预料，让精准成为不可达成的任务。控制论的反馈学说，则将轧制过程设计为一个闭环，在钢板产线出口处设置一个量尺，若是钢板过薄或者过厚，则将信息传递到产线设备上，自动调整参数，通过连续不断的反馈调整，让钢板的厚度符合预期。

在这种理论中，人们放弃了对世界进行绝对控制的欲望，而是接受人类能力有局限性这个事实。这个世界并非斩钉截铁的确定，并非"丁是丁，卯是卯"的绝对，相反，这个世界中充满了偶然性与不确定性。人们在对世界的认识中，引入"几率""随机""概率"等概念。维纳的控制论，便是以吉布斯（Josiah Willard Gibbs）的统计力学为模型，开始以"不确定"的目光观察世界，以"非绝对控制"实现控制。用一句自相矛盾的话来说就是"不控制，才是控制"。

维纳的控制论不仅在自动化控制、神经系统、计算机等领域贡献卓著，也给哲学带来新的问题：信息作为一个哲学范畴，到底是物质的，还是意识的？机器是否能思考？

这种放弃绝对控制的理念，从20世纪开始，不仅体现在科技领域，也在政治学、经济学领域出现。1974年诺贝尔经济学奖获得者哈耶克，在《致命的自负》① 一书的开篇便这样写道：

"我们的文明，不管是它的起源还是它的维持，都取决于这样一件事情，它的准确表述，就是在人类合作中不断扩展的秩序。这种秩序的更为常见但会让人产生一定误解的称呼是资本主义。我们必须明白，这种扩展秩序并不是人类的设计或意图造成的结果，而是一个自发的产物：它是从无意之间遵守某些传统的、主要是道德方面的做法中产生的，其中许多这种做法人们并不喜欢，人们通常不理解它的含义，也不能证明它的正确，但是透过恰好遵循了这些做法的群体中的一个进化选择过程——人口和财富的相对增加——它相当迅速地传播开来。"

哈耶克的理念，建立在休谟的一个著名论断上："道德准则，并非我们理性的结果。"人类社会中形成的很多秩序，诸如语言、法律、市场和货币，这些伟大的事物，并非源自人类的本能，更不是来自聪明人的创造，而是在进化

---

① 哈耶克. 致命的自负［M］. 冯克利，胡晋华等，译. 北京：中国社会科学出版社，2009：1.

中形成的传统。

哈耶克并不反对理性，他反对的是"狂妄的理性"，反对不承认自我局限性的理性。

哈耶克与维纳一样，都是犹太人。维纳的父亲早在 1880 年便从德国移民美国，而哈耶克则在纳粹已经上台后，方才移居英国。哈耶克目睹了纳粹对德国整体社会的极端设计。所以，他反对那种自负的理性，反对用理性为全社会每个成员设计幸福标准。他所赞成的是"分立的财产""分立的个人知识"，让每个人都有充分利用自己知识的空间。而这种分立的知识，没有任何一个机构或头脑能够随时全部掌握。

从计算机技术角度看，哈耶克是分布式计算的拥护者。

所以，哈耶克是自由市场的坚决拥护者，而他所说的"分立的财产"，便是私有产权。哈耶克的理论认为，没有机构和个人，能够掌握市场中所有细节信息，更谈不上为市场中每个人、每个商品、每笔交易作出最优的计划。人们能够依赖的，只有"分立的个人知识"，让人们在自由市场中自由行事，通过价格机制，通过竞争实现资源的配置。

从尼克·萨博的"社会可扩展性"理论中，能够看到哈耶克"扩展秩序"的影子。贸易、劳动分工、货币，都是哈耶克所谓的"扩展秩序"，而区块链技术，大大拓宽了这些"秩序"所作用的范围。

人们的理性，并未强大到可以为社会中每个人规划人生，也不能安排经济生活中的每个细节，这不仅是计算能力上的问题，更是对待个体自由的态度问题。放弃"狂妄的理性"，人类的理性才会闪光。

图灵在 1950 年的论文中提出：机器能够思考么？1956 年，美国的达特茅斯会议上，麦肯锡及多位学者，定义了人工智能："每一种学习过程，或者智能的任何特征，原则上都可以被精确描述，以便机器借此模拟学习过程。"

人类发明人工智能，希望机器能够学习、思考，具备与人一样的智能。而让机器具备学习能力，则是实现人工智能的关键。

20 世纪 40 年代，科学家们根据大脑神经元的结构，模拟设计出了最简单的神经网络算法模型。神经网络的出现，点亮了机器学习的希望之火。通过给予神经网络大量数据，机器就可以自行训练，或者说学习出知识。例如，给运行神经网络的机器 100 万张猫的图片，机器就能够自行学习、总结猫的特征，机器就能够认识猫了。

传统的算法，是人类根据自己的观察，找到猫的特征，建立猫的模型，写在程序中，然后让程序根据模型识别猫。20 世纪科学家投入大量研究的专家系统，以及今天依然广泛应用的模式识别，都是这种算法。

诸如神经网络的机器学习算法，则用大量的数据，去训练算法，让算法自行找到猫的特征，学会识别猫。

这种机器学习算法中隐藏了一个理念，那就是人们承认，很难为猫这种事物找到一个准确的数学模型，或者叫函数，来对其进行描述。于是，人类不得已将这个任务交给机器，让机器基于神经网络，通过大量数据的分析，拟合出很多个函数用于定义猫这种事物。然而，机器最终用无数个小函数，拟合出猫这个复杂的非线性函数，但这个函数代表的物理意义是什么，人们并不理解。

这就给人工智能戴上了一层神秘的面纱，猫的特征在机器眼中，与人的眼中，并不一致。我们可以说，人类创造了机器，但未必能够理解机器。或者更残酷一点说，人类对自己是如何认识猫这个动物，也并不理解，人压根就不理解自己。

神经网络经过一代代科学家的发展，一直到 2006 年辛顿（Geoffrey Hinton）教授提出深度学习算法，在图像识别、语音识别等领域取得了巨大成功，从而再次引爆人工智能的热点。基于深度学习算法，Alpha Go 战胜人类；基于深度学习算法，各种图形与语音识别系统进入实用阶段；基于深度学习算法，人们开始期待自然语言处理、无人驾驶技术等早日走入人类的生活。

也许有一天，人们能够彻底理解深度学习所拟合出的函数，明白函数所代表的意义，但在那之前，人们只能放弃，将判断与决策的权力交给机器。理性并非万能，承认理性与人类智慧的某些局限，并非反智，相反一味地狂妄自信，才是反智。人类曾经将筋肉劳动交给机械和电器，也曾经将繁重的运算与存储交给计算机和网络，那么将一些复杂的决策与认知工作交给机器，又有何不可？

科幻小说《三体》中所描述的三体文明，科技发达程度远高于地球。三体的智慧生物与地球人类有一个根本性的区别，他们的交流是通过脑电波进行的，只能传递真实的思想，他们之间没有谎言和欺骗。

小说中①说："你们的思维和记忆对外界是全透明的，像一本放在公共场合的书，或者说是在广场上放映的电影，或者像一个全透明鱼缸里的鱼，完全暴露，可以从外界一览无遗。"

因此三体人的交流非常高效，而且绝无错误，与之相比，地球人类的交流，依赖视听器官，通过语言与书写来传递信息，效率低下且错误百出。但是，每个地球人类的思维，就因此成为个体最隐秘的小宇宙，在自己的思维中，个体可以自由自在地胡思乱想，可以天马行空地自由驰骋。

所以，三体人构成了专制的社会，连思维都无法隐藏的社群，谈不上任何自由。而地球人则一路往尊重个体自由的社会发展。科技发展的进程也不同，三体人是匀速发展，地球人则加速发展，因为地球人是自由思考的。

每个地球人都有一个隐秘的思维，即便在最恐怖的奴隶时代，自由的思考也是无法被禁止的。这也是密码朋克们所要保护的个人权利。

但带来的一个麻烦是，地球人之间的信任，难以建立起来。古往今来，信任成了人类社会最大的成本之一。无数的战争、纠纷、争吵、反目、仇恨，都因信任而起，在政治上、商业上，甚至家庭生活中，人们永不止息的思虑都是"对方值不值得信任"。

每个人都是隐秘的小宇宙，外人无从探察那幽深大脑中的真实想法；每个人都是易变的，都是出尔反尔的，这是人类脆弱的本性；每个人都是撒谎者，语言与文字本身便是模糊与拙劣的沟通工具，人们不仅骗他人，不经意间连自己都骗。

所以，诚实、守信、坚持，甚至连天真，都成了对一个人最高的褒扬。为了建立信任，人们用了各种工具。赌咒发誓、歃血焚香、人质与财物抵押、暴力威胁、婚姻和亲、契约合同，每一部历史中，字里行间全是建立信任、信任

---

① 刘慈欣. 三体 2：黑暗森林［M］. 重庆：重庆出版社，2008.

破灭、再建立信任的循环往复。最终，人们建立了基于法律、尊重契约的方式，用于构建社会的信任准则。今天，最繁荣的区域、最强盛的国度，多是对契约和律法执行良好的文明社会。

而契约的执行，要么用章、证、纸质签字等方式取得初步信任，其后则依赖强力的执法机构做背书，用强力机构的惩罚来保证双方执行契约；要么将信任直接建立在具有商誉的第三方，比如银行、保险公司、律师事务所、交易所等。

区块链与智能合约的出现，则从技术上提供了新的思路与方法，信任的建立不必依赖强力机构，也不必依赖第三方，任何平等的个体之间，都可以通过区块链和智能合约的代码与算法，建立信任。区块链与人工智能是同一思潮的产物，如图 10-2 所示。

图 10-2　区块链与人工智能

既然人与人之间的信任成本太高，那么就将信任交给机器。让机器帮助人类实现信任，帮助人类保护产权、执行交易、保证自由市场的顺利运转。

机器时代的到来

人工智能与区块链，是近几年最热门的两种技术，科学家与工程师在这两个领域投入巨大。关于这两个领域，哪一个更有前途，哪一个值得研究，是投资人与工程师们经常思考的问题。

从技术角度，两者方向自然不同，一个是基于神经网络、深度学习的算法；另一个是基于密码学、共识机制的算法。但二者的目的，从根本上是一致的，都在将权利交予机器，都在迎接一个机器时代的到来。

人工智能将决策权交给机器，让机器代替人作决定；区块链将信任交予机器，让机器代替人类守护信任。

想象一下未来，你的家政机器人行走在社区中，它需要充电，在充电桩上缴费，所遵循的协议应该就运行在区块链上。

马文·李·明斯基（Marvin Lee Minsky）是人工智能专家，也是在人工智能领域获得图灵奖的第一人，他参与了达特茅斯会议，是开创人工智能这门学科的创始人之一。马文·李·明斯基还建造了世界上第一个神经网络模拟器。

马文·李·明斯基把人类智慧的工作方式形容为"心智社会"。

"有很多独立的专业机构关心各自的重要目标（或本能），诸如觅食、饮水、寻找庇护所、繁殖或自卫，这些机构共同组成了基本的大脑。拆开来看，每个机构都只有低能儿的水平，但通过错综复杂的层累控制，将不同的搭配组合有机结合，就能创造高难度的思维活动。"

人类的智慧未必是由某种高深莫测的算法，或者神秘的机能在支撑。也许人类的智慧，只是一个复杂的信息处理体系，无数层次、无数节点在紧密的分工协作。这与哈耶克的"扩展秩序"理论有些像，并不存在聪明的首领在独自设计一切，而是众人都是愚钝的，但各自自由行动，演进出秩序与文明。如区块链一般，有众多节点参与，大家各自运行，按照一定的协议通信，互相配合，形成一个生态，对外显示出智能的力量。

物联网时代的智能、机器时代的智慧，一定不是某个强大的计算机，或者某个神秘的算法，在垂拱人间。如同互联网的支柱，绝非五台大型机就够了。机器时代的智慧，也应该是无数个任务不同、各行其是的节点，通过共识协议，互相配合，形成类有机体，才创造出类人的智慧。

如前面所说，区块链与物联网最配。万物互联的时代，能够在去中心化的开放环境中承载价值、隐私、所有权、契约、协定、律法、伦理的技术，一定是区块链。而随着人工智能的发展，万物皆有智能，万物尽皆机器人。机器时代的网络协议，要为人与机器构建出共同的"扩展秩序"，为人类与机器的混合社会演进出伦理、道德、交易、市场、法律。这种机器时代的网络协议，应该就是区块链。

区块链为机器时代的到来，准备了交流与通信的工具。

人的意义

机器时代的到来，不论是区块链，还是人工智能，其目的并非消除人的存在。种种关于人工智能将要毁灭人类的说法，从技术角度看，多少过于危言耸听，且不提能够威胁人类的人工智能，即使是具备自我意识的机器，议论起来都尚早。机器从技术和伦理两个方向看都还是为人类服务的工具。机器为人类所制造，服从人类的命令，为人类服务。

区块链将信任从人类身上转移到机器上，但并非抛弃人类，或者人类自我厌弃，让机器主导人类的信任。区块链只是用机器取代了暴力，帮助人类社会维持信任，达成契约和律法。区块链将保护人类的隐私、产权、信用、商誉、伦理、法律、契约，区块链扩展了人类的美德，正如贸易、分工、自由市场一样，区块链将为人类带来更美好的公序良俗。

凯文·凯利在《失控》一书中说，去中心化的组织生命力大于中心化的组织。人们也早已发现，对个体自由的保护能够带来长久的繁荣，而蚂蚁那样僵化的集体主义，则没有为智慧留下空间。

人们用区块链技术是为了获得繁荣吗？是为了基业长青吗？是为了区块链的去中心化组织能够获得更长久的生命力吗？

诺伯特·维纳博士在写出了艰深难懂的《控制论》之后，又写了一本优美的散文小书，书名是《人有人的用处：控制论与社会》，在该书中，维纳博士从哲学、宗教、伦理、物理多个角度，阐述了理解世界、理解社会的方法，在用科学家的冷静笔触拆解了世界万物与人类后，又为人类指明了意义。

维纳博士在本书的一个主题中，讨论了人与蚂蚁的区别，若是按照蚂蚁那种恒定职能的方式组织人类，乃是对人性的贬值，是对人所具有的巨大价值的浪费。这种方式将人的可能性全数抛掉，由于限制了人类适应未来偶然事件的种种方式，也就毁掉了人类在地球上长期生存下去的机会。

而在另一个主题中，维纳按照增熵的理论推导，宇宙最终将达到热寂，人类这样的智慧生物仅是增熵趋势中一个小小的逆流。维纳这样说："在一个非常真实的意义上，我们都是这个在劫难逃的星球上的失事船只中的旅客。但即使是在失事船只上面，人的庄严和价值并非必然地消失，我们也一定要尽量地使之发扬光大。我们要采取合乎我们身份的态度来展望未来。"①

图 10-3　人类是增熵趋势中的小小逆流

在这一论述中，维纳将人的意义从绝望中推到最辉煌之处。人类的智慧、道德、文明，也许并不能拯救人类于热寂之时，但人类自有其意义所在。这种看法与康德伦理学有相承之处，康德的"人是目的"这一论断，将人从各种功利的衡量中拯救出来，置于一个独特的地位。

区块链也许能为人类带来更好的商业环境、更好的社区治理，乃至带来更好的社会体制，但是，区块链的发明是为承载人类的信任，是为保护个体的权利，从这个意义上来说，不论区块链带来的结果在功利上衡量如何，区块链的应用本身就是目的，正如人类个体的自由、个体的权利，本身便是目的。

人们应用区块链，只是因为它承载了人的意义，只是因为人与人之间的关系，本该如此。

---

① 维纳. 人有人的用处——控制论和社会 [M]. 陈步，译. 北京：商务印书馆，1978.

11

现实的问题：虚拟货币的三种属性与监管

正本清源，从监管的角度揭示虚拟货币的三重属性，解读美国和国际组织虚拟货币监管标准。

——如果天使拒绝检验，只因为他是伪装成天使的魔鬼。

现有的监管体系中，存在货币当局（中央银行）、市场监管（证券监管和投资者保护）和反洗钱监管三种功能。相对应的，虚拟货币具有三种功能属性：从货币的角度，虚拟货币可以替代法定货币的支付工具；从投资的角度，虚拟货币是证券投资；从反洗钱的角度，虚拟货币是价值转移的手段。因此，无论虚拟货币以何种创新标榜，其功能上的三种属性并不因为其形式上的变化而改变。

行使法定货币职能：货币主权的根本问题

目前，主要讨论集中在虚拟货币执行货币职能，这关系到政府是否允许虚拟货币侵蚀其货币垄断权。在比特币、以太币以及诸多山寨币、空气币大行其道之时，各国政府仅是就相关问题进行讨论，因为虚拟货币的诸多缺陷并不能动摇法定货币（尤其是美元这样强势货币）。但是，当扎克伯格宣布 Facebook 准备发行 Libra 之时，西方国家的态度突然出现了转变，美国政府变得高度警惕。因为，一般人搞虚拟货币可能代替不了法定货币，但 Facebook 搞虚拟货币真的可能取代法定货币。

在 2019 年 5 月 Facebook 发布 Libra 白皮书之前，西方监管当局对虚拟货币还是风轻云淡。2018 年 3 月 2 日，英格兰银行（英国的中央银行）的行长在谈到虚拟货币时，羽扇纶巾地轻描淡写：货币具有价值储藏、交换媒介和计价单位三大职能；但是，虚拟货币由于币值波动过大，导致其作为价值储藏这个根本职能缺乏保证，进而不是好的交换媒介和计价单位，因此很难承担货币的职能。[1] 同年，国际金融稳定会员会（FSB）给 20 国集团（G20）的报告中，轻松谈及了虚拟货币的若干统计数据及其波动率等可能对金融稳定的影响。[2] 2018 年 G20 在阿根廷布宜诺斯艾利斯高峰论坛的会议文件中提出了发行欺诈、

---

① 英格兰银行官方网站［R/OL］.（2018 - 03 - 02）［2019 - 12 - 17］. https：//www. bankofengland. co. uk/ - /media/boe/files/speech/2018/the - future - of - money - speech - by - mark - carney.

② FSB 官方网站［R/OL］.（2018 - 07 - 16）［2019 - 12 - 17］. https：//www. fsb. org/wp - content/uploads/P160718 - 1. pdf.

洗钱等风险，但也强调其创新价值。①

2019 年 10 月 23 日，美国众议院金融服务委员会举行了对 Facebook 的听证会②，与其说是听证，不如说是批判大会。众议员们开足火力猛批 Facebook，议员们列举 Facebook 在种族歧视、保护隐私方面的种种劣迹，深刻怀疑其发行 Libra 带来的负面影响。委员会主席华特斯（Maxine Waters）已经草拟了《防止科技巨头涉足金融法案》（*Keep BigTech Out of Finance Act*），意图禁止像 Facebook 这样的大型平台获得任何金融牌照，或者参与金融业务。③

议员们强烈反对的背后，首先是因为美国立国思想中对超级私人公司的警惕，美国 20 世纪出现的反垄断法也是受这种思想的直接影响。其次，比特币、以太币的影响尽管很大，但是，分散化的机制并没有影响到现有的法定货币体系（其交易速度、交易量都不足以撼动法定货币体系）。但是，问题不是虚拟货币，而是谁搞的虚拟货币。

Facebook 是科技巨头，市值超过 5000 亿美元，掌握了全球 27 亿用户，拥有强大的技术储备。试想有一天，Facebook 的 27 亿用户，用 Libra 进行交易，不仅可以跨越国界边界，还能通过智能合约替代现有国际贸易中的信用证解决跨国贸易的不确定性；Libra 的客户争端解决，甚至可以代替跨国贸易仲裁。试想，哪一种货币能够如此广泛且便捷地使用？哪一个政府能够管辖全球贸易争端？

所以，虚拟货币执行货币职能不是简单的监管问题，是国家权力的本质问题。中本聪理想的私人虚拟货币，是各国货币当局的大是大非问题。何去何从，要看未来私人虚拟货币以何种形式与国家权力进行协商。

当然，Libra 的出现催生了货币当局推出"央行数字货币"的设想，现有的法定货币采用区块链技术获得虚拟货币同样的优势。比如，英格兰银行、中

---

① 有关解读参见全球政策（Global Policy）的梳理，Global Policy 官方网站 ［R/OL］. （2018 – 11）［2019 – 12 – 17］. https：//www. globalpolicyjournal. com/sites/default/files/Holly% 20Clarke% 20 – % 20policy% 20brief. pdf.

② 美国众议院网站 ［EB/OL］. （2019 – 10 – 23）［2019 – 12 – 17］. https：//docs. house. gov/ Committee/Calendar/ByEvent. aspx？ EventID = 110136.

③ 美国众议院网站 ［J/OL］. （2019 – 10 – 09）［2019 – 12 – 17］. https：//financialservices. house. gov/news/documentsingle. aspx？ DocumentID = 404479.

国人民银行都在不同场合谈起央行虚拟货币的设计。

作为证券投资：证券市场监管

1. "证券"是个筐筐

"证券是个筐，什么投资都能往里装！"用这句话形容美国的证券监管可能并不过分。美国国会的证券立法（《1933 年证券法案》《1934 年证券交易法案》）并没有定义什么是"证券"，这个任务落到了美国最高法院手上，美国最高法院通过两个里程碑式的判决，确定了需要监管的证券的范围。

【小常识】

这里需要补充一点美国法律的基本知识：司法至上（judicial supremacy），是指美国最高法院对法律的解释具有法律同等效力，美国最高法院对宪法的解释具有实质上的最高性。美国就是这样一个国家，法院不仅可以解释普通的法律，还可以解释宪法。尤其是美国最高法院对宪法的解释，如果国会不同意最高法院的观点，只能提出新的宪法修正案。但是，在美国修法难度太大。在获得众议院和参议院 2/3 多数通过后，还要 3/4 的州同意，方可通过新的宪法修正案。美国宪法共七条，于 1789 年生效，1791 年通过十条修正案（称为"权利法案"）。在此后两百年时间里，总共提出过一万多条修正案，其中只有十七条获得通过。美国宪法的最新一条修正案是限制议员给自己加工资，1789 年美国革命元勋麦迪逊就已经提出，但 1992 年才通过，修宪之困难可想而知。既然通过宪法修正案可能性这么低，大家就诉诸最高法院了。

美国最高法院确立证券筐筐的范围是通过两个判决实现的。

判决一：什么是投资？在 1946 年的"美国证监会诉豪威公司案"（SEC v. W. J. Howey Co.）中，美国最高法院对证券进行了极为宽泛的定义，提出了判断证券的四个要件（"豪威规则四要件"）：（1）怀有获取利润的预期；

（2）为了共同事业；（3）投资金钱；（4）利润主要通过他人努力而获得。实际上，第4个要件是关键性要件，如果你自己开公司就不叫"通过他人努力"而获取利润。换言之，只要你投资他人，都属于证券法上的投资。

判决二：什么是应受证券法监管的投资？1953年美国最高法院在"美国证监会诉普瑞纳公司案"（SEC v. Ralston Purina Co.）中确定了"普瑞纳规则"，只要你向普通投资者进行投资招揽（solicit），比如发广告，就属于应当受监管的证券投资。什么是普通投资者呢？简而言之就是富人以外的普通投资者。只有对两种人的招揽不需要监管：要么投资者是投资专家，具有专业技能；要么投资者是李嘉诚，可以雇用专业人士为自己服务。后来美国证监会按照最高法院的判决发展了"合格投资人"（qualified investor）的概念，只有对合格投资人发行证券才不需要进行监管。比如，你向巴菲特、盖茨、特朗普等几百人招揽投资，这些人根本不用美国证监会保护，你随便对他们发行任何投资产品。

基本结论：按照实质优于形式的原则，在美国法律框架下，虚拟货币属于应受监管证券投资是不言自明的。美国证监会的各种分析可以说汗牛充栋，读者可以去其官方网站看个明白。

【小提示】

这里要插一句，中国有些专家苦心孤诣地为虚拟货币找出不被监管的理由，就拿出美国的"众筹"概念说事，论证虚拟货币属于"众筹"而不是"证券"。实际上，读者们看一下"豪威规则四要件"就会发现"众筹"也是证券投资的一种啊。不错，群众的眼睛是雪亮的。美国国会的法律中，对小额投资募集有一定豁免，"众筹"因为额度小（总额度和单个募集额度）所以被豁免证券监管中的要求。不得不说，我们要感激专家为创新留出空间的努力，但是，我们不得不以真理为师，指出专家或有意或无意的谬误。

2. 别忘了比特币期货也属于证券，但属于美国期货交易委员会监管

美国就是这种神奇的国家，美国有个"美国证监会"［实际上应该叫"证券交易委员会"（SEC），咱们为了中国读者好理解，姑且这么翻译吧]，但同时美国还有个"商品期货交易委员会"（CFTC），历史可比"美国证监会"长了很多。其前身是设立在美国农业部下面的机构。为什么是农业部？因为美国最早的大宗商品是谷物和棉花等农产品，1922 年美国国会颁布《谷物期货法案》（*The Grain Futures Act of* 1922），在农业部下设谷物期货管理署（The Grain Futures Administration）监管期货交易，后来发展成为"商品期货交易委员会"（CFTC）。

💡【小提示】

　　前面讲了美国最高法院的至上地位，就以美国这部期货法律举个例子吧。实际上 1921 年美国国会就颁布了《期货贸易法》（*The Future Trading Act of 1921*），有人提起了诉讼，认为该法案中的征税条款违反了美国宪法，美国最高法院判决支持这种观点。美国国会黯然神伤，只得按照最高法院的意思重新修改《期货贸易法》，索性把新法案的名字也改了，叫《谷物期货法案》。大家可以查一下 1922 年美国最高法院"希尔诉华莱士案"（Hill v. Wallace），感受一下美国"尊敬的法官大人"之威严和至上霸权。

　　美国的期货可能面临双重监管，两个机构一直出于"监管竞争"（就是俗话说的"争权夺利"），在美国最高法院打了不少官司。直到次贷危机之后，为重整金融体系，美国国会于 2010 年通过了《多德—弗兰克法案》，划分了两个监管者的权力。基本原则如下：金融期货归美国证监会管，商品期货归美国期货交易委员会管。上述划分比较清晰，多年来两者也都相安无事。

　　但比特币大行其道后，两者又开始了一轮"监管竞争"。美国证监会也认为，可以搞个以比特币为基础资产的 ETF，就像"股票 ETF""商品 ETF"一样（没错，"商品 ETF"不是"商品期货"，美国证监会就是坚定这么认为的，挖你墙脚没有商量啊）。况且，美国证监会妥妥认为，比特币是"金融资产"，不是大宗商品，应该全部归自己管才对。

为了宣誓监管主权，美国期货交易委员会抢先推出了"比特币期货"，于2017年12月在美国芝加哥商品交易所挂牌。美国期货交易委员会认为，比特币挖矿而且矿是有限的，这跟煤、石油没什么区别啊，都属于不可再生的"硬商品"（hard commodities），批准一个"比特币期货"妥妥在其职权范围内。

美国国会议员懵了："为什么一个批了，另一个不批啊？比特币到底能不能投资啊？"2018年12月11日，美国参议院把美国证监会主席和美国期货交易委员会主席叫来进行了质询。

这两个私下一合计，给了参议员一个完美答案："比特币波动率太大，风险太高。玩期货的都是合格投资者（回忆一下我前面讲的'普瑞纳规则'），因此搞比特币期货是对的；ETF是面向散户的，比特币风险太大，因此还没有批准任何比特币ETF也是对的。"

说笑归说笑，实际上，两个主席的回答口径是建立在深刻和思考基础上的，比特币由于波动率太高，并不适合普通投资者，因此，美国证监会到目前为止没有核准通过比特币ETF，也没有核准向美国公众投资者开放（还记得前面所讲美国最高法院是如何定义"公众投资者"吗？可以简单认为"公众投资者"就是没有钱也没有投资专业技能的广大"韭菜"）。

3. 克服投资者适当性的尝试：Libra和各种稳定币

上述美国证监会主席和期货交易委员会主席的国会发言反映了证券市场监管的根本问题：以比特币为代表的虚拟货币，由于波动率过大，究竟适不适合公众投资者？因为以比特币为代表的虚拟货币是找不到价值对应的，以至于人们把各种琳琅满目的虚拟货币称为"空气币"。

这里我们就要说一下Libra的改进，Libra是新近产生的稳定币（stable-coin）的典型代表。稳定币以法定货币或者实物（如黄金、白银等贵金属）为支持资产，从而找到了价值锚，试图克服波动率过大问题。由于目前的稳定币一般与法定货币或者实物一一对应，从金融投资者保护的角度看（仅是从这个角度），对公众投资者发行时不存在根本性障碍（不是说没有障碍，魔鬼在细节处）。

作为价值转移手段：反洗钱监管

现有金融体系建立在各国管辖权之内的，各国通过金融机构的客户实名制建立了交易可以追踪的体系。但虚拟资产具有匿名性和无国界性，在产生后的很长时间脱离监管，由于虚拟货币可以像法定货币那样用于价值交换，其匿名性和无国界性易被洗钱和恐怖融资所利用。**用反洗钱专业的行话来说，就是虚拟货币作为一种价值转移的方式，其用于洗钱的固有风险（inherent risk）很高。**

在当今各国强化反洗钱监管的背景下，犯罪分子和恐怖分子利用正规金融网络的难度越来越大。尤其是当今各国认识到恐怖主义是全世界共同的威胁，加强了国际合作和情报交换，全世界为打击恐怖主义形成了统一战线。在当今的反洗钱调查中，流行的方式是"跟着钱走"（follow the money），恐怖分子的资金网络一旦被掌握，可能被顺藤摸瓜捣毁。所以不难理解，有一段时间，电视上曾经报道拉登通过驴子运送美元现金。因此，恐怖分子很自然盯上了虚拟货币这个不受监管的价值转移方式。

多国执法机构和反恐机构公布了犯罪分子、恐怖分子使用虚拟货币进行非法交易。根据欧洲刑警组织发布的《2015年网络有组织犯罪威胁评估报告》，在已经发现的犯罪中，比特币占犯罪分子之间的非法交易金额的40%，而且，随着各国强化金融机构反洗钱监管，犯罪分子之间使用比特币交易或者其他虚拟货币交易的比例可能更大。[①]

笔者曾经参加了2018年4月在法国举行的"反恐怖融资大会"。这次大会不同于以往的反恐怖主义国际大会，这次大会不仅是由法国总统马克龙召集的高级别会议，而且本次大会的主题是强调通过追踪恐怖主义资金打击恐怖主义。在会议中，土耳其和法国代表指出，其发现的案例表明"伊斯兰国"大量采用虚拟货币进行交易。因此，在会议最后的公报中强调各国应当采取措施

---

① 欧洲刑警组织，《2015年网络有组织犯罪威胁评估报告》（*The 2015 Internet Organised Crime Threat Assessment*）[R/OL]．（2015 – 09 – 30）[2019 – 12 – 17]．https：//www. europol. europa. eu/activi-ties – services/main – reports/internet – organised – crime – threat – assessment – iocta – 2015.

应对虚拟货币的恐怖融资威胁。

1. 先了解一下国际反洗钱组织：金融行动特别工作组（FATF）

全球反洗钱标准的制定机构"金融行动特别工作组"（FATF）于 2019 年 6 月通过"虚拟资产的反洗钱监管标准"，并计划于 2020 年 6 月开始在世界范围内对各国执行情况进行评估。

FATF 是个什么组织？你在联合国查不到，按照中国的标准最多是司局级，因为各国大多派遣司局级代表参会。这个组织是挂靠在经济合作与发展组织（OECD）之下的临时性工作组，从 1989 年一直"临时"到现在也没"转正"。但是，搞过反洗钱的都知道这个组织，我们开会的时候德国人曾经说，"FATF 比联合国厉害多了，因为 FATF 有牙齿"。对于不符合其标准的国家，直接判处金融"死刑"或"死缓"，基本跟世界金融体系隔绝了。

FATF 是全球反洗钱规则的制定机构，为了督促各国执行，在世界范围内定期组织成员之间相互评估（mutual evaluation）。如果你不参与，直接拉到"黑名单"，FATF 成员和各区域性反洗钱组织（如亚太地区的地区性反洗钱组织为"亚太反洗钱组织"，以下简称 APG）成员都要对"黑名单"国家进行全面金融抵制，基本上宣布你的金融体系被判处了"死刑"。现在敢于无视 FATF 规则只有一个国家，你应该能猜到。如果相互评估不达标，一般拉入"灰名单"，也相当于一次国际金融制裁，因为 FATF 成员和各区域性反洗钱组织对"灰名单"采取抵制措施（行话叫"强化尽职调查措施"），你基本上算"死缓"。"死缓"期间你不改正，直接判你"死刑"（进入"黑名单"）。

举个例子，让大家体会一下 FATF "号令天下，莫敢不从"的霸气。伊朗在 FATF "黑名单"中，为了出"黑名单"，伊朗承诺按照 FATF 列出的反洗钱整改计划按时整改。几年前一次 FATF 全体会议上，有国家跳出来指出伊朗没有按时整改，伊朗代表立刻澄清：我们按时整改了，昨天半夜让最高领袖签署了一个法律，已经生效了，可以在网上查到。

这是一个不家喻户晓的组织，但是，专业人士莫不知道其巨大威力。在中国，中国人民银行有那么一小撮人，凭借使命感和责任感在这个组织中发挥着中国的影响力，而且随着祖国的强大，中国的声音越来越具有影响力。2018

年 7 月中国担任该组织副主席，2019 年 7 月至 2020 年 6 月中国担任该组织主席。在虚拟货币规则的制定过程中，中国发挥了非常积极的作用；奠定虚拟货币监管规则雏形的会议，就是在中国杭州召开的。

2. 反洗钱规则制定背景和大概过程

2018 年 7 月，美国接任阿根廷成为 FATF 主席，将制定虚拟货币监管标准作为优先事项。根据 FATF 下属小组职能，标准的制定和修改由下属政策发展工作小组（Policy Development Group）拟定后提交 FATF 全体会议表决通过。美国任职主席期间，就制定虚拟货币监管标准和相关指引问题召开了三次专门的政策发展工作小组会议，分别是 2018 年 9 月杭州会议、2019 年 1 月巴黎会议、2019 年 5 月维也纳会议。笔者作为中国代表，参与了上述全部讨论。

杭州会议期间，各国就监管范围、关键术语、监管原则初步达成一致并在会后形成初步草案。2018 年 10 月 FATF 全体会议批准杭州会议草案，并发表了公开声明。巴黎会议期间，各国就杭州会议草案的表述进行了仔细讨论，就监管标准案文形成基本共识，并初步制定了配套的监管指引。维也纳会议聚焦技术可行性（technical feasibility）问题，专门召集各国私营部门代表和专家进行了讨论，至此，基本确定了 FATF 关于虚拟货币的监管标准和相关配套监管指引。2019 年 6 月，FATF 全体会议通过虚拟货币监管标准和配套指引。有两个问题说明一下。

第一个问题是，FATF 用"虚拟资产"（virtual assets）取代"虚拟货币"。这是中国等国家在杭州会议上提出的方案，原因在于："货币"二字很容易引起误解，在日常生活中我们所说的"货币"一般都是指法定货币，因此，用"虚拟资产"代替"虚拟货币"防止误解。

第二个问题是，FATF 制定监管规则，但并不表明 FATF 为虚拟货币合法性进行背书，允许各国就虚拟货币合法性采取不同的态度。

3. 2019 年 6 月全球虚拟货币反洗钱监管国际标准横空出世，裸奔的日子结束了

2019 年 6 月，在美国佛罗里达州召开 FATF 全体会议，会上通过虚拟货币监管标准和配套指引，并且将从 2020 年 6 月开始对各国执行情况进行评估。

记住：不通过的，可能要进入"灰名单"或者"黑名单"！

FATF 的反洗钱监管标准是复杂的，所用的英语也不是让正常人那么容易读懂的，笔者正是这个部分的中文翻译人，有兴趣的读者如果不怕烧脑可以自己去看看中文版。这里，笔者用通俗的语言解释一下，搞虚拟货币的可要注意看了。

一是对虚拟资产的整体态度是要么禁止要么监管。FATF 的监管不是对虚拟资产合法化进行背书，各国可以自主确定是否禁止虚拟资产。如果一国能够有效禁止虚拟资产，则不需要进行监管；反之，则需要设立监管规则并有效监管。这类似于 FATF 对各国监管赌场的要求，一国要么有效禁止赌博业，要么设定赌博业监管规则。

二是对虚拟资产的监管思路是参照金融活动来监管虚拟资产活动，参照金融机构来监管"虚拟资产服务提供商"。FATF 标准强调，所有适用金融机构和金融活动的标准都适用于虚拟资产服务提供商和虚拟资产活动，包括实名制和客户尽职调查、执行定向金融制裁等。也就是说，对于所有提供虚拟货币转移服务的机构，其反洗钱义务与银行是一样的。

三是对虚拟资产的监管范围涵盖提供虚拟资产价值转移的所有营业性活动，包括：（1）法定货币和虚拟货币之间转换；（2）不同种类虚拟货币之间转换；（3）通过虚拟货币转账；（4）保存、管理虚拟货币（典型行为是提供虚拟资产"托管钱包"服务）；（5）参与虚拟货币发行和销售，或者为其提供服务。

四是要求"虚拟资产服务提供商"必须获得注册或许可后方可提供虚拟资产服务。一国可以采取注册制或审批制，成立地、运营地、客户所在地都可以要求其申请注册或许可。虚拟资产服务商是非自然人时，其成立地应当要求其进行注册或审批；虚拟资产服务商是自然人时，其经营地应当要求其进行注册或审批。虚拟资产服务商运营地、被招揽客户所在地可以要求其进行注册或审批。

五是对虚拟资产按照高风险要求适用更加严格的标准。必须由政府机构对虚拟资产实施反洗钱监管，不得由行业自律组织承担监管职责；对虚拟资产的价值转移参照要求更加严格的国际电汇标准执行。

通过上述标准，将"虚拟资产服务提供商"纳入监管，并采取实名制，从而建立起虚拟资产交易追踪和可疑交易报告的义务体系。

以上是笔者能想出来的最平实的语言，每一条都是"干料"，满满的干料，请仔细阅读和评鉴。读三遍！

4. 合规是行业涅槃的机会

虚拟货币反洗钱规则的影响是什么？不同人士会有不同看法。

记得在2019年5月的FATF维也纳会议期间，我们邀请私营部门代表参会讨论，期间来自欧洲的几个私营部门代表在会议期间大声呼喊："我们执行跟银行一样的反洗钱标准，这不是宣布虚拟货币死亡吗！！！"

是的，虚拟货币反洗钱监管标准意味着虚拟货币实名制，意味着虚拟货币服务提供者（平台、交易所）的合规成本。从静态的角度看，不可能再像以前一样野蛮生长、"裸奔"赚钱。但是，我在跟国内外私营部门的交流中，听到的更多的是赞同的声音。

例如，国外一些大型投资机构非常欢迎反洗钱规则的出台，因为，这使得投资机构有了合规准则。他们的投资者近来有投资虚拟货币的强烈需求，但是，由于担忧触碰反洗钱规则，一直不敢放手投资，有了合规准则就有了指南针。国外很多银行对这个规则也持欢迎态度。他们认为，在进行虚拟货币的结算交易过程中，他们的交易对手方（如平台等）达到了反洗钱标准，他们就可以安心地为其进行结算、与之进行交易。

笔者想说：合规会让你不再享受监管套利，但是合规是你进入更大市场的契机！

12

未来的畅想：超级监管权和
国际权力的重构

在区块链经济的时代，哪个政权能够控制区块链，哪个政权就能拥有超越主权边界的权力，传统的以边界划分主权的威斯特伐利亚国际体系将消解并重构，新"教皇"将再次出现。

文艺复兴和地理大发现以来，地球上真正可以行使全球权力的国家只有两个：大英帝国和美利坚合众国。大英帝国以领土为基础实施具体的全球控制，而美国则创造全新的方式，即以美元支付体系为基础实施抽象的全球控制。

美国和大英帝国的不同在于，美国的全球权力不以领土为基础，穿透了传统国际法主权边界的限制。1648 年威斯特伐利亚和约体系奠定了现代国际法和国际关系体系，确立了领土主权原则，国家在其领土之内具有最高管辖权。大英帝国，是威斯特伐利亚体系下的"好学生"，依托统治下殖民地港口和贸易通道，大英帝国通过对来往商船和商业活动施加控制从而将国家权力延伸扩展到全球。但是，美国是威斯特伐利亚体系的破坏者、颠覆者，美国在实践中以切断美元支付为要挟，迫使其他国家银行服从美国国内法律从而穿透领土主权的限制。美国的做法造成了传统国际法的危机，也给传统国际关系上了新的一课。

在区块链时代，能够对区块链实施管辖的政府会把自己的权力延伸到地球的每个角落和每个人，将是超越传统主权范畴的超级监管者！超级监管者的出现意味着传统的国家主权理论、国际法理论都将完全失效，近代威斯特伐利亚国际体系可能消解，国际权力格局将被重构。**历史将轮回到威斯特伐利亚国际体系之前：新"教皇"再次出现，凌驾于各个王国之上。**

全球权力的第一阶段：大英帝国以领土为基础的物理控制

大学时有门课程叫"海商法"，学起来总是怪怪的，比如海上优先权、对物诉讼，跟我们学过的基本民法总有点格格不入，用基本民法也不能完全解释这些制度。学习中才逐渐明白，现代"海商法"的基本制度和概念都是英国法官们创造或确立的，当代的国际条约将这些制度和概念吸收并推广为各国国内法的范本，所以世界各国的"海商法"总体都是英国那一套术语体系。为了正本清源，我们的老师总是要从英国伦敦法院几百年前的案例说开去我们才能理解。我们当时也很奇怪，英国和英国殖民地的案件在伦敦诉讼可以理解，为什么其他国家的海上争议也在大英帝国的法院诉讼呢？后来明白，大英帝国掌握了全球的重要港口，大英帝国的判决可以在世界主要港口执行。除非你的船永远躲在自家近海不出来，只要你在大英帝国的港口停泊，大英帝国的法院判决就可以执行。

因此，在大英帝国时代①，只要你参加国际贸易，你就绕不开大英帝国控制下的港口，你就绕不开大英帝国的管辖权。大英帝国通过对全球贸易通道的物理控制实现了全球性管辖权。

全球权力的第二阶段：通过美元体系的抽象控制

美元是国际贸易的主要结算货币，任何银行间美元交易最终在美国纽约进行清算；全世界绝大多数外汇储备都是美元，你的美元财富最终可以归结到美联储记账系统上的数字。因此，美国通过控制美元，就可以将国家权力延伸到国际贸易，可以扣押冻结你的美元银行资产。这种抽象的权力超越国家和主权的传统界限。咱们常常听说的长臂管辖权，就是这种超国界权力的典型表现。

第二次世界大战末期，布雷顿森林体系成立，各国货币与美元挂钩，美元成为其他货币的基础。时至今日，已经不再是第二次世界大战后美元独大局面，欧元、英镑、日元等在国际贸易中也占有相当比例，但是，美元的基础性货币地位没有改变。根据环球同业银行金融电讯协会（以下简称 SWIFT，可以简单理解为银行间跨国汇款的交易信息平台）的统计，国际贸易结算中约有 50% 是通过美元进行支付结算；按照国际货币基金组织（IMF）的统计，各国的官方储备货币（外币形式的国家财富）中，近年来美元占比一直稳定在 80% ~ 90%。

由于技术的进步，现金在国际交易中比例很小，主要通过银行实现支付（如信用证、汇票、银行转账等形式）；银行之间清算也不再是搬运现金，而是最终通过中央银行进行清算（银行间也可以通过清算组织实现清算，但清算组织最终完成清算也是要通过中央银行的）。**换言之，在数字化时代，个人储存在银行的资产是银行记账簿上的数字，而银行汇集的储户资产仅是中央银**

---

① 大英帝国时代：大英帝国（British Empire）：16 世纪末以英格兰为基础建立的庞大殖民帝国，19 世纪大英帝国扩张成为"日不落帝国"，第一次世界大战后达到顶峰，1922 年统治的人口超过 4 亿人口，统治占全球约四分之一的领土，第二次世界大战后非殖民化运动兴起，大英帝国殖民地纷纷独立，大英帝国开始解体，美元成为世界货币，美国成为新的"世界霸主"。因此，文中所述大英帝国统治全球的时代，大约相当于 19 世纪到第二次世界大战前后的一百多年时间。

行记账簿上的数字，货币的物理形态已经不起决定性作用了。

近年来，美国利用美元清算地位，以银行为支撑点，将国家管辖权延伸到其他国家。例如，美国政府要调取法国巴黎银行的法国客户信息和交易信息，按照传统国际法，美国需要通过法国政府（以司法协助等形式）获取这些信息。假如换在 100 年前，如果美国政府直接要求法国巴黎银行提供信息，法国巴黎银行完全可以不予理睬，美国政府也没有办法。但是，今天的美国政府有了"美元"这个终极利器，美国政府可以直接向法国巴黎银行纽约分行索要相关信息，如果纽约分行不给，那美国政府可以直接掐断法国巴黎银行的美元交易，这意味着后者无法从事国际业务，变成了一个彻底的法国国内银行。面对美元大棒，银行不敢不从。当然，美国用类似的办法还可以干出更加出格的事情：要求法国巴黎银行冻结其法国客户的资产并将资产划转到美国司法部指定的账户上。

既没有出动军队，也没有武力威胁，美国不费吹灰之力调取其他国家的个人银行信息、冻结和没收其他国家领土上的银行资产，在人类历史上这还是第一次。但是，这扇大门没有因为其他国家的抗议而关闭，相反，区块链时代这扇大门只会越开越宽。能够掌控区块链的国家将成为全球的超级监管者。

"雄霸共和国"：未来的超级监管者

在第二编，我们讨论了区块链经济的形态，区块链至少有两个引起范式革命的功能：智能合约和虚拟货币。我们来做一个思想实验，假如存在一个国家名叫"雄霸共和国"（Republic of Supremacy），那么该国的权力将超越历史上一切帝国权力的总和。

> **思想实验：超级监管者"雄霸共和国"（Republic of Supremacy）**
>
> 203×年，某种虚拟货币 V-coin 已经占全球贸易结算的 50%，全球 70% 储备资产是 V-coin，全球 50% 的人口通过 V-coin 进行日常交易。V-coin 有 100 个节点全部位于"雄霸共和国"，对节点具有投票权的

100 个最终个人也在"雄霸共和国"境内。"雄霸共和国"将逼迫这些节点写下如下代码：

（1）"雄霸共和国"政府为超级节点，有权根据"雄霸共和国"法院裁决命令智能合约执行或停止执行；

（2）"雄霸共和国"政府有权根据法院裁决扣押、冻结、没收 V－coin。

美元支付体系只能达到金融机构，因此美国的超国界权力只能到达金融机构，通过金融机构间接对最终个人实施管辖。但是，区块链可以直达最终个人，因此，掌握区块链的政权可以将国家权力超国界施加到每个具体个人，主权在此时将被真正消解。

中世纪的欧洲，每个王国臣民首先是教皇的教民，教皇对各个王国的教民实施直接的管辖（征税、司法等），所以在一千多年时间里教皇一直是凌驾于各王国之上的超主权实体，直到 1648 年威斯特伐利亚合约确定了现代的主权平等和领土主权原则。区块链技术的发展可能将使历史再次轮回，掌控区块链的"雄霸共和国"将成为新技术世界的"教皇国"，建立并维持一种新的秩序。

1. "雄霸共和国"法院成为凌驾于各国法院之上的全球最高法院。因为"雄霸共和国"法院可以命令智能合约、执行 V－coin 资产，全球贸易纠纷、甚至个人纠纷都会主动选择"雄霸共和国"法院，"雄霸共和国"可以对全球行使司法管辖权。如同当年海商法纠纷主动选择大英帝国法院进行管辖，因为人们总是倾向于选择判决可以执行的法院，不希望自己的判决只是一个"白条"。由于"雄霸共和国"法院掌握了最终执行的权力，其他国家的法院会实际上成为"雄霸共和国"法院的从属，"雄霸共和国"法院成为其他国家实际上最高法院。

2. "雄霸共和国"法律成为全世界服从的超国家法律。中世纪欧洲的臣民同时是教皇的教民，教皇掌握了终极处罚手段：开除教籍。这种处罚相当于剥夺了个人的灵魂，由教皇专门享有。在区块链时代，"雄霸共和国"也可以

直接对其他国领土上的他国公民直接进行处罚，如没收、冻结其 V – coin 资产，限制其通过 V – coin 进行交易；"雄霸共和国"可以此为要挟，要求其他国家公民服从"雄霸共和国"政府的命令和法律。现今美国频繁使用的长臂管辖权毕竟是依托对银行控制而实现的，因此，只能对定向（targeted）的个别人和个案实施管辖，而且，每次使用都会遭到其他政权的反制或反对，所以必须有所顾忌。但**"雄霸共和国"的管辖权可以直达个人，"雄霸共和国"可以发布普遍性的法律和命令，要求其他国家个人服从，如同中世纪王国的臣民要服从教皇的法律和命令。**

3. **"雄霸共和国"政权成为高于其他政权的世界性政权。**当今世界，如果贸易制裁是常规武器，那么金融制裁就是核武器，两者的威力完全不对称。在区块链时代，"雄霸共和国"可以像今天的美国那样对敌对国家及其政府领导人实施金融制裁，包括冻结其 V – coin 资产、要求所有人不得与其进行交易，但不同的是"雄霸共和国"可以直接掌握全球的交易信息和全部虚拟资产，可以单方面随时对其他政权发起核打击。"雄霸共和国"拥有其他国家无法反制的超级核武器，将会成为凌驾于其他政权之上的世界性政权。

在区块链经济的时代，哪个政权能够控制区块链，哪个政权就能拥有超越主权边界的权力，传统的以边界划分主权的威斯特伐利亚国际体系将消解并重构，新"教皇"将再次出现。

附录 A　推荐书目及解读

《比特币白皮书》

2008 年 10 月 31 日，中本聪在密码邮件组中贴出这份白皮书，从此一个去中心化的时代拉开了序幕。该文以学术论文的风格写就，全称是《比特币：一种点对点的电子现金系统》（*Bitcoin：A Peer - to - Peer Electronic Cash System*）。论文不长，十二节外加一个概要、一个引文列表，共计 3695 个英文单词。

文章的摘要直奔主题，点明本论文只解决在 P2P 环境下电子现金的双花问题。电子现金的安全，早在 20 世纪 90 年代乔姆便已用非对称加密的签名技术解决，而 P2P 环境下的双花则直到本文出现，方才大功告成。

在第一节"介绍"中，点明比特币的目的，是设计一个不需要依赖第三方信任的支付系统。

第二节"交易"则描述了交易签名机制，在交易之间形成链，也就是后来所谓的 UTXO 模型。

第三节"时间戳服务器"，介绍了包含交易的区块，由时间戳服务器标记时间后，通过哈希勾连成链。本节非常短，并未详细说清时间戳的机制。

第四节"工作量证明"，介绍了 PoW 机制，有了 PoW 机制，节点间便形成了分布式的时间戳服务器。哈希值找零竞赛、一 CPU 一票、最长链、难度调整等原理，在本节简单得以说明。

第五节"网络"，介绍了节点之间的网络协作机制，非常简单，离真正的协议很远。

第六节"激励"，介绍节点打包区块可获得比特币发行权，以及交易费。这是中本聪在 PoW 之外的另一个天才闪光点。

第七节"回收硬盘"，默克尔树在本节登场，轻节点成为可能。

第八节"SPV"，介绍在轻节点上，如何通过默克尔树验证交易。

第九节"合并与拆分交易"，介绍了比特币交易的"输入"与"输出"记录，与第二节的"交易"凑到一起，才是对 UTXO 机制的完整解释。

第十节"隐私"，介绍了中本聪"聪明地"，设计了一个隐私模型，即不要隐私，与 KYC 唱起了对台戏。这也就让比特币成为黑暗市场的宠儿。

第十一节"计算"，介绍了用统计学的方法，计算出比特币系统的安全性。

第十二节"总结"，总结全文，重点再说一下 P2P 节点的灵活性。

引文列表，共计 8 篇。戴维的 B－money 一篇、马西亚斯（H. Massias）时间戳一篇、哈伯（S. Haber）时间戳三篇、贝克（Adam Back）哈希现金一篇、默克尔（R. C. Merkle）默克尔树一篇、菲勒（W. Feller）统计学一篇。

比特币白皮书非常精简，但毫无漏洞，由此可以推断，中本聪在发表此文之前，对比特币的研究应该很久了，怕是代码都完成得差不多了。对于初学者来说，只看比特币白皮书，很容易摸不着头脑：每句话都懂，但为什么要这么设计呢？所以，要真的搞明白，还是要继续看更详细的说明、更详细的讲解，或者直接去看代码。

《精通比特币》

对于比特币学习者来说，不论你是小白，还是 10 年的程序员，《精通比特币》都是最好的教材。看完了比特币白皮书，一头雾水、一脸懵逼、一脑子毛线，抓起这本书后，会有一种六月天里喝冰水的爽快和通透。在网上搜了各种关于比特币的残破、凌乱、琐碎文章，如扎进了稻草堆，碰到这本书后，就会感叹，人家这本逻辑严密、深入浅出、条理清晰、娓娓道来的书，你们抄都抄不好。

作者安德里亚斯·安东尼奥普洛斯（Andreas Antonopoulos），看那奇怪的姓便知，他是希腊裔。他自小在英国长大，在伦敦大学读的计算机。毕业后他在开源领域做顾问。2012 年，碰上比特币后，痴迷此道，辞掉工作，成了一名比特币的"布道者"。网上有一张流传甚广的照片，安德里亚斯站在台前讲解比特币，台下偌大的会场只坐了三五个人，那是 2012 年比特币早期。安德里亚斯这样的人，才称得上是比特币信徒。信徒者乃目光如炬之人，早在愚众之前便已看到未来的方向。2017 年下半年，赶潮流号称比特币信徒的，那叫盲从。

《精通比特币》一书，很厚，图文俱佳，当前网络上科普比特币的文章，几乎都有抄袭该书的地方。

全书分为 12 章，8 个附录，共 408 页，只要想学比特币、区块链，那么就认真地读这本书吧。一个月时间不够，那就用两个月时间。

据称，安德里亚斯正在写《精通以太坊》，此书若出，以太坊的教材又要一统天下了。

《闪电网络白皮书》

约瑟夫·普昂（Joseph Poon）设计出了闪电网络，闪电网络的白皮书被视为比特币之后最重要的论文。闪电网络提出的"链下小额交易"思路，若成功部署，则可将比特币的效率提高到无上限。闪电网络才真正在逻辑上实现了 P2P，只是闪电网络依然要依赖比特币系统。

闪电网络的原理并不难懂，尤其是微支付通道，将比特币系统替换成银行后，那逻辑上的道理非常简单，无非是两人交易时互相提防，但到了 RSMC 与 HTLC，就有些烧脑了。

要真想从技术细节角度理解闪电网络，那比特币的原理就绕不过去了，只有懂了比特币系统，才谈得上理解闪电网络。因此，没看懂比特币白皮书与《精通比特币》两本书，想看懂闪电网络，那是没有希望的。

《以太坊白皮书》

V 神在写作上颇有才具，本来他就擅长语言，不论是编程语言还是人类语言，他连中文都能说。这一点上，他比中本聪强，中本聪明确表示自己不善于也不愿意写文档。比特币白皮书写得干巴巴的，每句话都是严谨的学术范儿。而以太坊白皮书读起来有血有肉，开篇甚至论了一阵子历史。以太坊白皮书中文字描述详尽、图示清楚、代码简单，认真读完真的就懂了以太坊的基本原理。

读以太坊白皮书，还会收获一个赠品，就是对比特币的解读。第一节的"历史"，近乎就是另一个版本的比特币白皮书，而且剖析得非常深刻，虽说讲解的是比特币，却与比特币白皮书没有一点相似之处。读了这一段，对比特币的理解能够深刻很多。其中，有大量对比特币的批评，尤其是针对比特币的UTXO 脚本系统。

以太坊虽然受比特币启发而来，有传承的关系，但以太坊的创新是非常全面的。以太坊白皮书中，对以太坊的账户体系、交易结构、状态机转换机制、虚拟机、货币体系及如何开发应用等进行了深入浅出的描述。若是对区块链已有一点了解，那么读了以太坊白皮书，是可以搞懂它的大概原理的。

《以太坊黄皮书》

盖文·伍德（Gavin Wood）是以太坊的创始人之一，当年他是 V 神的亲密小伙伴。盖文是英国人，在众多天才创业者当中，他是少有的几位读到了博士。计算机科学的本硕博，盖文科班功底深厚。毕业后，曾经为微软工作过一阵子，研究嵌入式，他颇为自豪地说，伦敦一家大夜总会的灯光控制系统就是出自他的设计。接触了比特币后，他对区块链技术开始感兴趣，并与 V 神开创了以太坊。以太坊 2014 年的第一个概念验证版本，全部出自他手。随后，他又创造了 Solidity 脚本语言，并写出了以太坊黄皮书。他离开以太坊后，又相继开发了 Parity 和 Polkadot，都是区块链领域中最前沿的技术。

以太坊的白皮书是轻松易懂、颇为亲人的，一改中本聪白皮书的学术范。然而盖文为以太坊写的黄皮书又变本加厉地找补了回来。以太坊黄皮书，当之无愧是区块链历史上最难懂的论文。黄皮书的第一个特点是没有图，全书一张图也没有。第二个特点是此文用的是英语与数学公式，密密麻麻的数学公式遍布全文。第三个特点是全文一段代码和伪代码都没有。第四个特点是全书 39页，16 页正文，23 页附录，附录中的数学公式和推导比正文还多。

程序员、工程师以及业余爱好者可以翻一翻此书，但没必要深究，据传全球懂得此文全部的不超过 100 人。

《数字黄金》

纳撒尼尔·波普尔（Nathaniel Popper）是纽约时报的记者，他负责的领域是金融与科技。他毕业于哈佛大学，是纯粹的文科生，这在本书的人物中委实罕见。2017 年他的第一本书——《数字黄金》出版，成为比特币及区块链领域第一本故事书。他在书中记录了从比特币诞生到 2014 年比特币开始走热的过程。书中的人物是真的，情节也是真的，细节上的描写也许有一些虚构，但整体来看很有纪录片的风格。

本书是写比特币的，但并未将比特币的发明作为重点，中本聪那点子情节讲完后，也就收场了。书的重点围绕比特币从默默无名到全球大热，以及比特币社区里的众人在这场大戏中的命运沉浮。例如，比特币"耶稣"罗杰·维尔、MtGox 门头沟创始人杰德·麦凯莱布、丝路网站的创始人罗斯等，一个个鲜活的人物围绕着比特币，书写着喜怒哀乐、爱恨情仇。

这是第一本关于比特币的故事书，也是唯一的一本。未来，关于比特币、关于区块链的故事还会有很多很多，相信这样写故事的书也会很多很多。

《区块链革命》

唐·塔普斯科特（Don Tapscott）是一个企业家，经营着自己的 Tapscott 集团。他还是作家、演讲家以及未来学家。在未来学家这个名头上，他与凯文·凯利是一类人。他们会写关于科技与商业未来发展趋势的看法，也未必有多深的技术，但对技术的理解却是足够的。主要的论述都是围绕着技术对世界的影响。

亚力克斯·塔普斯科特（Alex Tapscott）是唐的儿子，他所专注的领域近乎与唐重合，也算是子承父业。2016 年父子俩出版的这本《区块链革命》成了区块链入门的启蒙读物。本书并不是从技术角度讲解区块链，而是从应用、行业说起区块链对世界、对人们生活的变革。此书从封面到内容风格都颇像是陈列在机场书店最显眼的位置，或者摆在老板们案头的那种读物。书中当然不乏对区块链应用的探索，但最有价值的当是那些对世界以及某个国家或区域经济的案例及分析，显然，这些信息及数据都是花大价钱搜罗来的。另外，本书在写作过程中，据说采访了超过一百人。

非技术人员、产品经理、营销人员及老板们，读这本书吧。

《失控》

在互联网高端人群那个神秘的小圈子内，《失控》可谓最热门的读物。据传，微信掌门人张小龙就对其推崇备至，声称大学毕业生只要读过此书，他全都要了。中国区块链领域的教父级人物肖风老师，也对此书赞赏有加，在演讲中总要提及。上文介绍的《区块链革命》一书中，也以《失控》的内容为序。也不乏反面的声音，本书第 10 章中引用的网民的狂欢一书中，作者安德鲁对《失控》大加批评，认为凯文·凯利的那些理论，实在是把互联网搞得很平庸，很没有文化。

无论如何，作为一本未来学的著作，凯文·凯利对世界规律的总结，确实大开了一番脑洞。仔细品味，会发现其理论的精髓来自"进化论""分布式系统""自由社会及开放组织""随机性""人工智能"等已有的学说及观点，所以与其说是预言，其实算不上啦。真正的预言只有科学家才能做出。

凯文·凯利是作家、编辑、摄影家以及环保人士。他还有一个重要身份，与密码学界有着深厚的关系，他是《连线》杂志的创始人。密码朋克的广为世人所知，就是因为 1993 年一期《连线》杂志封面给了蒂姆·梅（Tim May）、埃里克·休斯（Eric Hughes）和约翰·吉尔摩（John Gilmore）。所以，凯文与密码朋克们也算是老朋友啦，在《失控》一书中给了乔姆、蒂姆·梅（Tim May）等人几个大幅的篇章。

在《失控》一书中，凯文·凯利颇为自信地总结了造物的九大规律。这种总结，模糊了科学与宗教之间的边界，很难说这九大理论属于哪个领域。凯文在书中说，去中心化的组织生命力大于中心化的组织，这句话也许对区块链从业者颇有鼓舞的作用。然而，人类历经了中心化组织有几千年，其中并不缺少中心化组织给人们带来的苦痛与折磨，中心化组织也常常运转失灵，但中心化组织的拥护者们，从未考虑主动放弃中心化，而去追求生命力更大的去中心化组织。中心化与去中心化，乃是价值观之争，组织生命力的长短并不在组织中人的考虑范围内。正如一块比萨，你若不吃，则比萨的生命力长久，你会不吃吗？

也许，非常巧合，世界的规律就是去中心化组织能存活得更长久。但那也不该是采取去中心化的理由，拥抱去中心化，是价值观上的热爱，并不因为功利性的衡量。

凯文在此书中列举了大量的人物和案例，你甚至可将此书当作一本科学与哲学的索引。通过此书，按图索骥，去寻找和阅读关于人工智能、生物、管理组织学等方面的专业书籍。

里程碑一般的科幻片——《黑客帝国》剧组将《失控》奉为圭臬，要求剧组成员都必须阅读。本书中提及的另一本书《人有人的用处：控制论与社会》，也是《黑客帝国》这部电影的思想之源。

《密码故事》

密码学历史悠久，已经历几千年，比之比特币这个新生儿，完全是祖宗一样的存在。《密码故事》也是一本故事书，但与《数字黄金》摆在一起，马上就能看出《密码故事》作者的科技功底了。作者西蒙·辛格（Simon Lehna Singh）是英国学者，在剑桥大学获得粒子物理博士学位。他的理科功底与文字才华，难辨哪边会占上风。在密码故事中，一方面，西蒙把数学、密码学讲解得深入浅出、清晰透彻，毫无疑问他对那些公式与原理理解深刻；另一方面，当述及人物、情节时，这位粒子物理学博士的文笔，一点不输给那些专业记者与历史学家。

很难说《密码故事》这本书到底是一本故事书，还是科普书，或者将之称为科技史更合适。从公元前 5 世纪的希波战争所用的隐文术到恩格玛密码机，从对称加密到非对称加密，他用如椽之笔一边如上课般讲技术，一边如评书般讲故事。大段大段的数学原理，西蒙讲起来非常轻松，令人钦佩不已。而此书的结构也颇具匠心，并未如流水账那样按一二三的顺序讲，而是按照密码学的发展阶段构思成章，在独立的章节中将密码学技术、宏大的历史背景、与密码相关的人物命运，编织成了经纬纵横、图色绚烂的画卷。

区块链的基础之一就是密码学，非技术人员想了解密码学，那么这本书兼顾了技术与历史故事，当之无愧是最好的读物。西蒙通过这本书，也树立了一个典范，告知后人在技术领域如何写出通俗易懂的故事来，如何写出如武侠小说般的科技史。

本书中文版也一样值得称赞，在译作中，尤其是科技类译作中，从语言上论，无疑是超一流的水准。科技类译作之制作粗糙近乎已成惯例，读者们见惯不怪那些佶屈聱牙、词句不通的大厚书了，逼得技术人员只能自己学好英语。本书则是个例外，不论是译者还是编辑，水平皆让人惊喜。

《密码学基础》

这本书就完全是技术人员、理工学生们的课本了，对普通读者那是一点情面也不给的。若要深入研究密码学，想把这个领域的数学原理、函数、证明搞个明白，本书就是最好的教材。书中涵盖了加密机制、概率论、计算模型、单向函数、随机数发生器、零知识证明、计算数论等内容。对于理工科的大学生而言，这也应该是两个学期的课程。

本书的作者是戈德里克（Oded Goldreich），他是以色列魏茨曼科学研究所的教授，也是数学、密码学领域的大师。在伪随机数、零知识证明、计算复杂性这几个领域成果丰硕。戈德里克还不是图灵奖的获得者，但其地位与学术水准，已在竞争图灵奖的层次。

再说一点八卦，戈德里克教授与本书前面提及的 ECC 发明人尼尔·科布利茨（Neal Kloblitz）教授一向有些过节，二人隔空有一些骂战。科学家之间的对战就是从学术上互相批评，在论文中扫一下对方。二人之间的争论起因是对"随机预言机"的观点不一致，科布利茨对随机预言机很有信心，而戈德里克则试图弱化它。戈德里克教授是 Journal of Cryptology 杂志的主编之一，于是他阻拦科布利茨的论文在该刊发表。

《真名实姓》

弗诺·文奇（Vernor Vinge）是美国圣地亚哥大学的数学及计算机教授，他还是科幻小说作家，非常成功的那种，获得过三次雨果奖。他的科幻小说《真名实姓》是密码朋克们最爱读也是他们讨论最多的小说。《真名实姓》中把网络空间、网络虚拟世界描写得让人如临其境，且情节惊心动魄，其中涉及人工智能、虚拟现实、脑机接口、大数据处理等领域的技术。尤其在大数据处理上，为人们展现了一幅恢弘的场景。时至今日，大数据处理技术离书中所写，差距尚远。

文奇教授是第一个提出"网络空间"概念的人，所以，他描写的网络世界宛若真实。人们早晚都要接受这样的概念，现实世界之外，网络的世界正徐徐展开在人们的面前，很难逃避，网络像一个有着巨大引力的黑洞，将人们吸引进去，里面的世界更加奇幻，更加自由。文奇的书中有对伦理的讨论，同时也入木三分地刻画出了密码朋克们的性格特征，他们都只是热爱自由，却心地善良的好人。"滑头先生"（日本的一种妖怪，源于日本民间传说中的客人神）如上帝般拥有了全球的数据权限，他也就主宰了虚拟与现实两个世界，但他放弃了这天神般的权力，他说"到头来咱俩还不如人类组成的现存政府。这些事你下不了手，我也一样"。这句话也完全可以送给中本聪，他完全可以掌握比特币系统的全部权力，但他放弃了；他拥有百万枚比特币，富可敌国，他放弃了。也许中本聪也对自己说过："这些事你下不了手，我也一样。"

毫无疑问，中本聪在使用英语以隐藏身份这个花招上，模仿的是《真名实姓》中的大魔头"邮件人"。《真名实姓》是一本非常引人入胜的科幻小说，捧起来一气读完，但读完后，你会掩卷深思。

《区块链：从数字货币到信用社会》

本书对于初入区块链领域的人来说非常合适。比特币历史、区块链原理、区块链技术及其带来的应用、相应的法规监管都有所涉及。

在众多区块链领域的书籍中，本书的内容精良、语言流畅，可以看出不论是技术方面，还是非技术方面，作者是在有了深刻理解后，才一字一句写出来的。

《区块链项目开发指南》

在开发工作中，参照一本厚厚的手册进行编程，已是 20 年前的历史。今天，程序员都是在 GitHub、StackOverflow 上查找自己需要的资料，但讲解技术细节类的书籍还是有其作用的。对于程序员而言，一本全面而有条理的书，比之网络上的超文本，更容易把握整体结构。另外，认真编纂的书籍的内容质量还是要优于网络共享文字的。

要学习以太坊开发的读者可以参考本书。

附录 B 人物及时间表

图灵

图灵（1912 年 6 月 23 日—1954 年 6 月 7 日），英国数学家、计算机学家、逻辑学家、哲学家、理论生物学家。他是公认的计算机理论之父，也是人工智能之父。国际计算机协会（ACM）于 1966 年设立的图灵奖，便是致敬图灵。据传，苹果公司的那个咬了一口的苹果，也是为了纪念图灵，因为图灵是自杀身亡，他吃了含氰化物的苹果。在最后的日子里，这位人类历史上最伟大的灵魂，在各种肉体与精神的折磨中煎熬，他是一名同性恋，而在那个时候，英国的社会及律法对同性恋都异常严酷。2013 年英国司法部代表国家向图灵致歉，英国女王为其送上赦免。

1931 年，图灵考入剑桥大学国王学院；

1939 年，进入布莱切利庄园，参与对德国恩格玛密码机的破解工作；

1945 年，在国家物理研究所开始通用计算机的研制工作，并设计出真正的通用计算机模型；

1950 年，发表论文《计算机和智能》（"Computing machinery and intelligence"），同年发表《机器能思考吗》（"Can Machines Think?"）一文，为此他成为人工智能之父，图灵测试之后家喻户晓；

1952 年，因为一起盗窃案，图灵的同性恋身份为公众所知，他陷入法律与治疗的重重麻烦之中；

1954 年 6 月 7 日，图灵自杀身亡。

惠特菲尔德·迪菲

惠特菲尔德·迪菲（生于 1944 年 6 月 5 日）称得上非对称加密的开山鼻祖级人物，是他最早提出了非对称加密的可能性，为密码学的发展指明了方向。他与马丁·赫尔曼教授一道发明了 DH 算法，虽然不是非对称加密，但解决了对称加密技术中密钥的传递问题，从此密钥传递可以远程明文交付。DH 算法称得上非对称加密的前身。惠特菲尔德·迪菲性情磊落洒脱，不拘泥陈规，不论形象还是为人都是神仙一般，在密码学界为众多学者们推崇。

虽然是鼻祖级的人物、早已出现在历史书中，但他依然活跃在密码学界，甚至为区块链项目摇旗呐喊。2018 年他受聘成为浙江大学全职教授，出任网络空间安全研究中心荣誉主任。

1961 年，迪菲进入麻省理工学院，专业是数学，在这里他接触到计算机编程；

1969 年，迪菲进入斯坦福人工智能实验室工作，成为研究程序员，由此开始对加密学产生兴趣；

1974 年，迪菲离开斯坦福实验室，开始独立研究，尝试解决密钥传送问题；

1974 年，迪菲在 IBM 研究院总部听闻马丁·赫尔曼也在研究密钥传送，他毫不迟疑，立刻登门拜访赫尔曼教授，二人相见甚欢；

1975 年，迪菲成为赫尔曼的一个研究员，共同研究密钥传送问题；

1976 年，迪菲与赫尔曼发表《密码学的新方向》一文，DH 算法诞生，也为下一步 RSA 的出现提供了理论基础；

1991 年，迪菲加入 Sun Microsystems 实验室，担任杰出工程师，从事密码学的公共政策方面工作；

2015 年，迪菲与马丁·赫尔曼一道，因 DH 算法以及在非对称加密学上的贡献，获得图灵奖；

2018 年，迪菲加盟浙江大学。

马丁·赫尔曼

马丁·赫尔曼（生于 1945 年 10 月 2 日）斯坦福大学教授，密码学界大师，非对称加密算法的鼻祖。他与惠特菲尔德·迪菲一道发明了 DH 算法，开启了非对称加密的大门，直接导致了之后 RSA 的诞生。他与惠特菲尔德共同写下的《密码学的新方向》一文是划开密码学历史的一道闪电，从此一个新时代开始了。马丁·赫尔曼不仅是密码学家，也是一个社会活动家。他参与反对核武器的活动，为保护公民的隐私而发声，甚至关心如何构建和谐家庭，为此与妻子合作写了一本书。

1966 年，赫尔曼从纽约大学本科毕业，专业是电子工程；

1969 年，赫尔曼从斯坦福大学获得硕士与博士学位，随后留校担任助理教授；

1975 年，招收惠特菲尔德为研究员，二人共同研究密钥传送问题；

2015 年，与惠特菲尔德一道获得图灵奖。

拉尔夫·C. 默克尔

拉尔夫·C. 默克尔（生于 1952 年 2 月 2 日）是计算机科学家，但他并未获得图灵奖，这于他并非遗憾，因为是他主动推辞了获此殊荣的可能。他参与了 DH 算法的研发，实际上应当是三个人的工作，只是他认为自己的贡献不大，于是坚辞不冠名，否则的话，DH 算法就是 DHM 算法了。他也因此推辞了 2015 年的图灵奖。但他在密码研究上非常深厚，他在大学时就设计了 Merkle Puzzles 算法，可以用对称加密技术在开放环境下交换密钥。在对称加密技术的应用上，他可算是登峰造极了，该算法也确实具备在开放环境下有效交换密钥的可能。1978 年，默克尔与赫尔曼共同发明了 Knapsack Crypto System 算法，这个算法非常类似 RSA，也属非对称加密。默克尔最广为人知的成就乃是默克尔树（Merkle Tree），这棵树因为区块链而名扬天下，但凡稍懂区块链技术之人必然能够流利说出这棵树的名字。后来他的兴趣转到分子制造业，并因此获得费曼前瞻研究奖。

默克尔近些年投入一部分精力到人体冷冻法的研究中，他为人体冷冻法布道，期待已无呼吸的人们能在未来醒来。他是 Alcor Life Extension 基金会的理事，而伟大的哈尔·芬尼就是在这家基金会冷冻长眠的。

1974 年，默克尔发明了 Merkle Puzzle 算法，那时他还是一个本科生；

1977 年，默克尔在加州大学伯克利分校获得计算机硕士学位；

1979 年，默克尔于斯坦福大学获电气工程博士学位；

1979 年，发明默克尔树数据结构；

1988 年，担任 Xerox PARC 的研究科学家；

1998 年，因为其计算机建模用在分子制造业的成绩，获得费曼前言研究奖；

2000 年，获得 RSA 奖；

2003 年，出任乔治亚理工学院的杰出教授。

RSA（Ron Rivest，Adi Shamir，Leonard Adleman）

RSA 算法是第一个非对称加密算法，至今依然广泛应用于计算机与互联网领域。RSA 由麻省理工学院三位科学家发明，这三位科学家为此获得 2002 年的图灵奖。然而三位大师的成就并不限于 RSA 算法，他们中每一个人的研究，都是硕果累累。RSA 算法发表于 1978 年。

罗纳德·李维斯特（Ron Rivest）（生于 1947 年 5 月 6 日），在麻省理工学院任教授。在电子工程与计算机及人工智能两个领域均有涉猎。李维斯特本科毕业于耶鲁大学，博士学位是由斯坦福大学授予的，之后在麻省理工学院任教，算是走遍名校了。

他的成果，除了 RSA，还有对称加密算法 RC2、RC4、RC5。广为人知也广为应用的哈希算法 MD 系列也出自他手。他还写了一本教材《算法导论》，这是所有计算机专业学生的必读教材。

1969 年，于耶鲁大学本科毕业；

1974 年，于斯坦福大学博士毕业；

1987 年，发表 RC2；

1989 年，发表 MD2；

1991 年，发表 MD5。

阿迪·萨莫尔（Adi Shamir）（生于 1952 年 7 月 6 日）只在麻省理工学院工作了短暂的 3 年，那是 1977 年到 1980 年，他参与了发明 RSA 算法。萨莫尔先生是以色列人，硕士与博士都在魏兹曼学院。萨莫尔还发明了 Shamir 秘密分享算法，并破解了默克尔—赫尔曼的 Knapsack 算法。

1973 年，本科毕业于特拉维夫大学；

1977 年，博士毕业于魏兹曼大学。

伦纳德·阿德曼（Leonard Adleman）（生于 1945 年 12 月 31 日）是南加

州大学教授。他从小在旧金山长大，在加州大学伯克利分校读书，后在电子工程（EECS）专业获得博士学位。他是美国国家工程学院及科学院双料院士。在参与发明了 RSA 算法后，他的兴趣转移到了 DNA 生物计算机，并开创了DNA 计算学科，他也是首个在真实环境下运行 DNA 计算机解决数学问题的人。伦纳德·阿德曼涉猎如此之广，在免疫学、数学、分子生物学，乃至艾滋病研究上都有贡献。

1968 年，本科毕业于加州大学伯克利分校；

1976 年，博士毕业于加州大学伯克利分校；

1994 年，发表 DNA 计算论文。

大卫·乔姆

大卫·乔姆（David Chaum）（生于 1955 年），在非对称加密学的应用上是当之无愧的鼻祖，是他做出了最早的非对称加密货币应用。大卫·乔姆在数学算法上也成就非凡，发明了盲签名技术。应用自己的算法理论，他做出来的应用包括 Mix、eCash 以及最近的 PrivaTegrity。今天的 Token 热潮，人们若要认一个 Token 之父的话，那么非乔姆莫属。他还是一位自由主义者，其所有的科研都是为了保护公民隐私。他写过一篇题为《非实名的安全：打倒老大哥的交易系统》的文章，从文章的名字便可看到他的倾向。也因为热爱自由，所以他从美国移民荷兰。大卫·乔姆在加密学上的成就是如此之大，现代加密学上的重大课题，他几乎都有涉猎，列全他的论文都是一件很难的事。

1979 年，提出将密钥分成几个部分的建议，是"密钥分享"的前身；

1981 年，发表论文，对 Mix 数据网络提出了匿名通信网络的概念，是 Tor等加密通信工具的前身；

1982 年，大卫·乔姆博士毕业于加州大学伯克利分校；

1982 年，发表盲签名论文；

1985 年，提出数字证书算法；

1988 年，实现基于盲签名的 eCash 系统；

1988 年，提出零知识证明；

1990 年，创立 Digi Cash 公司；

1991 年，发表群组签名协议；

1994 年，发表关于投票的系统思想；

1999 年，离开 Digi Cash 公司；

1993 年，参与提出了"测距通信协议"，这是 RFID 的理论基础；

2011 年，发表随机抽样选举思想；

2016 年，发布 PrivaTegrity 隐私保护通信系统。

莱斯利·兰伯特

莱斯利·兰伯特（生于 1941 年 2 月 7 日），数学家、计算机学家，2013 年图灵奖获得者。他开创了分布式系统这样一个学科，并在此领域中建树巨大。除了在分布式领域的丰硕成果，他还开发了一个文档编辑系统 LaTeX。今天，不论是计算机的 CPU，还是云计算系统，都广泛地应用莱斯利·兰伯特所发明的算法。是他最早定义了逻辑时钟，在计算机的分布式体系环境下，能够就事件顺序达成一致。也是他提出了拜占庭将军问题，用易于理解的场景提出了不可信的分布式环境下计算机节点通信问题。他设计了 BFT 及 Paxos 算法，至今 Paxos 算法依然是分布式领域中最重要的算法。他还设计了时态逻辑语言 TLA。

1960 年，本科毕业于麻省理工学院；

1972 年，博士毕业于布兰迪斯大学；

1978 年，发表论文《时间、时钟和分布式系统中的事件顺序》；

1979 年，发表论文《如何在多处理器的计算机中正确执行多线程程序》；

1982 年，发表论文，提出拜占庭将军问题；

1988 年，写出论文《兼职议会》，提出了 Paxos 算法；

1994 年，发布 TLS 语言；

1998 年，发表 Paxos 算法论文；

2013 年，获得图灵奖。

尼尔·科布利茨

尼尔·科布利茨（Neal Koblitz）（生于 1948 年 12 月 24 日）是 ECC 椭圆曲线算法的发明人，ECC 算法是比特币等区块链中广为应用的非对称加密算法。在 RSA 之后，ECC 算法是更优的一种非对称加密算法，当然 ECC 比 RSA 更难理解一些。尼尔·科布利茨是非常纯粹的数学家，他热爱数学，对数学有着敬畏之心。他是华盛顿大学的教授，还在加拿大滑铁卢大学任密码学研究中心的主任。尼尔·科布利茨反感学者们追求金钱，认为这影响了学者们的研究。尼尔·科布利茨非常反对 NSA 的国家主义，尤其反对将数学分为美国人的数学和非美国人的数学，尼尔·科布利茨认为数学是最为国际化的学科。国家主义和沙文主义兴起，只能说明 NSA 的金钱已让数学家们腐败了。尼尔·科布利茨对 DH 发明者迪菲非常认可，认为他是杰出的、不落俗套的自由主义者。

1969 年，本科毕业于哈佛大学；

1974 年，博士毕业于普林斯顿大学；

1975 年，加入哈佛大学任讲师；

1979 年，加入华盛顿大学任教授；

1985 年，发表论文提出 ECC 算法。

斯图尔特·哈伯

中本聪的白皮书中提及最多的论文就是出自斯图尔特·哈伯（Stuart Haber），他是计算机学家，主要的成就在于电子文档的时间戳问题，用来验证电子文档的正确性。他于 1991 年发表论文《如何为电子文档盖上时间戳》，其中提出的前后文档之间通过哈希链接，实质上构成了区块链。虽然中本聪的比特币有很多技术上的传承，但从结构上来说，斯图尔特·哈伯的文档时间戳技术乃是比特币区块链最直接效仿对象。

1979 年，本科毕业于哈佛大学；

1986 年，博士毕业于哥伦比亚大学；

1991 年，发表论文《如何为电子文档盖上时间戳》（How to Time – Stamp a Digital Document），合作者是斯托内塔（W. Scott Stornetta）。

菲利普·齐默尔曼

菲利普·齐默尔曼（Philip Zimmermann）（生于 1954 年 2 月 12 日）在非对称加密技术所引起的第一波应用浪潮中，菲利普无疑是最耀眼的中心，他所开发的 PGP 邮件火爆一时，至今仍有众多用户。基于非对称加密技术的 PGP 邮件客户端让没有强大计算机的普通民众也可以享受坚不可摧的加密通信。如同密码朋克们所说的那样，每个人都可以在网络上建筑自己的秘密王国。菲利普·齐默尔曼的 PGP 邮件客户端着实引发了一大波加密通信的热潮，密码朋克小组的邮件便用的是 PGP，至今在某些大牛的个人网页上，依然可以看到他们留下自己的邮件地址，后跟一个 PGP 公钥。菲利普·齐默尔曼开发 PGP 邮件项目所招聘的第一个员工，乃是哈尔·芬尼，英雄们一时风云际会。但齐默尔曼的英雄之处并非开发了一个软件，他直面美国政府的诉讼，并为了加密技术民用化、全球化，冒着坐牢的风险，将 PGP 软件公开上传到互联网上供全球用户下载，他为此顶着压力打了四年官司，几乎一直是活在监狱的边缘。最终，美国政府部门撤诉，PGP 及密码学的应用开始在全球遍地开花。

1978 年，齐默尔曼计算机本科毕业；

1991 年，开发出第一版的 PGP 邮件客户端；

1993 年，RSA 安全公司诉 PGP 侵犯专利；

1993 年，美国政府机构调查并起诉 PGP 违反高级密码技术不许出口的法规；

1996 年初，美国政府机构放弃起诉 PGP，齐默尔曼成立 PGP 公司。

蒂姆·梅

蒂姆·梅（Tim May）早年在英特尔公司任首席科学家，在芯片技术上颇有成就，他解决了芯片上的"Alpha 粒子问题"。他是密码朋克运动的主要发起人之一。至今，尼克·萨博、戴维等人只要演讲，都还要提及他。密码朋克小组成立后，他作为最主要的发起人设立了密码邮件组，汇聚了天下的密码英豪，做出了很多技术上的发明，在争取公民隐私自由和政治权利上也是影响巨大，成果丰硕。

1992 年，成立密码朋克小组；

1993 年，发起密码邮件组；

1993 年，蒙面出现在知名 IT 杂志《连线》（*Wired*）的封面，塑造了密码朋克的神秘形象。

埃里克·休斯

埃里克·休斯（Eric Hughes）是蒂姆·梅的伙伴，他们一起成立了密码朋克小组，是他创建密码邮件组，并使用了邮件转发技术，让邮件无可追踪来源。他在密码朋克宣言中，声称"密码朋克们会自己写代码来保护隐私"。1993 年在《连线》（*Wired*）杂志的封面照片上，休斯是三位蒙面密码朋克之一。

1992 年，成立密码朋克小组；

1993 年，发起密码邮件组；

1993 年，发表《密码朋克宣言》，并登上《连线》杂志的封面。

蒂姆·伯纳斯·李

蒂姆·伯纳斯·李（Tim Berners-Lee）（生于 1955 年 6 月 8 日）是万维网之父，一个人发明了 HTTP 协议、第一款 Web 服务器、第一款 Web 浏览器，在 TCP/IP 的互联网上，他建起了万维网的华屋广厦。没有他，也许互联网还只是机器之间通信的工具；有了他，互联网成了人类的乐土。为了感谢他的成就，2004 年英国女王授予他爵位。他至今还在牛津大学任教授，兼任麻省理工学院的教授。他一直在为万维网联盟工作，任职主任，亲自监控万维网，并持续参与万维网标准的开发。虽然万维网是他一人的伟大成就，然而上一代互联网协议的公开性与开源性并没有赋予他巨额的财富。

1976 年，大学本科毕业；

1980 年，加入欧盟核研究组织 CERN，任研究员，开始研究超文本协议；

1989 年，发表 HTTP 协议，并开发出 ENQUIRE 系统，其中包括 Web 浏览器、编辑器、Web 服务器 CERN HTTPd；

1994 年，在麻省理工学院成立 W3C；

2004 年，英女王授予爵位；

2009 年，发起万维网基金会；

2017 年，获图灵奖。

亚当·贝克

亚当·贝克（Adam Back）（生于 1970 年 7 月）英国人，密码朋克中的老手，真正的极客，程序高手，他曾经是密码邮件组中的活跃者，曾以三行 Perl 代码实现了 RSA 算法，印刷在体恤衫上，以抗议美国政府对密码学的垄断，这足证他的技术功底是多么深厚。他发明了哈希现金（Hashcash）用作垃圾邮件防范，比特币 PoW 沿袭了哈希现金的思路，开创了用算力换取信任的这一大波技术浪潮；今天比特币矿机消耗电力，其始作俑者乃是哈希现金。中本聪有了比特币的主意后，联系过亚当·贝克，也是亚当·贝克将其推荐给戴维。但从后来推测，亚当·贝克对中本聪的比特币思想，并未产生兴趣，我们找不到亚当·贝克对其表态的文献。到了后来比特币已经站住了脚，亚当·贝克才开始加入比特币的社区，并成立了 Blockstream 公司，将众多比特币核心开发者纳入账下，并推出了"隔离见证""闪电网络"，以及"侧链"等改进比特币的技术。

1996 年，博士毕业于英国埃克塞特大学；

1997 年，发明哈希现金的概念，发表论文 "Hashcash – A Denial of Service Counter – Measure"；

2008 年，收到中本聪的邮件（具体时间不明），他推荐中本聪去找戴维，当时他对比特币并不热心；

2014 年，成立 Blockstream 公司，进入比特币与区块链研究领域。

戴维

戴维（Wei Dai）是密码朋克中唯一的华人，风格低调、不喜社交，技术精深，在密码朋克中也是地位极高。他自小离开中国，移民美国，其父也是技术高手，赴美后开发出软件产品，并成功将公司卖给微软。据传其父后位居微软高层，曾陪同比尔·盖茨首次来到中国。戴维毕业于美国华盛顿大学，数学与计算机功底俱佳，他曾经为微软工作过。中本聪发表白皮书之前，曾经联系他，二人通了三封邮件。戴维在大学期间，便发表了《去中心化电子货币系统 B – money》（B – money, an anonymous, distributed electronic cash system）论文，该论文中清楚地描述了在 P2P 环境下电子货币的运作机制，以及电子合同如何运行。中本聪之所以联系他，便是为了告诉他，比特币系统实现了 B – money 的所有思想。戴维在密码学领域的贡献并不限于此，他是 Crypto + + 库的开发者，比特币以及众多计算机软件、互联网，都应用 Crypto + + 库。

虽然中本聪向他致敬，但戴维认真地否定了，声称自己的思想对比特币并无影响。区块链已成显学，戴维作为地位尊崇的先行者，却依然潜心技术，并不四处演讲、宁静淡泊，真有先生之风。

1998 年，毕业于华盛顿大学；

1998 年，发表 B – Money 论文。

尼克·萨博

尼克·萨博（Nick Szabo）也是一位中本聪的候选人，江湖上盛传他就是中本聪，从其在密码朋克中的地位、开创性的 BitGold 思想、在区块链与智能合约领域的建树，都让他够格成为中本聪。然而尼克·萨博自己否认了，而且他并不用 C + + 语言，这个编程技术上的差异也足以证明他并非中本聪。尼克·萨博是一个跨领域的学者，对计算机、密码学、法律、经济都有很深的造诣，他的论文往往纵横捭阖，在各个领域跳跃。智能合约是他在 1997 年便已提出的思想，在今天已成区块链应用的标准名称。今天区块链行业所做的应用，尼克·萨博在 20 年前便已近乎全部提出，包括虚拟货币、资产描述、物联网、版权、存证等，都可以在他的论文中找到理论。从理论的角度，他一人便已建设了去中心化技术的高楼大厦。

1989 年，毕业于华盛顿大学，获得计算机科学学位；

1994 年，发表论文《智能合约：数字市场的基石》；

1998 年，发表关于"比特黄金"的论文。

肖恩·范宁

肖恩·范宁（Shawn Fanning）（生于 1980 年 11 月 22 日）发明了 P2P 协议这种技术，为计算机领域的架构与通信方式，开创了新的世界。当他还是美国东北大学的学生时，便已为技术创新的冲动所激荡，他退学了，全心开发 P2P 音乐共享软件，1999 年，Napster 推出，一时风行，成了人们分享音乐的平台。然而，这种侵犯版权的行为，立即被美国唱片联盟告上法庭，Napster 从诞生起便官司缠身，短短存活了 3 年，但发展了几千万用户，在那个时代可谓爆炸式增长。

1999 年，开发出了 Napster，这是第一个流行起来的 P2P 文件共享平台；

1999 年，美国唱片联盟发起对 Napster 的诉讼；

2001 年，Napster 关闭。

肖恩·帕克

肖恩·帕克（Sean Parker）（生于 1979 年 12 月 3 日）是典型的黑客、极客，7 岁开始学编程，曾因为入侵军方网站，而被 FBI 追踪，因为年轻，被判社区劳动。1999 年他为范宁的 Napster 所吸引，加入团队，成为合伙人，成功将 Napster 做成一款具有历史开创性的产品。他的辉煌并不停留在 Napster，后来他又被另一个产品 Facebook 吸引，加入 Facebook，成为扎克伯格的合伙人，并任 Facebook 总裁。肖恩·帕克聪明、眼光极准，为人却颇为任性，常有争议事件为人诟病。

1999 年，发布 Napster 软件；

2002 年，推出了 Plaxo 软件；

2004 年，加入 Facebook，并任总裁。

哈尔·芬尼

哈尔·芬尼（Hal Finney）（1956 年 5 月 4 日—2014 年 8 月 28 日）已经去世，他因渐冻人病而于 2014 年离世，他加入了人体低温储存计划，期待自己的身体在未来能被唤起。哈尔·芬尼是中本聪之外第一个运行比特币客户端的人，接受了一笔来自中本聪的十个比特币，他自己挖掘了几千个比特币，并且给中本聪提了不少建议。哈尔·芬尼还是密码邮件组中第一个对比特币提出赞许的人，他慧眼如炬，看出了比特币的价值。其实，早在比特币出现之前，哈尔·芬尼自己就开发过成功的虚拟货币，他在哈希现金的基础上，开发出了 RPoW（可重用的工作量证明）。虽然还是用来作垃圾邮件防控，但已经有了货币的概念，从理念上非常靠近比特币了。在此之前，哈尔是 PGP 邮件开发团队的第一个程序员，是菲利普·齐默尔曼的首个雇员。在密码朋克小组中，他地位很高，是资深的密码专家，与尼克·萨博、戴维都有联系。

他是一个优秀的程序员，也是一个密码学家，而且，他是一个拥有优美灵魂的人，过着简单的中产生活，性情温和忍耐，厄运临之依然镇静自若。

1979 年，本科毕业于加州理工学院；

1990 年，加入 PGP 公司，参与软件的开发；

2004 年，开发出 RPoW 软件；

2009 年 1 月，运行比特币客户端，并接受一笔来自中本聪 10 个比特币的转账；

2014 年 8 月，哈尔·芬尼去世。

中本聪

网络给人们带来了无限丰富的信息和光速的沟通方式，然而网络也让人逃无可逃。这也是密码朋克们立志要解决的问题：网络上的公民隐私权。中本聪无疑是密码朋克中的一员，虽然他匿名，虽然他的真实身份可能并非知名的大师，但是他对于密码朋克这个民间运动，对于非对称加密技术的历史，对于计算机技术、互联网、经济学都是一个划时代的人物。假设他是一个人的话，他在 2009 年将众多领域划开成为两个世界。

中本聪在 2008 年到 2011 年的三年间活跃在密码邮件组和 P2P 论坛两个社群中，从他留下的信息得知，他是日本人，住在日本，1975 年 4 月 5 日生，但谁也不会相信这些是真信息，包括生日都是颇具解读空间的暗喻。中本聪的英文非常标准，是英国的语法，然而这太像《真名实姓》小说中的剧情了，他是借来的伎俩。人们只能肯定，他精通密码学、C＋＋语言、经济学，不论是在算法上，还是在计算机程序实现上，他水平都极高。根据他的论文风格、代码风格，人们推测他是一位学院派，也就是学校中的研究者，而非工程领域的程序员。可以肯定的是，他是自由主义者，对强权政府和当前的金融体系，有着很强的敌意。比特币就是他用技术对那些让他反感的秩序一次精准的打击。在比特币和区块链中，技术有着鲜明的价值观。

中本聪在技术上的成就，在于将非对称加密结合了 PoW，解决了虚拟货币在 P2P 环境下的双花问题。而 PoW 机制是解决分布式系统一致性的创新方法，一改过去科学家们在拜占庭问题上的传统，不拘泥于算法，而是从博弈学、心理学、经济学等思想出发，独辟蹊径，走出了一条在开放环境下不限量节点间达成一致的机制。而在经济学上，中本聪的比特币实现了无需中心化信任的虚拟货币，并且虚拟货币的发行机制巧妙地与记账竞争的激励结合在一起，其灿烂的天才在此点上显露无遗。中本聪如神龙一般见首不见尾，正如他留言所说："我们都是中本聪。"（"We all Satoshi"）真正的去中心化的拥护们不必期待中本聪真人现身，该期待的是，他的下一个成果会是什么，他离开时说过："我已经搞别的去了。"但愿，有一天，人们能够读到中本聪的"别的"论文。

1975 年 4 月 5 日，中本聪诞生（假的信息）；

2008 年 8 月，发送第一个邮件给戴维；

2008 年 10 月 31 日，在密码邮件组中，发表比特币白皮书；

2009 年 1 月，在 SourceForge 上发布比特币客户端；

2011 年 4 月，中本聪在比特币社区论坛发布最后一个公开的帖子，声称"我已经搞别的去了"，就此销声匿迹。

盖文·安德森

盖文·安德森（Gavin Andresen）是中本聪的继任者，中本聪很早便将比特币的开发权交予盖文·安德森。在接触比特币之前，盖文就是一个程序员，搞过 3D 软件，也搞过网络电话，他毕业于普林斯顿大学，但他并未加入什么大公司，也并未创业。盖文是个对生活容易知足的人，他也没有什么政治倾向，比特币之所以吸引他，是因为去中心化技术实现上的高明与优美。于是，他行动了，立刻写邮件给中本聪，帮助他写代码解决问题，很快他就成了中本聪之外第一个可以改动代码的人。为了推动比特币的流通，盖文花了 50 美元买了 1 万枚比特币，然后在网站上赠送给注册的人，以期推广比特币。中本聪离开后，他就手握比特币开发的权柄，成为主持者，后来成立比特币基金会，他任首席科学家。2016 年盖文从比特币首席开发者的位置上离开。

1988 年，本科毕业于普林斯顿大学；

2010 年，接触比特币，很快成为比特币开发者，并接手中本聪的位置；

2012 年，参与创立了比特币基金会，并任首席科学家；

2014 年，不再担任比特币首席开发者。

维塔利克·布特林

维塔利克·布特林（Vitalik Buterin）（生于 1994 年 1 月 31 日）是以太坊的创始人，少年天才，从精神和事业上，乃是中本聪之后区块链领域的领袖。他出生在俄罗斯，后随父亲移民加拿大，其父也是计算机从业者。维塔利克从小便显示出不凡的天赋，在小学与中学都是天才班中的佼佼者。他热爱广泛，包括编程、数学、经济学、语言，其天赋覆盖之广，令人惊异。他刚一接触比特币，便为其深深吸引，虽然他年轻，并未参与到密码朋克的运动中，但他自己开办了一个杂志网站，用来报道比特币。他本身就是一个优秀的写手，写了很多关于比特币技术的文章。因为热爱比特币，他在滑铁卢大学只读了一年便退学，专心研究比特币与区块链。2013 年开始筹划区块链技术开发，2014 年发表以太坊白皮书，并发起 ICO，42 天内融了 31000 枚比特币，时价 1800 万美元。2016 年以太坊上线，成为区块链应用开发的母平台，近乎 90% 的智能合约与 Token 运行在以太坊上。Vitalik 由此被称为 V 神。

2000 年，随父移民加拿大；

2011 年，随其父接触到比特币；

2012 年，创办比特币杂志，亲任主编；

2013 年，发表以太坊白皮书并发起 ICO；

2014 年，从滑铁卢大学退学。

BM（丹尼尔·拉里默）

BM 在区块链领域是一位非常特殊的大师，他连续主持了三款区块链产品，绝对无人能比。这三款区块链分别是 Bitshare、Steemit 和 EOS，这三款产品除了 EOS 刚刚上线，其他两款运行良好。BM 真名为丹尼尔·拉里默，BM 是他网名 ByteMaster 的缩写。中本聪在论坛上说过一句话，流传甚广，他说："如果你不相信我，或者你没理解我的话，我没有时间去说服你，抱歉。"中本聪这句强硬的话，怼的就是 BM。BM 出生在一个工程师家庭，其父是波音工程师，虽然 BM 自小并没有天才的光环，但小学就开始编程，这也是家学渊源。BM 结婚后，与妻子育有两个孩子，但夫妻并不和谐，他们进入了麻烦的离婚诉讼程序。漫长的官司让 BM 开始质疑当前社会的权利与秩序，他投入了自由主义的阵营，成了自由市场的忠实信徒。2009 年比特币出现，吸引了 BM，他认为有一个去中心化的货币，是保护自由市场的必要步骤。2013 年，BM 开始了自己的创业之旅。他独创发明的石墨烯共识算法，是他三款产品的核心；他的方法理念迥异于 V 神，他渴望通过技术手段建立一个民主的、尊重私产的社区，其治理通过"人"来实现，而非通过"代码"来实现。就从这一点上来说，BM 就是一个真正的创新者。当然，可以看出 BM 也是一位营销高手，EOS 造势之旺，全球轰动，EOS 所宣传的百万 TPS 是否能实现，只能等待了。

2003 年，本科毕业于弗吉尼亚理工大学；

2009 年，被比特币吸引，并在论坛上与中本聪发生口角；

2014 年，创建 BitShare；

2016 年，创建 Steemit；

2016 年，开始创建 EOS，ICO 融资 42 亿美元，成为 ICO 历史之最。

杰德·麦凯莱布

杰德·麦凯莱布（Jed McCaleb）（生于 1975 年）现在是 Stellar 的 CTO，在此之前，他是 Ripple 的创始人，再往前，他还创立过第一个比特币交易所 MtGox.com 和一个 P2P 影视分享工具 eDonkey2000。就此可以总结，杰德是一个连续创业者，且都很成功。然而 2006 年至 2010 年的四年，他的履历是一片空白，这就给人遐想的空间，因为这几年应当正是中本聪埋头苦干研发比特币的时间。由此，杰德成了中本聪的候选人之一。而且，他是精通 C＋＋语言的程序员，熟悉 P2P 分布式技术，更贴近中本聪这个人的特征。杰德与中本聪之间的联系还有一个，中本聪亲自批评过 Ripple："Ripple 将来会成为悲剧，不是比特币比瑞波币强，而是方向性的问题，这是没办法的……所以，我告诉大家，千万不要去碰 Ripple。别到时候自己死了赖上比特币。"然而，Ripple 现在还未成为悲剧，至今运行良好，作为一个银行间的升级 IT 基础架构；Ripple 找到了一个妥协的点，帮助银行一起去对抗 SWIFT 这样的全球汇款组织。在帮助银行的同时，杰德的财富也比肩银行，他拥有的 XRP 让他一度在全球富豪榜位列第 40 位。

1994 年，进入加州大学伯克利分校读书，但很快退学；

2000 年，发布 eDonkey2000 程序；

2007 年，购买域名 Mt. Gox；

2011 年，将 Mt. Gox 改造为比特币交易所，成为历史上第一个虚拟货币交易所；

2012 年，创立 Ripple，并进行 ICO；

2014 年，创立 Stellar。

胡安·贝内特

胡安·贝内特（Juan Benet）是 IPFS 的创始人，也是一名极客程序员。胡安·贝内特一心想要发明一种技术，希望未来的人类在星际穿越旅行中，还可以使用这种技术保存和传输信息。胡安为这种技术起了个名字，叫"星际文件系统"（Inter Planetary File System），缩写就是 IPFS。存储在这种协议下，文件将永久存在，无人能将其抹去。文件的内容被拆为碎片，分布在无数的节点上，没有一个节点能够独霸数据。当访问文件的时候，协议自动从陌生的服务器上拉下文件碎片，并准确组合成原文件。IPFS 是一套非常优秀的分布式文件系统，将其归入区块链似有不妥。在 IPFS 白皮书中，建议使用其作为文件系统、版本管理系统、分布式数据库、CDN 系统，然而 IPFS 实质上也是良好的区块链的底层支撑技术，比如 EOS 就将 IPFS 作为其区块数据的存储技术。当前区块链主流公链都以高价值的交易为处理目标，而对多媒体等大容量的非结构化数据避之不及，IPFS 则提供了很好的补位。从这个角度，将其归入区块链去中心化技术系列，未为不可。

2012 年，硕士毕业于斯坦福大学计算机科学系；

2014 年，创办 Protocol Labs，开始 IPFS 的开发，ICO 成功。

2017 年，胡安发起了 ICO，预售以太坊上的 FileCoin 代币，在 60 分钟内，融资 1.35 亿美元，最终募集 2.57 亿美元。共计发行价值 20 亿美元的 FileCoin 代币，70% 将在未来挖矿中产生。

盖文·伍德

盖文·伍德（Gavin Wood）（生于 1980 年 4 月），英国人，极客程序员。盖文·伍德是以太坊的创始人之一，当年他是 V 神的亲密小伙伴。盖文是众多天才创业者当中，少有的几位读到了博士的人。计算机科学的本硕博，盖文是一路科班，功底深厚。毕业后，曾经为微软工作过一阵子，研究嵌入式，他颇为自豪地说，伦敦一家大夜总会的灯光控制系统就是出自他的设计。接触了比特币后，他对区块链技术开始感兴趣，并与 V 神开创了以太坊。以太坊 2014 年的第一个概念验证版本全部出自他手。随后，他又创造了 Solidity 脚本语言，并写出了以太坊黄皮书。他离开以太坊后，又相继开发了 Parity 和 Polkadot，Parity 和 Polkadot 都是区块链领域中最前沿的技术。Polkadot 在跨链及区块链接入物联网领域，是值得期待的技术。

2005 年，博士毕业于约克大学；

2014 年，与 V 神合作，成为以太坊 CTO；

2014 年，发表以太坊黄皮书；

2016 年，成立 Parity 公司，开发出以太坊 Parity 客户端；

2017 年，发表 Polkadot 白皮书，ICO 成功。

杰昆

杰昆（Jae Kwon）是 Tendermint 创始人，Tendermint 研发了同名的区块链技术，其中包括共识算法和应用接口。该公司所研发的基于 Tendermint 算法的 COSMOS 区块链被认为是解决区块链跨链问题的新一代技术。

Tendermint 区块链共识引擎，可作为区块链开发的通用引擎，事实上，众多区块链开发公司都以 Tendermint 算法为基础。以太坊将要推出的 Casper 共识算法也大量参考了 Tendermint 算法。

Tendermint 共识算法综合了 PoS 与 BFT 两种思想。从记账权的确定来看，它是 PoS 共识。从共识达成的算法来看，它是 BFT 算法。杰昆在 2014 年才通过 Tendermint 算法将 BFT 算法推向实用。在此之前，BFT 因只适用于在有限的已知节点之间达成共识，而并不适合比特币这样的公有链。Tendermint 解决了这个问题，从而使 BFT 在区块链上大放异彩。在 Tendermint 算法下，持有数字币资产越多，则获得记账权的机会越大。

2005 年，本科毕业于康奈尔大学；

2014 年，创立 Tendermint 并成功 ICO。

皮特·韦塞尼斯

皮特·韦塞尼斯（Peter Vessenes）是最早的比特币传道者之一，他投入热情，为政府部门、律师行业、投资公司等机构宣传并推介比特币。皮特曾成立了 CoinLab 公司，研发出一种专利技术，可通过对比特币交易信息的分析，获得比特币拥有者的身份信息。皮特是比特币基金会的第一任主席，但在 2012

年底，比特币刚刚经历了过山车般的涨跌，又因黑市"丝绸之路"网站的违法交易而遭受牵连，比特币声誉受损，颇为人们所指责。近年，皮特·韦塞尼斯成立了新公司 New Alchemy，一家以区块链技术咨询、研发以及推广为经营方向的公司。比特币历史上的重要人物——罗杰·维尔（Roger Ver），此人称得上一手托起了比特币的童年。币圈的人都知道他的外号叫"比特耶稣"，这个外号便是皮特·韦塞尼斯所赠的。在 2018 年的一次采访上，皮特一如既往热情地宣传区块链技术的未来。当记者问及人们对区块链是否存在误读，他所说的"世上并无一人真的理解区块链"一句话道出了真情，区块链对于皮特真是一种信仰了。

2011 年，皮特·韦塞尼斯在西雅图成立了 CoinLab 公司；

2015 年，皮特·韦塞尼斯离开比特币基金会董事职位；

2018 年，皮特·韦塞尼斯成立了新公司 New Alchemy。